编委会

高等院校应用型规划教材

市场营销学

第四版

崔译文　邹剑峰　马　琦　陈孟君

主　编

暨南大学出版社
JINAN UNIVERSITY PRESS

中国·广州

图书在版编目（CIP）数据

市场营销学/崔译文，邹剑峰，马琦，陈孟君主编．—4版．—广州：暨南大学出版社，2019.8（2023.8重印）
（高等院校应用型规划教材）
ISBN 978－7－5668－2691－6

Ⅰ.①市…　Ⅱ.①崔…②邹…③马…④陈…　Ⅲ.①市场营销学—教材　Ⅳ.①F713.50

中国版本图书馆CIP数据核字（2019）第178814号

市场营销学（第四版）
SHICHANG YINGXIAOXUE（DI-SI BAN）
主　编：崔译文　邹剑峰　马　琦　陈孟君

出 版 人：张晋升
策划编辑：潘雅琴
责任编辑：梁念慈　陈皓琳　苏　洁
责任校对：朱良红　刘宇韬　陈俞潼
责任印制：周一丹　郑玉婷

出版发行：暨南大学出版社（511443）
电　　话：总编室（8620）37332601
　　　　　营销部（8620）37332680　37332681　37332682　37332683
传　　真：（8620）37332660（办公室）　37332684（营销部）
网　　址：http：//www.jnupress.com
排　　版：广州市新晨文化发展有限公司
印　　刷：广州市友盛彩印有限公司
开　　本：787mm×1092mm　1/16
印　　张：18
字　　数：470千
版　　次：2013年8月第1版　2019年8月第4版
印　　次：2023年8月第7次
印　　数：17001—17500册
定　　价：49.80元

第四版前言

《市场营销学》自2013年出版以来，前三版都受到了广大师生和营销管理工作者的支持和厚爱，在口碑和市场销量两方面都取得了理想的成绩。师生们一致认为该教材内容新颖，案例丰富，将经典的市场营销体系与营销的实际工作过程相结合，就最新的营销思考和实践提供了及时的展示，注重培养学生的营销技能与创新精神，切合高校和企业对市场营销创新性应用型人才培养的实际需求。

本书的结构设计和写作风格都非常适合学习营销学的初学者。用简单易懂的组织结构和写作风格，平易近人又让人兴奋的呈现方式介绍了营销经典理论和营销前沿内容。本版内容的实例和理论讲解均深入且富含意义，有助于学生将营销学与生活相联系，帮助其理解。此外，本书精心设计的移动互联网扩展资源既可以给教师提供丰富的课堂教学资源，又方便教师在课堂或课后对学生进行测试及实训，使学生在实践中加深对知识的理解。

第四版新增加的内容及特色：

（1）紧跟互联网和大数据时代的浪潮，第四版融入了更多互联网营销思维和对新媒体营销工具的运用的知识。在第三章中加入了一节“大数据时代的市场调查”，介绍大数据时代市场调查的特点和数据采集工具。在第四章中修订了“目标市场营销方式”和“市场定位的过程和方法”，使之更贴合企业在新环境中的实践运用。在第八章中加入了一节“分销渠道变革”，展现了全球和中国在新营销环境下分销渠道变革的趋势，介绍了新零售、社交电商等新的渠道模式。在第九章中对“整合营销传播”这个快速变化的领域的相关内容进行了修订和拓展，展示了营销人员如何将新型数字和社交媒体工具与传统媒体营销整合起来，创造更有针对性、个性化和吸引力的顾客关系。在其他相关章节中也采用了很多新案例说明企业如何利用数字技术获得竞争优势。

（2）本书重视学生的特点和学习的心理规律，书中重要的理论和概念都通过精心设计的图片或图表的形式将其形象化和直观化，每章的开始都有本章的思维导图。本书使用图表约200个，深入浅出地阐述市场营销学的基本原理和实务，使教材的知识体系完整、内容精练、语言流畅、可读性强。既提高了学生的学习兴趣，也降低了教师在讲解时的难度。涉及工作过程或实际操作步骤的内容，教材中采用流程图和图片结合的形式，以易于学生理解。对于重点难点，本书针对性地设计了讨论问题，方便教师课堂提问和学生在阅读中重点思考。

（3）根据教师课堂教学和学生学习的反馈，对书中案例进行了更新和强化，共引用了实例100余个。这些案例都经过精心挑选，兼顾时效性与典型性。书中除部分经典案例外，其余全部选用近两年国内营销实践中的最新案例，更具实用性和现实意义；每个案例都围绕教学目标设计了相应的思考题，并配有相关图片。既增加了学生的阅读兴趣，也有利于教师的课堂教学。

（4）本书与暨南大学出版社合作建立了移动互联网资源扩展平台，学生和教师只要用手机扫描每章的链码就可以获取相关扩展资源。扩展资源分为四个部分：案例讨论、实训指导、课堂游戏和课后小测。案例讨论是针对每章重点内容设计的综合案例，方便教师组织学生开展课堂或课后案例研究；实训指导是根据每章课后的实训模块设计的课堂实训目标及操作流程，方便教师指导学生开展实训活动；课堂游戏是结合每章的内容设计的活跃课堂气氛、寓教于乐的小游戏，以增加学生的学习兴趣；课后小测是针对每章的重要知识点设计的选择题，并配有答案，方便教师和学生及时检测本章知识点的掌握情况。

（5）本书按照新版内容重新编辑了完全同步的新课件。该课件与本书案例、图片、图表、课堂讨论题、学以致用题都完全同步，最大限度地节省了教师的备课时间。

本书可作为各类本科院校、高等专科职业技术院校及成人教育培训等相关专业的课程用书，也可为市场营销从业人员和企业管理人员提供有益的参考和启发。

本书由崔译文、邹剑峰、马琦、陈孟君担任主编；陈志轩、梁春树、吴丹、刘新、姜颖、李志贤担任副主编。其中，崔译文负责全书内容的策划、统稿和修订并编写第一章和第四章；邹剑峰编写第三章和第八章；马琦编写第九章；陈孟君编写第七章并承担部分修订工作；陈志轩编写第十章和第三章部分内容；梁春树编写第六章；吴丹编写第五章；姜颖、李志贤编写第二章；刘新、周智伟、曹颀琪、李军霞、詹延章、张晓珊、梁皓竣、段报喜、廖夏琳、陈军辉、李卉、李婉、李欣、戴甲芳、梁璐熹参与了部分案例及扩展资源的收集或整理工作。

本书承蒙华南理工大学广州学院刘飞燕副教授、外国专家陈志轩教授，广州工商学院石丽明教授、赵春艳老师，私立华联学院林宙副教授等多位专家学者和暨南大学出版社潘雅琴编审等的大力支持才得以出版，在此致以诚挚的感谢！

本书在编写过程中参阅了国内外许多市场营销学方面的有关文献，获得了很多启迪，大大促进了本书的完善，对许多未曾谋面的作者致以敬意！

书中难免有不尽如人意之处，敬请大家批评指正，以便进一步修改与完善。

崔译文

2019 年 4 月 2 日

第三版前言

本书自第一、二版出版以来，受到了广大师生和营销管理工作者的支持和厚爱，在口碑和市场销量两方面都取得了比较理想的成绩。师生们一致认为该教材深入浅出、形象生动地阐述了市场营销学的基本原理和实务，内容新颖且注重培养学生的营销技能与创新精神，切合高校和企业对市场营销创新性应用型人才培养的实际需求。

如今的市场营销是在一个快速变化且日益数字化和社会化的市场中为顾客创造价值并吸引顾客。本书在前两版的基础上继续并延伸了创新性的顾客价值框架（如下图所示），全书的写作都围绕这一框架展开和整合。市场营销始于了解消费者的需求和欲望，通过营销环境分析和市场调研来寻找和发现价值。继而通过市场细分和目标市场选择来确定企业能够提供最好服务的目标市场，并制定可以吸引、保留和发展目标顾客的独特的价值主张。最后制定与实施适合企业的营销组合策略——提供和创造价值的产品和品牌策略、量化顾客价值的价格策略、传播顾客价值的促销策略和传递顾客价值的渠道策略。同时，在这个数字化的时代，营销人员还可以利用一系列新的顾客关系建设工具，如移动终端和社交媒体，以随时随地吸引顾客加入和塑造品牌对话、品牌体验和品牌社区，从而提升顾客价值。如果营销人员把这些事情都做得很好，那他们就能在市场份额、利润和品牌资产等方面获得相应的回报。

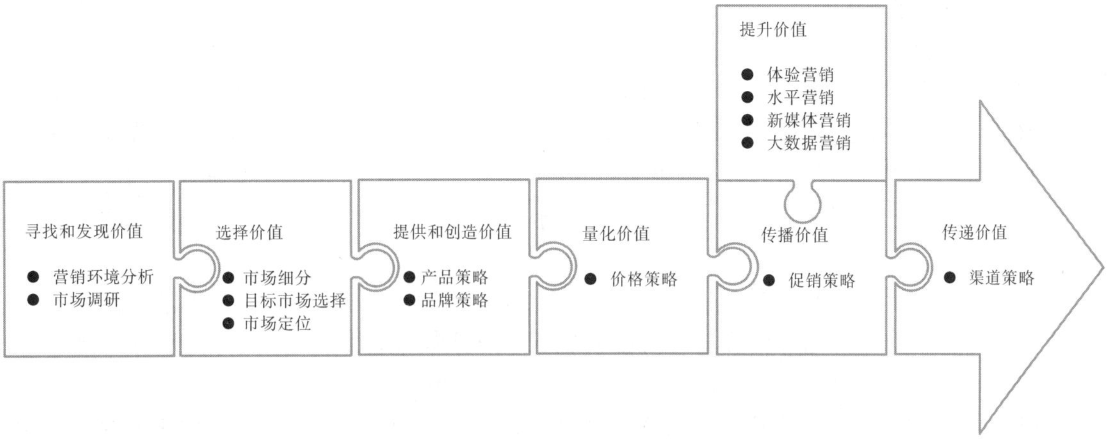

本书内容新颖，案例丰富，将经典的市场营销体系与营销的实际工作过程及实训相结合，就最新的营销思考和实践提供了及时的展示，旨在使营销的学习和教学都更加富有成效和乐趣；同时，本书在覆盖的深度和学习的容易度之间达到了有效的平衡，让读者能在一学期的时间内轻松消化。

本书的结构设计和写作风格都非常适合营销学的初学者。用简单的组织结构和写作风格，平易近人又让人兴奋的呈现方式介绍了营销经典理论和营销前沿内容。本版内容的实例和理论讲解均深入且富含意义，有助于学生将营销学与生活相联系，帮助其理解。此外，将营销知识与移动互联网实训平台相结合的方式可以确保学生在课前做好充分的准备，并在课后对营销概念、策略和实践有更加深刻的理解和运用。

第三版新增加的内容及特色：

（1）紧跟互联网和大数据时代的浪潮，第三版融入了更多互联网营销思维和对新媒体营销工具的运用。本书对原第十章内容“提升价值——营销新视角”进行了彻底的修改，从体验营销、水平营销、新媒体营销和大数据营销四个方面深入挖掘互联网营销思维和各种数字营销工具。在第三章中加入了一节“大数据时代的市场调查”，介绍大数据时代市场调查的方法和特点。在第八章中加入了一节“分销渠道变革”，展现了全球和中国在新营销环境下分销渠道变革的趋势。在第九章中对“整合营销传播”这个快速变化的领域的相关内容进行了修订和拓展，展示了营销人员如何将新型数字和社交媒体工具及传统媒体营销整合起来，创造更有针对性、个性化和吸引力的顾客关系。在其他相关章节中也采用了很多新案例说明企业怎样利用数字技术获得竞争优势。

（2）在中国，越来越多的企业投身于品牌建设中，并以此作为经营战略的基础，品牌建设的方法越来越成为品牌发展壮大的必备技巧。在全新的消费者互动营销的新趋势下，在品牌塑造、品牌体验和品牌社区等方面需要营销人员与消费者进行直接且持续的交流。本书第三版中加强了“品牌决策”的内容，从之前的产品策略中独立成一章，从品牌与品牌资产、品牌决策和品牌设计三个方面详细展开分析。

（3）本书重视学生的特点和学习的心理规律，书中重要的理论和概念都用精心设计的图片或图表使其形象化和直观化，每章的开始都有本章的思维导图。本书使用图表约200个，深入浅出地阐述市场营销学的基本原理和实务，使教材的知识体系完整、内容精练、语言流畅、可读性强，既提高了学生的学习兴趣，也降低了老师在讲解时的难度。涉及工作过程或实际操作步骤的内容，教材中采用流程图和图片结合的形式，以易于学生理解。本书针对重点、难点设计了讨论问题，方便老师课堂提问和学生在阅读中重点思考。

（4）根据教师课堂教学和学生学习的反馈，对书中案例进行了更新和强化，共引用实例近100个。这些案例都是经过精心选择的，兼顾时效性与典型性。书中除部分经典案例外，其余全部选用近两年国内营销实践中的最新案例，更具实用性和现实意义；每个案例都围绕教学目标设计了相应的思考问题，并配有相关图片。这样既增加了学生阅读的兴趣，也有利于教师的课堂教学。

（5）本书每一小节后面都设计了一个“学以致用”的小实训环节。这个环节结合本节的教学重点联系实际问题来训练学生对相关知识点的思考和运用情况，方便教师设计课堂或课后的讨论和实践内容。

（6）本书与实干邦合作建立了移动互联网实训平台，每章设计了1~2个实训模块，学生和教师只要用手机扫描二维码，即可登录实干邦实训平台，进行本章相关内容的综合实训，实训的具体项目教师可以选择实干邦平台上的合作企业，也可以根据需求，按照流程来自行选择。实训的具体流程和讲解也可以参考本书的配套实训教材。

（7）本书按照新版内容重新编辑了完全同步的新课件。该课件与本书案例、图片、图表、课堂讨论题、学以致用题都完全同步，最大限度地节省了教师备课的时间。

本书可作为各类本科院校、高等专科职业技术院校及成人教育培训等相关专业的课程用书，也可为市场营销从业人员和企业管理人员提供有益的参考和启发。

本书由崔译文、邹剑峰、马琦、陈孟君担任主编；陈志轩、梁春树、曹颀琪、吴丹、李军霞担任副主编；陈军辉、李志贤、李卉、李婉、杨骐华参与编写。其中，崔译文负责全书内容的策划、统稿和修订并编写第一章及第九章；邹剑峰编写第三章和第八章；马琦编写第四章；陈孟君编写第七章并承担部分修订工作；陈志轩编写第十章；梁春树编写第六章；曹颀琪编写第二章；吴丹和李军霞编写第五章并承担部分修订工作；李欣、戴甲芳、惠静、刘新、陈宇锋、周磐参与了企业和学生的调研及案例的收集整理工作。

本书的移动互联网实训操作平台由广州实干邦信息科技有限公司设计并提供技术支持，特此向廖伟总经理等实干邦系统负责人深表谢意！

本书承蒙华南理工大学广州学院刘飞燕副教授、外国专家陈志轩教授，广州工商学院石丽教授、赵春艳老师等多位专家学者和暨南大学出版社潘雅琴编审等的大力支持才得以出版，在此致以诚挚的感谢！

本书在编写过程中参阅了国内外许多市场营销学方面的有关文献，获得了很多启迪，大大促进了本书的完善，对许多素未谋面的作者致以敬意！

书中难免有不尽如人意之处，敬请大家批评指正，以便进一步修改与完善。

崔译文

2017 年 4 月 2 日

第二版前言

《市场营销学》自2013年8月问世以来，深得各方好评。师生们一致认为该教材切合企业对市场营销人才技能和素质的实际需求；同时，深入浅出、形象生动地阐述了市场营销学的基本原理和实务，适应高职高专和应用型本科院校对市场营销类人才培养的需求。教材的知识体系完整、内容精练、语言流畅、可读性强，既提高了学生的学习兴趣，也降低了教师的讲解难度。企业人士认为本教材大量采用企业的最新实战案例，突出了区域经济发展特色和对营销人才需求的特点。

两年来，随着互联网的迅猛发展，市场营销方式发生了急剧的变化，原来的教材已难以全面地反映现实。根据营销的变化情况加以修订补充，既是新时代的迫切需求，也是学科逐步完善的必经步骤。这次修订除部分经典案例外，其余全部选用近年国内营销实践中的最新实战案例，更具实用性和现实意义；每个案例都围绕工作任务要求设计了相应的讨论问题，并配有相关图片，既增加了学生的阅读兴趣，也有利于教师的课堂教学设计。在内容上，本教材尽可能反映新情况和新问题，并注意规律的揭示和特点的概括，但由于编者水平有限，恐难尽如人意，敬请同仁批评指正。

崔译文

2015年4月2日

前　言

随着我国经济的持续发展和综合国力的显著提高，新环境下，国内外市场各种营销机遇不断涌现，居于市场主导地位的消费者的需求逐渐多样化且越来越苛刻，这使企业面临更加严峻的挑战。在这种形势下，学习和研究市场营销学成为迫切需要完成的任务。根据就业蓝皮书——麦可思研究院发布的《中国大学生就业报告》可知，大学毕业生认为最重要的核心知识是销售与营销知识，然而毕业生在大学课堂中所学的销售与营销知识难以满足实际工作的需要，满足度仅为78%，是各项核心知识中满足度最低的一项。因此，编写适应企业人才需求的市场营销教材是我们人才培养过程中的重要环节。

本书的编写是在对企业的人才需求、营销工作过程以及应用型市场营销人才培养模式进行了大量调研的基础上，对国内外市场营销学理论进行了梳理，并且结合我国市场和企业的实际运作情况以及作者多年的教学经验和体会而完成的。我们力求做到深入浅出、形象生动地阐述市场营销学的基本原理和实务，同时切合企业对市场营销人才技能和素质的实际需求。

本书的特色主要表现在以下三个方面：

第一，以项目导向、任务驱动的教学模式对市场营销学科体系进行重新解读，体现工学结合的特色。本书在内容编排上侧重体现市场营销的应用性和现实性，既注重知识的学习和运用，也注重与职业岗位要求和职业标准的对接。本书将经典的市场营销体系与营销的工作过程相结合，将全书的内容概括为十个项目，分别是：项目1开门的钥匙——认识市场营销；项目2寻找价值——扫描环境、捕捉机会；项目3发现价值——市场调研设计与实施；项目4选择价值——目标市场营销战略；项目5创造价值——设计产品和品牌策略；项目6提供价值——制定价格策略；项目7传递价值——设计和管理分销渠道；项目8传播价值——开展有效的营销传播；项目9实现价值——营销策划与执行；项目10提升价值——新环境下的营销方式。每个项目根据职业需要筹划相关任务，每项任务后面都安排了一项相应的实训项目，实训项目中根据具体的实训目标，设计实训流程和评价标准，以达到“教、学、做合一”的效果。在设计工作任务及理论知识时，既贯彻先进的高等教育理念，又注重教材的理论性和完整性，以使学生既掌握营销职业岗位的技能，又在市场营销方面具备一定的可持续发展的能力。完成每个项目的学习后还设计对应的职业核心能力和专业能力测评，以帮助教师和学生检验教学的效果。

第二，工学结合，突出了区域经济发展特色和对应用型人才需求的特点。

①本书邀请合作企业专家参与整个工作过程的设计，不仅突出了工学结合，而且还大量采用合作企业的实战案例，表现出区域经济发展的特色和对营销人才需求的特点；②本书根据职业标准和岗位要求来设计工作任务、实训项目及考评标准；③本书特别关注经济全球化背景下现代服务业信息技术的发展对传统营销模式和营销人才的需求情况所提出的新要求。

第三，体例新颖独特，同时增加了数字化配套网站。

①本书根据学生的特点和学习的心理规律，在表现形式方面进行了较大的创新。教材中重要的理论和概念都用精心设计的图片或图表将其形象化和直观化，本书使用图表约200个，深入浅出地阐述了市场营销学的基本原理和实务，使教材的知识体系完整、内容精练、语言流畅、可读性强，既提高了学生的学习兴趣，也降低了老师的讲解难度。涉及工作过程或实际操作步骤的内容，教材中采用流程图和图片相结合的形式，使学生易于理解。②根据教师课堂教学和学生学习的反馈，书中在重点部分引用了实例近200个，这些实例都是经过精心选择的，力求兼顾时效性与典型性。书中除部分经典案例外，其余全部选用近两年国内营销实践中的实战案例，更具实用性和现实意义；每个实例都围绕工作任务设计了相应的讨论问题，并配有相关图片，既增加了学生的阅读兴趣，也有利于教师的课堂教学。③在重点和难点内容后面都设计了一个讨论问题，引导学生深入讨论与思考，同时有利于教师的课堂教学设计。另外，相关链接部分增加了一些最新的知识和动态。④增加了市场营销学教学与实践数字化配套网站，扩展了教材的信息量，也使学生能通过网络来自主学习。本书配有电子课件，以适应多媒体教学的需要（下载地址：http://scxy. hlu. edu. cn/scyxx2014/index2014. aspx）。

本书可作为各类高等专科职业技术院校、应用型本科院校及成人教育培训等相关专业的课程用书，也可为市场营销从业人员和企业管理人员提供有益的参考和启发。

本书由崔译文、邹剑峰、陈孟君、马超平担任主编；王昱、陈军辉、李志贤、李卉担任副主编；杨骐华、李婉、王小飞、何程、陈世艳、陈文彬参与编写。其中，崔译文负责全书内容的策划、统稿和修订并编写项目1和项目4；李志贤编写项目2；王昱编写项目3并负责部分修订工作；李婉参与编写项目3；杨骐华参与编写项目4和项目8；陈孟君编写项目5；马超平编写项目6并负责部分修订工作；邹剑峰编写项目7、项目10并负责部分修订工作；陈军辉编写项目8；王小飞参与编写项目9；李卉编写项目9；何程、陈世艳和陈文彬参与了企业案例的收集整理工作。

本书的编写得到了企业专家指导委员会陈宁、杨骐华、程军、程霄、刘杰克等的大力指导和支持，特此向他们致谢！本书承蒙陈己寰教授等多位专家学者和暨南大学出版社潘雅琴编审等的大力支持才得以出版，在此表达诚挚的感谢！在本书的编写过程中，参阅了国内外许多市场营销学方面的有关文献，获得了很多启迪，大大地完善了本书的内容，对许多素未谋面的作者致以敬意！

由于编者水平有限，书中难免有不尽如人意之处，敬请大家批评指正，以便进一步修改与完善。如有意见和建议请登录新浪微博留言：@崔译文cj，谢谢！

崔译文

2013年4月2日

目　录

第一章　开门的钥匙——认识市场营销

市场营销就是“有利益地满足需求”。

——菲利普·科特勒

【学习目标】

1. 理解市场营销的概念及营销工作中的主要术语。
2. 理解市场营销理念的演进。
3. 了解营销工作岗位，树立营销职业道德。
4. 理解营销工作过程和营销组合工具。

【思维导图】

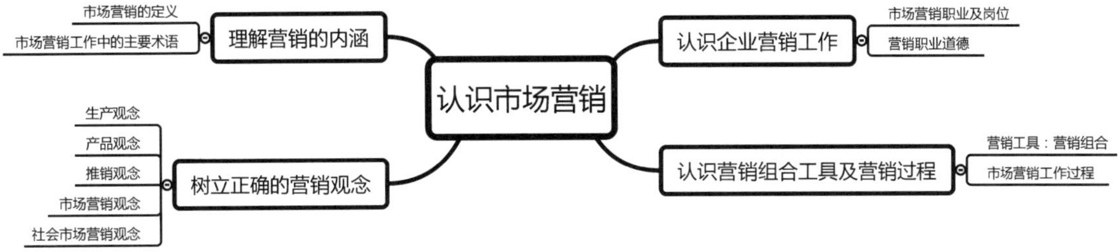

【营销实战】

海岛卖鞋

一家鞋业公司派两名推销员甲和乙到东南亚某海岛进行调研，过了一个星期，两人几乎同时通过越洋电话向老板汇报，但汇报的内容却大相径庭。销售人员甲汇报说，他走遍了海岛，发现这里的人几乎都不穿鞋子，没有穿鞋的这种需求，自然也就没有市场。与甲的沮丧相反，销售人员乙十分兴奋地汇报说，他走遍了海岛，发现这里的人几乎都没有鞋，海岛鞋业市场潜力很大，机会难得，公司应马上寄出一批鞋子让他和甲留在这里销售。

（资料来源：营销中国网，有修改）

思考：1. 你赞成以上两位营销人员的观点吗？为什么？
2. 你认为营销者应该如何认识“市场”？如何认识“营销”？

第一节　理解营销的内涵

一、理解市场营销的概念

1. 市场营销的定义

市场营销不同于销售和促销，其主要是通过辨别和满足人类及社会的需要，把社会或个人的需要变成有利可图的商业行为。对市场营销所做的最简短的定义就是“有利益地满足需求”（菲利普·科特勒）。关于市场营销的定义，中外学者表述各异，具有代表性的有以下几种（如表1－1所示）。

表1－1　不同学者或机构对市场营销所下的定义

尤金·麦卡锡	市场营销是引导物品及劳务从生产者流向消费者或使用者的企业活动，以满足顾客的需要并实现企业的目标
美国市场营销协会（AMA）	市场营销是在创造、沟通、传播和交换产品中为顾客、客户、合作伙伴以及整个社会带来价值的一系列活动、过程和体系
菲利普·科特勒	个人或群体通过创造并同他人交换产品和价值，以满足需求和欲望的一种社会管理过程

上述关于市场营销定义的几种表述，各有特点。其中，菲利普·科特勒教授所下的定义较好地表达了市场营销的全部含义。本书采用该定义的原因有以下三点：

（1）该定义融合了当代有关营销的各种不同观点，较为全面、客观地反映了现代营销的本质特征，即以交换为中心，以顾客为导向，协调各种营销活动，通过使顾客满意来实现组织的各项目标。

（2）该定义强调管理的导向作用，强调管理是一个过程，包括分析、计划、执行和控制。

（3）该定义的适用范围较广。它适用于个人和组织，包括营利性组织和非营利性组织，大、小公司，国内、国际企业，有形和无形产品，消费品市场、工业品市场、劳务市场等。

菲利普·科特勒
（图源：价值中国网）

讨论1－1： 用你自己的话描述你所理解的营销包括哪些内容。

2. 如何理解市场营销的定义

市场营销是“个人或群体通过创造并同他人交换产品和价值以满足需求和欲望的一种社会管理过程”。我们可以借助图1－1来加以理解。

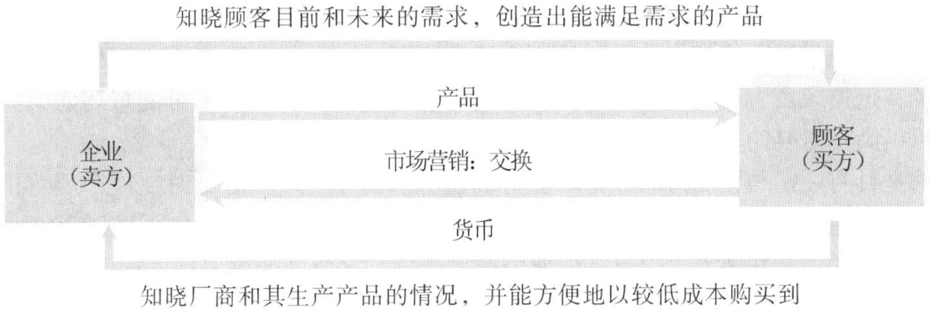

图1－1　市场营销概念的图解

它显示了企业的需求是获利，顾客的需求是得到能够满足自己需要的产品。为了实现双方的目的，企业将产品发送到市场上，作为回报，得到了货币；顾客支付货币购买，作为回报，得到了自己所需要的产品。这个过程就是交换，即营销的核心是交换，交换的目的是满足双方的需求。但是这种交换不是随随便便就能实现的，交换能否实现依赖于双方信息的交换，企业要知晓顾客目前和未来的需求，从而创造出能满足顾客需求的产品；顾客要知晓企业和其生产的产品的情况，并能方便地以较低的成本购买到。因此，营销是一种社会管理过程。图1－2显示了理解市场营销概念时要注意的三个关键点。

图1－2　市场营销概念的关键点

二、理解市场营销工作中的主要术语

为了更好地理解和掌握市场营销的定义，需要弄清楚下面五组概念：

1. 需要、欲望、需求

需要是人类自身本能感受到的匮乏状态，它包括满足生理需要的食物、衣服、房屋等；满足社会需要的友谊和尊重等；满足自我价值的知识等。它是人类与生俱来的，而不是市场营销商创造出来的。

欲望是指想得到上述基本需要的具体满足品的愿望，是个人受不同文化环境影响，对基本需要的特定追求。为满足充饥需要，美国人可能想要汉堡，中国人可能想要面条或米饭。欲望是可以满足需要的具体表现形式。

需求是具有一定购买能力的欲望。了解市场需求的大小，并有针对性地开展营销工作，是营销工作者追求的目标。欲望是无限的，但由于资源有限，需求仅为需要集合中的一部分。营销的目的就是发现需要中有支付能力的那部分，并使其变成现实需求。

实例 1－1　支付宝的诞生

目前，淘宝和天猫都是家喻户晓的互联网购物平台，但淘宝刚创立的时候，买家怕付了钱之后卖家不发货，而卖家则怕发了货之后买家不给钱，于是就产生了一个现象，双方通常会在平台上先谈好价格，然后再到线下去交易。线下交易同城还好，远了就不现实了。那该怎么办呢？为了解决这个问题，阿里巴巴集团想出了担保交易的方式。

也就是说，买家付款之后，钱并没有到卖家手里，而是先到由银行托管的第三方账户，这个第三方账户就是淘宝网的对公账户。淘宝网收到钱后会通知卖家发货，买家收到货物并确认没问题后，淘宝网才会把钱打给卖家。

担保交易解决了卖家和买家之间的信任问题，同时也造就了支付宝，支付宝开始慢慢地成长起来。

不过，当时的支付宝只是淘宝网推出的一项担保交易服务而已，与现今的支付宝截然不同。现在的支付宝基于经济的快速发展和消费结构的升级，开发出了如生活缴费、财富管理、收转账款、购物娱乐、教育公益等功能。这些功能不仅满足了消费者日渐多样化的需求，更开创了一个新型消费时代，是消费发展史上一个重要的里程碑。

（资料来源：百家号，有修改）

思考：1. 试分析支付宝是如何发现需求、创造需求的？
2. 说说支付宝的诞生为大家的生活带来了怎样的变化？
3. 你还期待支付宝能推出哪些新的功能？

2. 产品

产品是满足各种需求和欲望的有形实体和无形服务的总和。产品能满足消费者的需求，首先是由其核心利益的价值决定的，其次是由其外形特征决定的，最后是由其附加利益决定的。只重视产品的核心利益而忽视其附加利益，是对产品片面的理解。例如，人们喝可乐，除了解渴之外，最主要的是在喝一种信念、一种感觉、一种时尚。

讨论 1－2：一家西式快餐店的产品是什么？

3. 顾客让渡价值、顾客满意、产品质量

顾客让渡价值是指顾客总价值与顾客总成本之间的差额。顾客总价值是指顾客购买某一产品与服务时所期望获得的一组利益，它包括产品价值、服务价值、人员价值和形象价值等。顾客总成本包括货币成本、时间成本、精神成本和体力成本。顾客在购买产品时，总希望从有关成本中获得更多的实际利益，使自己的需要得到最大限度的满足。另外，顾客在选购产品时，往往会从价值和成本两个方面进行比较分析，从中选择出价值最高、成本最低，即顾客让渡价值最大的产品作为优先选购的对象。

顾客满意是指顾客对一件产品的效能与其期望值进行比较后的感受。若产品效能低于顾客的期望，顾客就会不满；若效能接近期望，顾客就会感到满意；若效能高于期望，顾客就会非常惊喜，甚至形成产品忠诚度。

产品质量是指产品提供给顾客的，能反映其内在品质的东西。质量标准可能是由一些指标构成，也可能是以顾客的心理感受为准。产品质量是赢得顾客的心并使顾客满意的核心。以顾客对产品感受的好坏作为产品质量高低的标准已成为当前一种新的质量观，也是营销工作努力的目标。

讨论 1－3：满意的顾客对企业有什么作用？如何使顾客满意？

实例 1－2　海底捞的服务

海底捞的服务公认是最好的，且完美诠释了“顾客就是上帝”这句话。服务模式的转变和创新，使海底捞成为餐饮界的模板。

一般就餐人数多的门店会采用取号—等待叫号的方式让顾客等待就餐，而海底捞对这种传统方式做出了转变，为取号—等待叫号的顾客提供各种优质服务，如免费泊车、擦车，免费擦鞋，免费美甲，提供水果和饮料零食，预先准备扑克牌、跳棋、台球等娱乐项目；这些优质的增值服务，不仅留住了顾客，也树立了其良好的品牌形象。

除此之外，在就餐时，橡皮筋、手机袋、围裙等可能被需要的辅助性物品，海底捞也会无微不至地提供给顾客。这种站在顾客的角度出发的服务态度，会让顾客对海底捞“无法拒绝”。各种娱乐性表演、代看小孩等服务，更是让顾客满意。

在顾客用餐后，海底捞的工作人员会主动给顾客送上口香糖、薄荷糖，甚至在顾客用完洗手间后，为顾客提供开水龙头、挤洗手液、递热毛巾等服务。

海底捞的服务，在满足顾客需求的同时给顾客带来惊喜，其服务质量在一定程度上赢得了顾客的心。

（图文来源：中国职业餐饮网、数英，有修改）

思考：1. 为什么顾客对海底捞感到满意？
2. 为什么很多企业都想模仿海底捞的服务模式却都只学到了皮毛？

4. 交换、关系营销

交换是指通过提供某种东西作为回报，从别人那里取得所需物品的行为。由于社会分工不同，生产的产品需要以价值为基础，通过以货换货或以货币换货物的形式各取所需。交换是社会大生产中重要的一环，也是市场营销的核心概念。

关系营销是指企业为了在交易过程中获得更多的利益，营销工作者与顾客、分销商、供应商、媒体机构、政府部门等建立良好的关系，通过互利原则，达到双赢的目的。关系营销的核心是企业对合作方的倾心投入和提供优质服务。企业与合作方关系融洽，可以节省许多交易成本，使营销利润最大化。

实例 1－3　“京米计划”诞生

2018 年，京东与小米共同发布“京米计划”。双方约定，将利用京东的电商能力，小米的 MIUI 系统级能力，打造更为精准和高效的营销生态体系，并向京东平台的品牌商家赋能。

在具体的营销方面，京东和小米达成了三点共识。首先，为深入了解用户需求，京东的用户画像将吸纳“米粉”的兴趣特征和用户行为，用以互补。其次，实现智能投放和精准营销，实现商品到人的个性化推荐。这一点，将用到基于“用户 & 商品”维度上的点击率预估技术。最后，京东还将通过小米手机的生态系统，对小米用户的偏好、购物行为进行全网效果追踪。

京东与小米的合作，被命名为“京米计划”，这并非京东的首次合作计划。自 2015 年 10 月 17 日，京东腾讯联手推出“京腾计划”至 2018 年，京东已经先后实施了 11 次“京×计划”。也就是说，在小米之前，京东已经与 10 个行业头部企业达成了紧密的合作关系。除了腾讯，还包括今日头条、百度、奇虎360、新浪、网易等。其中的多家企业，也都在合作之后，通过旗下的品牌产品，为京东设置了一级入口，比较典型的如腾讯的微信、QQ。除了给予京东流量支持，腾讯还入股京东，除了与天猫、淘宝网的竞争因素外，腾讯独有的“流量 + 社交 + 用户”优势，也正是京东发展过程中不可或缺的一环。

而基于这11个“京×计划”，京东的这些合作伙伴，旗下产品覆盖的中国互联网人群，接近100%。如此广大的市场和用户规模，对京东的产品营销显然大有裨益。

（图文来源：电商热点网，有修改）

思考：1. 京东为什么要实行“京×计划”？
2. 京东是如何进行关系营销的？

5. 市场

市场是指商品买卖交换的场所，这是传统的、狭义的市场概念。从营销的角度理解，市场由具有一定购买力的人群组成，是人群的集合。这部分人群包括现实的和潜在的。所谓潜在购买者，就是指有潜在兴趣、潜在需求、有可能购买这种商品的任何个人或组织。现代营销学认为，不能只看到现实的购买者是市场，通过有效的促销活动可以使潜在购买者转化成现实购买者，因而他们也是市场。

由此可见，市场大小是由对某产品需求的人数多少、购买力大小和购买欲望的强弱三个要素来确定的，而不是由地域的大小来决定。

市场 = 购买者 + 购买力 + 购买动机

实例1-4　铱星手机

由工程师提议的“铱星通信系统”被评为美国最佳科技成果和世界伟大科技成果之一。铱星公司在把这种先进的设备推向全球市场时，借助一家公关集团，设计了一个耗资1.4亿美元的活动方案，并在45个国家展开。最后，作为这次全球性产品推出的象征性活动，公关集团雇佣激光专家把公司的巨大星座标识打到云朵上面。然而，铱星公司运营一年之后，损失100亿美元，悲情陨落！铱星系统的高科技含量毋庸置疑，但77颗璀璨夺目的卫星把它绑定为高高在上的“贵族”——铱星手机每部价格高达3 000美元，其通话费用为国内每分钟9.8元人民币，国际每分钟27.4元人民币。这一切使得铱星系统的用户数目远远低于公司的预测，在开业初期的两个季度，铱星系统在全球只发展了1万名用户，到宣布破产保护时才发展了2万多名用户。而据估计，若要赢利则至少需要65万名用户。

（资料来源：中国营销传播网，有修改）

思考：铱星手机的失败警示营销人员应该如何判断市场？

学以致用

市场营销的定义专注于营销满足消费者需求的能力。作为大学生，营销如何满足你的需求？你的哪些生活领域受到了营销的影响？哪些领域没有受其影响？

第二节　树立正确的营销观念

作为一名市场营销职业人，一系列职业活动都应该在一定的经营指导思想下进行。市场营销观念就是经营的指导思想，有了明确的指导思想，才能有明确的态度和工作方法去从事市场营销活动。

营销观念，也称营销导向或营销理念，是企业制定营销战略、实施营销策略、组织开展营销活动所遵循的一系列指导思想的总称。企业的经营思想和观念不是固定不变的，它在一定的经济基础上产生和形成，并随着社会经济的发展和市场形势的变化而变化。营销观念大体上有五种：生产观念、产品观念、推销观念、市场营销观念和社会市场营销观念。前三者被称为传统营销观念，后两者被称为现代营销观念（如表1－2所示）。现代营销管理的首要环节就是要通过教育、培训、引导、说服等一系列活动，使企业全员树立起科学、正确的现代营销观念。

表1－2　五种营销观念比较

营销观念		营销程序	重点	手段	营销目标
传统营销观念	生产观念	产品→市场	产品	提高生产效率	通过扩大产量降低成本取得利润
	产品观念	产品→市场	产品	生产优质产品	通过提高质量扩大销量取得利润
	推销观念	产品→市场	产品	完善销售策略	通过销售促进活动扩大销量取得利润
现代营销观念	市场营销观念	市场→产品→市场	消费者需求	整体性市场营销活动	通过满足消费者需求和欲望取得利润
	社会市场营销观念	市场→产品→市场	消费者需求和社会的长期利益	协调性市场营销活动	通过满足消费者需求和欲望的同时增加社会的长期利益取得利润

一、生产观念

生产观念（于20世纪初兴起）是一种传统的经营思想，20世纪20年代以前在西方发达国家占支配地位。当时，由于生产效率不是很高，许多商品的供应不能充分满足市场需要，因此，当时的工商企业把营销管理的重点放在生产上，即以生产观念为导向（如图1－3所示）。

图1－3　生产观念

生产观念认为，消费者喜欢那些可以随处买得到而且价格低廉的产品。所以，企业应致力于提高生产效率和分销效率，扩大生产，降低成本以扩展市场。显然，生产观念是一种重生产管理、轻市场营销的企业经营哲学。

实例1－5　福特汽车公司的T型车

为了满足市场对汽车的大量需求，福特汽车在20世纪初采用了当时颇具竞争力的营销战略，只生产一种车型，即T型车，且只有一种颜色可供选择——黑色。这样做的好处是福特能以最低的成本生产，并以最低的价格向消费者提供汽车。T型车改变了美国人的生活方式，使美国变成了汽车王国。从1908年冬天开始，美国人便能以825美元的价格买到一部轻巧、有力、两级变速、容易驾驶的T型车。这大大增加了广大中产阶级对汽车的需求，而福特也因此成了美国最大的汽车制造商。到1914年的时候，福特汽车占有美国一半的市场份额。然而1927年福特不得不关闭T型车生产线，因为汽车多样化的时代开始了。

（图文来源：搜狐汽车，有修改）

思考：结合案例分析福特汽车公司T型车的生产观念有何缺陷。

二、产品观念

产品观念（于20世纪20年代初兴起）是一种与生产观念类似的经营思想。它片面强调产品本身，而忽视市场需求，以为只要产品质量好、技术独到，自然会顾客盈门（如图1－4所示）。

图1－4　产品观念

生产观念和产品观念都属于以生产为中心的经营思想，其区别在于前者注重以量取胜，后者注重以质取胜。二者都没有把市场需求放在首位。

实例1－6　柯达的兴衰

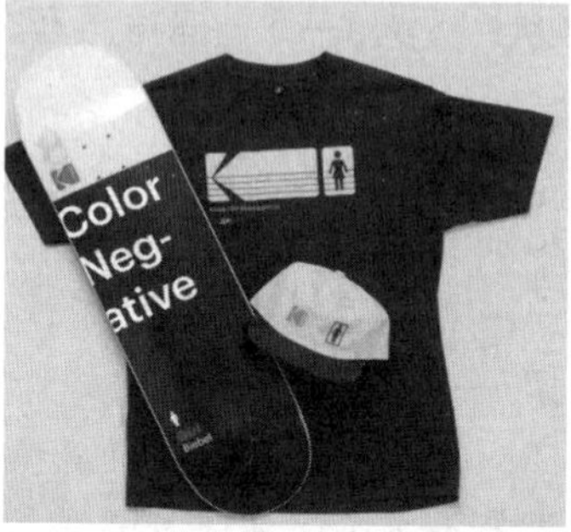

1880 年，乔治·伊斯曼在美国纽约州的罗切斯特市成立伊斯曼柯达公司，利用自己的研制剂配方制作胶片。八年后，柯达公司正式推出柯达盒式相机及宣传语：“你只需按动快门，剩下的交给我们来做。”接下来，这家公司用胶卷拍下了全世界第一张 X 光照片，记录了人类第一次登月以及无数的宝贵时刻……柯达提供的光影世界与人们的记忆瞬间紧密相连。1996 年，柯达的销售额接近 160 亿美元；1999 年，它的净利润达 25 亿美元。

直至 1999 年，美国市场传统胶卷的销售增长速度仍高达 14%。仅仅一年时间，2000 年年底，胶卷需求开始停滞。一直将胶卷带来的巨大现金流作为“主菜”、将数码产品作为“小菜”的柯达，在此刻仍认为胶卷的没落是由整体经济衰退造成的。对市场发展的误判，是柯达犯下的一个关键性错误。不愿意及时进入数字化时代，仍抱着胶片不愿放手，柯达认为数字化影像带来的利润远不及胶片。然而，不舍得一时的利润，却造成永远的毁灭。在数码影像技术的冲击下，传统胶卷的辉煌时代已经一去不返了。柯达直到破产那天，胶卷质量一如既往，只是世界不再需要它了。

柯达公司在 2013 年 9 月解决了遗留债务重组之后，一直在寻找能盈利的东西。如今最有消费力的群体，是对个性追求乐此不疲的青年们，柯达能做的就是跟青年文化进行连接，走上了一条通往 Instagram 风格的“网红路”。因此，柯达不仅在 Instagram 上开通了官方微博，还卖起了周边，受到不少怀旧青年的热捧！

（图文来源：简书、凤凰时尚网，有修改）

思考：1. 结合案例分析柯达公司的产品观念有何缺陷。
2. 柯达公司新开发的网红产品为什么会受到怀旧青年的热捧？你认为其产品还可以做哪些创新？

三、推销观念

推销观念（于20世纪20年代末至50年代前兴起）是生产观念的发展和延伸。20世纪20年代末，西方国家的市场形势发生了重大变化。特别是1929年开始的经济萧条使大批产品供过于求，销售困难，竞争加剧，人们担心的已不是生产问题而是销路问题。于是，推销技术受到企业的特别重视，推销观念成为工商企业主要的指导思想（如图1－5所示）。

图1－5　推销观念

推销观念较生产观念不同的是：前者是以抓推销为重点，通过开拓市场、扩大销售来获利；后者则是以抓生产为重点，通过增加产量、降低成本来获利。

实例1－7　哈根达斯的没落

哈根达斯在中国被誉为冰淇淋界的劳斯莱斯，其品牌创始于1921年，作为小资的代表，它深得中产阶层的喜爱。可在今天，哈根达斯却少被年轻人提及，越来越被人们所淡忘。

在产品品质难以保障的旧消费时代，哈根达斯凭借从全球各地进口的天然原料、绵密的口感、不用防腐剂的承诺，从美国一路热销至亚洲。在20世纪90年代，这些承诺固然令人心动，可放到今天却是另当别论。消费大升级时代，品质已是产品必备的基础，年轻人的兴趣不再局限于此。在全球健康趋势的引领下，外在创意、低脂低糖、富含蛋白三大特征已然成为饮食界的新风潮，而这三个特征哈根达斯都不具备。

审美过时、口味革新不够快、忽视健康潮流，于是哈根达斯的产品被越来越挑剔的消费者逐渐淡忘，最后只记住了它的“贵”。同时越来越多人发现，哈根达斯在国内的“贵族身份”在国外却不值一提。在国内连小杯装都要35元/个的哈根达斯在美国超市仅售1美元——约7元人民币。这种“平民装贵族”的做法容易让中国消费者萌生欺骗感以及不信任感，从而降低对产品的兴趣。

过去，年轻情侣是哈根达斯的主要消费对象。曾经的哈根达斯，是无数少女的梦，一句“爱她，就请她吃哈根达斯”的广告词，拉动了无数情侣消费经济。近年来，也许是意识到新一代消费者的爱情观正在转变，品牌需要紧跟升级，哈根达斯把广告词改成了“Everyday made extraordinary”，表达着一种日常的非比寻常。为了契合所谓的“日常”，哈根达斯以促销为突破口，展开大型打折优惠活动，企图刺激消费。其官方微博发布的上百条博文大多都是打折促销的信息，文案上也没有体现一个奢侈品牌冰淇淋的调性。究竟是“高大上”的奢侈，还是“接地气”的日常，消费者们也渐渐迷失在层出不穷的促销活动中。

（图文来源：首席品牌官，有修改）

思考： 1. 哈根达斯没落的原因是什么？

2. 试找出其竞争对手并加以比较，分析如何走出困境。

四、市场营销观念

市场营销观念（于20世纪50年代中期兴起）是一种全新的经营哲学，它是第二次世界大战后在美国新的市场形势下形成的。所谓市场营销观念，是一种以顾客的需求和欲望为导向的经营哲学，它把企业的生产经营活动看作是一个不断满足顾客需要的过程，而不仅仅是制造或销售某种产品的过程。简言之，市场营销观念是“发现需求并设法满足它们”，而不是“制造产品并设法推销出去”；是“制造能够销售出去的产品”，而不是“推销已经生产出来的产品”（如图1-6所示）。

图 1-6　市场营销观念

市场营销观念取代传统观念是企业经营思想上的一次深刻的变革，是一次根本性的转变。其与传统观念的区别主要体现在以下四个方面（如表 1-3 所示）：

表 1-3　营销与推销的区别

区别	营销	推销
中心	企业生产可以销售的产品	企业销售可以生产的产品
出发点	市场	企业
手段	营销组合	推销和促销
目的	通过顾客满意来获取利润	通过销售来获取利润

讨论 1-4：菲利普·科特勒说："推销不是市场营销最重要的部分，推销只是市场营销这一冰山的尖端。"既然推销不是市场营销最重要的部分，为什么又说它是市场营销这一冰山的尖端？为什么要把市场营销比做冰山而不是别的山脉？

实例 1-8　只有淡季的思想，没有淡季的市场

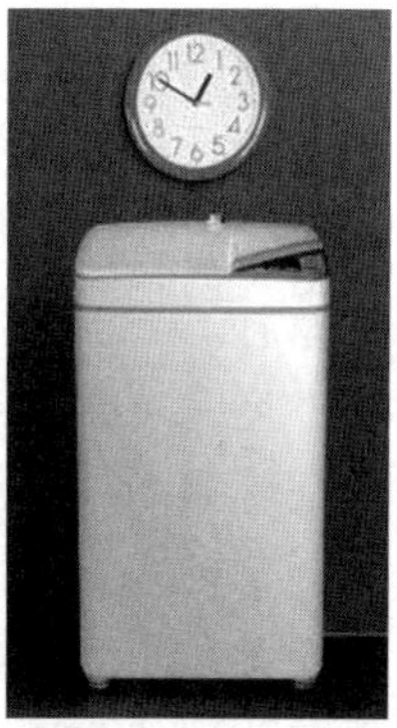

一般来讲，每年的 6 至 8 月是洗衣机销售的淡季。每到这段时间，很多厂家就把促销员从商场里撤回去了。张瑞敏心里纳闷："难道天气越热，出汗越多，老百姓越不洗衣裳？"调查发现，不是老百姓不洗衣裳，而是夏天里 5 公斤的洗衣机不实用，既浪费水又浪费电。于是，海尔的科研人员很快设计出一种洗衣量只有 1.5 公斤的洗衣机——小小神童。小小神童投产后先在上海试销，因为张瑞敏认为上海人消费水平高又爱挑剔。结果，上海人马上认可了这种世界上最小的洗衣机。该产品在上海热销之后，很快又风靡全国。在不到两年的时间里，海尔的小小神童在全国卖了 100 多万台，并出口到日本和韩国。张瑞敏告诫员工说："只有淡季的思想，没有淡季的市场。"

（图文来源：海尔官网、中国网，有修改）

思考：如何理解“只有淡季的思想，没有淡季的市场”？

五、社会市场营销观念

20 世纪 70 年代以来，西方国家的市场环境发生了许多变化，如能源短缺、通货膨胀、失业率上升、消费者保护运动盛行等。在这种背景下，人们纷纷对单纯的市场营销观念表示怀疑并对其进行指责，认为市场营销观念没有真正被付诸实施，即使某些企业真正实行了市场营销，但它们却忽视了满足消费者个人需要同社会长远利益之间的矛盾，从而造成了资源的大量浪费和环境污染等社会弊端。例如，举世闻名的软饮料可口可乐和麦当劳汉堡等畅销商品，都曾受到美国消费者组织及环境保护组织的指责。菲利普·科特勒认为，可用“社会市场营销观念”来解释，这一提法现在已经为多数人所接受。

所谓社会市场营销观念，即不仅仅要满足消费者的需要和欲望并由此获得企业的利润，而且要符合消费者自身和整个社会的长远利益，要正确处理消费者欲望、企业利润和社会整体利益之间的矛盾，统筹兼顾，以达到三者之间的平衡与协调（如图 1－7 所示）。

图 1－7　社会市场营销观念

实例 1－9　“世界上最舒服的鞋”——Allbirds

多种认证，鞋类捐赠计划，保护动物、保护地球计划……总部位于新西兰的羊毛鞋生产商 Allbirds 凭借这些在社会市场营销领域来了一场本垒打。

▲ Allbirds 标志性产品原料：树木、羊毛、甘蔗

登录 Allbirds 品牌网页，你将看到各种社会责任营销信息。你可以阅读有关正式认证的信息，例如涵盖可持续发展和动物福利的正式认证、共益企业（B Corp）的认证（目前全球最严苛的企业认证）等，以及与 Soles4Souls（美国的一个慈善组织，向需要帮助的人捐赠鞋子）

合作的相关信息。

Allbirds 曾在本土发起一场营销战役——“遇见你的鞋（Meet Your Shoes）”。营销推广围绕两条广告片——“遇见树（Tree Meeting）”和“遇见羊（Sheep Meeting）”展开。这是它创立之后发起的第一次大规模的营销传播活动。通过广告，Allbirds 向观众强调了自己产品的原料来源。广告片中“羊毛”和“树”留给了观众清晰明确的记忆点，加深了它在消费者心中天然环保的品牌认知。

正如广告代理商 Anomaly Los Angeles 的创意总监 Josh Fell 所评价的，没有哪个鞋类品牌可以骄傲地告诉消费者，他们的鞋子是如何生产出来的。但是 Allbirds 可以，因为他们的生产原料来自大自然，来自树、羊毛、甘蔗。

（图文来源：搜狐网、品牌星球，有修改）

思考：结合案例，谈谈你对社会市场营销观念的看法。

学以致用

无论在发达地区还是欠发达地区，并非所有公司都按照营销观念来实施营销方案。能否举出产品导向或推销导向公司的例子？你会劝诫这些公司做出何种改变？

第三节　认识企业营销工作

作为一名市场营销人员，应该理解市场营销职业工作的内容、过程和方法。特别是在明确了职业定位的前提下，应该对市场营销职业前景、职业成长规律有着清晰的认识，以便在后面的学习与工作中，积极、高效地完成各项任务，提高业务能力。

一、认识市场营销职业及岗位

1. 市场营销职业前景

市场营销是一种多个行业都需要的职业。除了企业，政府机构、公用事业等非营利部门，也有一些专门从事营销的岗位或部门。与国外相比，市场营销在我国还是一个新兴的职业门类。但是，随着我国社会主义市场经济体制的日臻完善和经济全球化的推动，这一职业在我国已经焕发出勃勃生机。据我国有关人才市场统计数据显示，市场营销职业人才的需求量连续多年名列前茅。作为在市场经济大潮中各行业获取利润的关键环节，营销的地位毋庸置疑。

惠普（HP）前总裁孙振耀曾在“退休感言”中提到：“有个有趣的现象就是，500 强的 CEO 当中最多的是销售出身，第二多的是财务出身，这两者加起来大概超过 95%。”之所以会出现这种现象，原因就在于销售有助于了解整个公司的运营，与人打交道的经验积累也有助于人力管理。所以，优秀的市场营销专业人才更容易进入各行各业的高级管理层。市场营销是每一个有志之士规划自己辉煌职业生涯的必修课程。企业主对经历过“市场营销”专业训练的人才需求量较大。

2. 市场营销职业岗位及工作分析

市场营销职业领域遍及各类工商企业，涵盖一般消费品生产、工业品生产、房地产、医药、汽车等多个社会行业的市场营销活动及管理。随着社会分工的进一步发展，作为市场营销专业传统就业领域，工商企业的市场营销活动逐步呈现出一些细化特征，如市场分析、营销策划、市场推广、连锁经营管理等，市场营销专业就业领域也随之专门化。随着信息技术的发展、经济全球化的推动，网络营销活动方式必将成为全球经营活动的首选；随着社会分工的进一步细化与推动，基于网络的市场营销活动专业化也将是行业发展的必然趋势。市场营销职业的主要岗位及工作描述如表1－4所示：

表1－4　市场营销职业的主要岗位及工作描述

就业方向	岗位级别			部门岗位职责
	第一级	第二级	第三级	
市场部岗位	市场部经理	产品主管/广告主管/市场拓展主管/市场公共主管/市场策划主管/促销主管/市场调研主管	产品专员/广告专员/市场拓展专员/市场公共专员/市场策划专员/促销专员/市场调研专员/督导员/培训专员	1. 根据市场调研结果，对现有市场进行分析和对未来市场进行预测 2. 负责市场策划、公关与市场开拓工作 3. 负责制订营销、产品、促销、形象等策划方案，并协助相关部门共同实施 4. 负责产品、产品线的规划与管理工作 5. 负责企业广告战略的制定与实施工作
销售部岗位	销售部经理	销售主管/销售内勤主管/渠道主管/商务主管/促销主管/售后服务主管	销售专员/销售工程师/销售行政助理/文员/渠道专员/商务代表/商务助理/促销专员/售后服务专员	1. 负责企业销售目标的达成与销售计划的实施 2. 负责销售渠道的拓展与管理工作 3. 负责商务活动的管理工作 4. 负责具体促销活动的组织与实施 5. 负责内勤事务的处理工作
客服部岗位	客服部经理	客户调查主管/客户开发主管/客户维护主管/大客户主管/售后服务主管/客户投诉主管/客户信息主管/呼叫中心主管	客户调查专员/客户开发专员/客户维护专员/大客户专员/售后服务专员/客户投诉专员/客户信息专员/呼叫中心专员/技术支持专员	1. 负责客户服务标准、业务标准和流程的制定，规范客户服务行为 2. 围绕客户开发计划，负责客户关系的维护与开发管理 3. 负责客户投诉处理及监督检查工作，发现问题及时解决 4. 负责呼叫中心的运营与管理工作 5. 负责大客户关系的重点维系与管理

（续上表）

就业方向	岗位级别			部门岗位职责
	第一级	第二级	第三级	
品牌部岗位	品牌部经理	品牌策划主管/区域品牌主管/品牌运营主管	品牌设计专员/品牌规划专员/策划文案/品牌推广专员/品牌维护专员/品牌营销专员	1. 负责按照公司总体战略提炼、整合企业品牌资源，提升品牌价值 2. 负责企业品牌的包装与形象策划，进行差异性品牌传播 3. 全面负责企业品牌的运营与相关服务工作 4. 负责规范内部的品牌使用行为，并监控外部的品牌侵权行为 5. 负责与外部媒体进行沟通
广告部岗位	广告部经理	市场调研主管/媒介主管/创意制作主管/广告策划主管	市场调查专员/媒介购买专员/媒介策划专员/广告制作专员/文案/广告策划专员/平面设计专员/美工/专员	1. 负责整体广告策划方案的制订与执行工作 2. 负责广告创意的设计与实施 3. 负责广告媒介的策划、选择与购买等工作 4. 负责广告的市场调研工作 5. 负责各类广告文案的编写工作
电子商务部	电子商务经理	推广主管/客服主管/运营主管/网络支持主管	推广专员/网络客户服务专员/商务代表/网络支持专员/广告策划专员/网络信息专员/美工/文案	1. 负责管理运营电商平台，并持续不断地完善平台运营规则和完成销售业绩 2. 负责制订电商营销计划，并进行营销业务和营销合作 3. 负责通过网络进行业务推广和市场开拓工作 4. 负责制定公司网络品牌发展战略、品牌建设及市场调研等工作 5. 负责网络营销渠道的建立与规范及服务
新媒体运营部	新媒体运营经理	新媒体策划主管/新媒体推广主管/新媒体运营主管/数据分析主管	数据分析专员/策划专员/推广专员/客服专员/文案/摄影/美工	1. 负责移动互联网自媒体平台（微信、微博、短视频等）的日常运营及推广工作 2. 负责运营公众号，为粉丝策划与提供优质、有高度传播性的内容 3. 负责增加粉丝数，提高关注度和粉丝的活跃度，并及时与粉丝互动 4. 挖掘和分析客户使用习惯、情感及体验感受，及时掌握新闻热点，有效完成专题策划活动

二、确立营销职业道德

职业道德是从事一定职业的人在自身特定的工作中所必须遵守的行为规范的总和。营销人员职业道德就是营销者在营销行为过程中处理顾客、供应商、中间商、零售商、竞争对手、政府、社会团体等利益相关者之间相互关系的准则，包括营销人员的职业观念、职业情感、职业理想、职业态度、职业技能、职业良心、职业作风等多方面的内容。

遵守职业道德是营销人员事业成功的保证，不讲职业道德就做不好营销工作。做事先做人，做人德为先。不会做人，便不能做事；不善做事，便不善经商；做人失败，想在经营事业上取得成功也会很难。

实例 1－10 李嘉诚“诚”定基业

众所周知，李嘉诚是从塑胶花厂开始创业的。在创业初期，其资金极为有限。一次，一位急需大量塑胶花的外商来到他的公司，但这位外商要求李嘉诚必须拿出担保人亲笔签字的信誉担保书才肯订货。还没有什么实力的李嘉诚根本找不到担保人，但他没有放弃，他和公司的设计人员一夜没睡，最终按照外商的要求设计出了9款样品放到外商的面前。然后，李嘉诚诚恳地告诉外商：“我实在找不到殷实的厂商为我担保，十分抱歉。”

李嘉诚的诚恳执着，深深打动了外商，他说道：“李先生，我知道您最担心的是担保人。您不必为此事担心，我已经为您找好了一个担保人。”李嘉诚愣住了，哪里有对方找担保人的道理？外商微笑道：“这个担保人就是您自己。您的真诚和信用，就是最好的担保。”虽然这是个好机会，但李嘉诚感动之余还是说：“先生，蒙您如此信任，我不胜荣幸。但我还是不能和您签约，因为我的资金真的有限。”外商听了，极佩服他的为人，不但与之签约，还预付了货款。这笔生意使李嘉诚赚得了一笔可观的资金，为以后的发展奠定了基础。由此，李嘉诚也悟出了“坦诚第一，以诚待人”的原则，并获得了巨大成功。

（图文来源：世界经理人网、《李嘉诚谈商录》，有修改）

思考：为什么诚信是营销人员职业道德的核心？

1. 平等互惠，诚信无欺

这是营销工作者最基本的行为准则。营销工作者在工作中不能要手腕，坑蒙消费者，擅自压价或变相提价；要恪守营销承诺，绝不能图一时之利而损害企业信誉。在营销中，营销工作者只有通过诚实的劳动和创造，以及守规、勤业和敬业的职业态度与职业行为，才能赢得消费者足够的信任。

2. 通晓业务，优质服务

营销人员要博学多才，业务娴熟；要牢固树立服务至上的营销理念；要善于收集信息、把握市场行情；要灵活运用各种促销手段，拉近与客户的距离，成功地进行沟通；要熟悉经销商品的性能，主动、准确地传达商品信息；要为顾客排忧解难，满足他们的需求；要以认真负责的态度，尊重、维护客户的合法权益，竭诚地为客户提供良好的服务。

3. 当好参谋，引导消费

营销是生产者与消费者之间的媒介和桥梁。营销工作者要在与消费者的沟通中，了解不同对象的不同需求，引导消费者接受新的消费观念；同时，又要将消费者的需求信息传达给生产者，以帮助企业制定战略和调整改进生产。

4. 遵纪守法，公私分明

生产者往往赋予营销工作者一定的职权，营销人员应经得起利益的诱惑，不赚取规定之外的私利，不进行转手倒卖等各种谋私活动。因此，营销人员应正确处理好物质利益与法律法规的关系，在遵纪守法的前提下获取物质利益。

5. 团结互助，共同成长

营销团队内部关系的状况及其整体结合的程度，关系到营销人员队伍的健康发展。作为营销人员，应具有与团队“同生共存”的意识和全局观念，在选择自己的道德行为时应做有利于团队内部关系和整体结构优化的选择。作为不同层次的业务员团队的领导者，应关注团队内部关系的状况，致力于塑造齐心协力的团队。

总之，营销人员既是业务实践的主体，又是道德实践的主体，二者融汇于具体的职业实践之中。而主体的道德水准及业务素质，对其职业行为起着价值导向和调节作用，影响其行为的结果，作用于行业和社会，对它们产生积极的或消极的影响。营销人员良好的职业道德不仅可以树立自身的职业形象，拓展业务；还可以更好地维护企业的形象，并促进行业的健康发展。

学以致用

到企业或招聘网站上调查一下，了解企业在招聘营销人才时，相关岗位的要求和最看重的三个要素是什么？思考有没有你理想的职业岗位。

第四节　认识营销组合工具及营销过程

一、认识营销工具：营销组合

在考虑如何用最佳方式向消费者呈现产品和服务时，营销人员要做很多决策，所以他们需要工具。营销人员的策略工具箱是市场营销组合（Marketing Mix）。这些工具包括产品本身、产品价格、把产品介绍给消费者的促销活动以及可获得产品的渠道。市场营销组合的要素就是经常说到的“4P”，即产品（Product）、价格（Price）、促销（Promotion）、分销（Place），以及它们的组合。组合的观念提醒我们，没有哪一项单一的营销活动足以实现组织的目标。

尽管我们把“4P”作为营销策略的独立部分加以讨论，但事实上，产品、价格、促销和分销是完全相互依存的，任何一个决策都受到其他营销组合决策的影响，同时也影响其他营销组合的决策。假如公司推出一种高品质的产品，这种产品比其他任何现行生产线上的产品都昂贵，公司对这种新产品的定价首先要包含成本，另外还要制定广告和其他促销策略来传递高品质的形象；同时，公司还要把高端零售商包括在分销策略中，因此市场营销组合因素必须一起合作。本书后面的部分会详细研究营销组合的这些部分。现在让我们来简单看一下每个“P”的含义及其在营销组合中扮演的角色（如图1－8所示）。

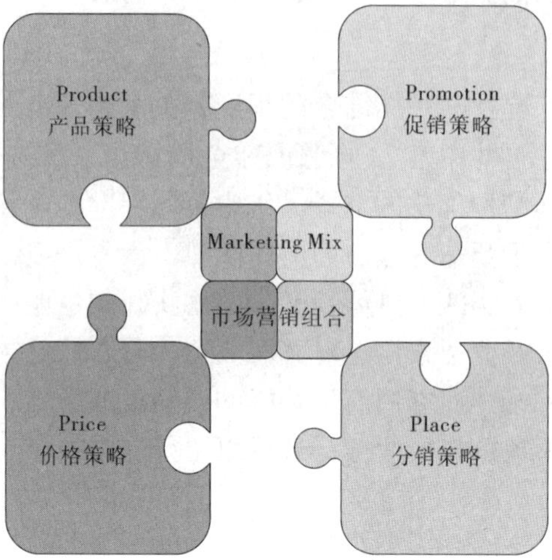

图1－8　市场营销组合

1. 产品（Product）

产品可以是物品、服务、观念、地点、人物，可以是任何在交换中用来满足消费者需求的东西。产品是很多不同因素的组合，包括产品的效用、质量、外观、式样、品牌、包装和规格，还包括服务和保证等因素，它们对于产品的成功来说都很重要。企业在制定产品策略时要考虑以下几个因素：产品性能能否满足消费者的需求？产品有哪些特点？产品的外观与包装如何？产品的服务与保证如何？产品还能进行哪些改进和创新？

2. 价格（Price）

价格是对价值的量化表示，或消费者为获得交易物必须支付的货币数量。价格经常被作为激发消费者兴趣的方法。这种情况发生在当一种产品推向市场销售时，如果营销人员要传递高品质的形象或新鲜事物，他们会努力用比人们熟悉的更高的价格卖出这种产品。企业在定价时要考虑以下几个因素：企业的合理利润以及顾客可以接受的价格是否得到考虑？定价是否符合公司的定位和品牌形象？价格是否符合企业的竞争策略？

3. 促销（Promotion）

促销包括营销人员用来告知消费者产品信息和激励潜在消费者购买这些产品所进行的所有活动。促销有很多形式，包括人员推销、电视广告、店面优惠券、广告牌、杂志广告和新闻发布等。企业要考虑如何通过广告、公关、营业推广和人员推销等手段，将产品信息传递给消费者，以促成消费行为的达成。

4. 分销（Place）

分销是指在期望的时间和地点，产品对于顾客的可获得性。它与供应链相关——供应链指一起努力让产品从生产者最后传递到消费者手中的总和。企业要考虑产品通过什么渠道销售，以及如何将产品顺利送抵消费者的手中。

以上“4P”是市场营销过程中可以控制的因素，也是企业进行市场营销活动的主要手段。对它们的具体运用，形成了企业的市场营销策略。企业要满足顾客，实现经营目标，不能孤立地只是考虑某一因素和手段，必须从目标市场需求和市场营销环境的特点出发，根据企业的资源和优势，综合运用各种市场营销手段，形成统一的、配套的市场营销战略，使之发挥整体效应，争取最佳效果。

“4P”理论的提出，是现代市场营销理论最具划时代意义的变革。“从此，营销管理成了公司管理的一个部分，涉及了远远比销售更广的领域。”今天，无论有多少新的营销名词，无论有多少关于“4P”过时的说法，“4P”都是营销管理理论的基石。

1990年，劳特朗先生在《广告时代》上面对应传统的“4P”提出了新的观点：“营销的4C。”它强调企业首先应该把追求顾客满意放在第一位，产品和服务必须满足顾客需求，同时降低顾客的购买成本，在研发产品时就要充分考虑客户的购买力，然后要充分注意到顾客购买过程中的便利性，最后还应以消费者为中心实施有效的营销沟通。4C即消费者的需要与欲望（Customer's needs and wants），消费者获取满足的成本（Cost and value to satisfy consumer's needs and wants），用户购买的方便性（Convenience to buy），与用户沟通（Communication with consumer）。

有人甚至认为在新时期的营销活动中，应当用“4C”来取代“4P”。但许多学者仍然认为，“4C”的提出只是进一步明确了企业营销策略的基本前提和指导思想，从操作层面上讲，仍然必须通过“4P”为代表的营销活动来具体运作。所以“4C”只是深化了“4P”而不能取代“4P”。“4P”仍然是目前为止对营销策略组合最为简洁明了的诠释。

二、认识市场营销工作过程

市场营销涉及对顾客的需求和欲望的满足，企业的任务是在赢利的前提下向顾客传播价值。一家公司要想取胜，必须仔细调整价值传递过程，发现、选择、提供、创造、传播、传递、实现真正出色的价值，并实现价值长期持续增长。图1-9描绘了企业创造和实现价值的一般过程。

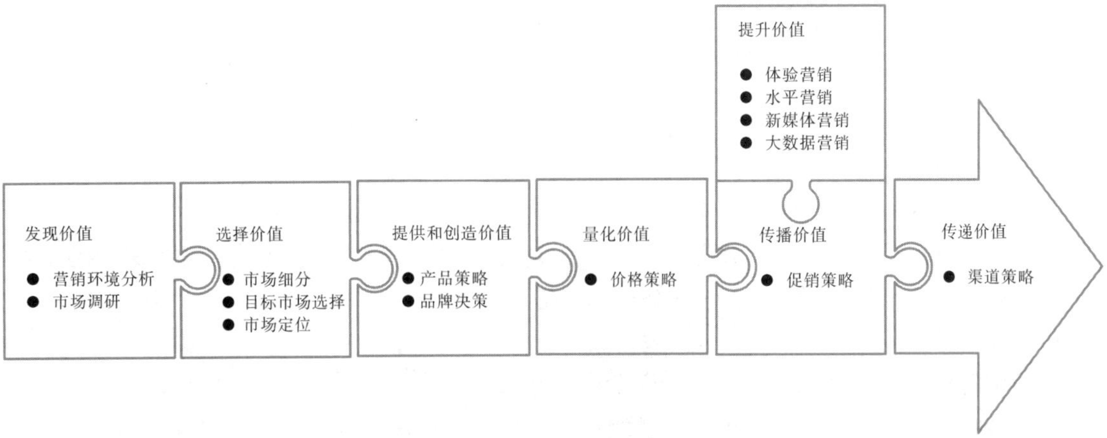

图1-9　营销工作流程

1. 发现价值

营销人员通过市场调研和营销环境及消费者行为分析，发现消费者现实和潜在的需求，挖掘各种市场机会，发现价值。

2. 选择价值

它是在产品生产之前营销人员必须做的战略准备。企业评估市场机会后进行市场细分，分析每个细分市场的特点、需求趋势和竞争状况，并根据本公司优势，选择自己的目标市场。由于每个市场都有自己的需求、感受、偏好和购买标准，因此，企业必须为精心界定的目标市场设计所需的产品，确定产品的价值定位。“对市场进行细分，选择目标市场，进行市场定位（Segmentation，Targeting，Positioning，简称 STP）”这一模式是战略营销的本质所在。

3. 提供和创造价值

这个阶段企业必须围绕目标消费者的需求设计和生产产品，进行品牌决策。这就是产品策略和品牌决策。

4. 量化价值

依据销售产品的定位、顾客的支付能力及竞争情况给产品制定一个适宜的价格。这就是价格策略。

5. 传播价值

这个阶段企业要通过广告、促销、人员推销等吸引目标消费者的注意，并告诉目标消费者产品的优势是什么、产品的价值所在。这就是促销策略。

6. 提升价值

在具体执行营销策略的过程中，企业还要根据市场的新的变化和趋势，利用新的营销方式和工具使价值得以增长和提升。

7. 传递价值

当消费者想购买的时候要让其能方便、放心地购买到。这就是产品的分销渠道策略。

实例 1－11　OPPO 手机的营销策略

根据国内调研机构赛诺发布的数据显示，2018 年全年 OPPO 国内出货量为 7 637 万台。在国内手机市场排第一位。

到底什么样的产品能让顾客满意，带给企业价值？

何种性能缺陷是用户的“痛点”？如拍照不清晰、续航时间短、充电慢等，而 OPPO 正是抓住这些“痛点”，主打“充电五分钟，通话两小时”“这一刻，更清晰”“AI 智能拍照，让美更自然”“10 倍混合光变，再远也清晰”。这些从广告语我们可以清楚地读出它的定位，其获得了消费者的青睐。OPPO 将自己的产品定位为年轻化、时尚化，更多地倾向女性市场，拍照功能便成了首要推崇功能。例如 OPPO 首次推出 Reno 系列，它将成为用户在影像、游戏、音乐等方面实现内心创造力的出色帮手。

赛诺 2018 年 1～12 月手机整体市场销量排名

	品牌	总销量（万部）	同比
1	OPPO	7 637	-6%
2	vivo	7 464	3%
3	HUAWEI	6 490	29%
4	HONOR	5 427	13%
5	Apple	5 270	-5%
6	MI	4 796	7%
7	Meizu	948	-46%
8	Samsung	595	-32%
9	Gionee	478	-67%

OPPO 的消费人群定位为年轻用户，而在年轻用户中，我们根据消费力的不同也可以分出几个层次，OPPO 专注的是年轻人中更注重品质的一类。所以在定价上综合企业内部营销目标和实施，在同等次中趋于中高端，价格偏高。OPPO 公司在价格上的整体策略是上市全国统一、严控价格。这种策略不会造成不同渠道的不同价格，某种程度上也限制了线上渠道，如果线上线下同价，消费者更愿意去实体店进行体验后购买，这种方式有利于公司对价格进行管理，此外，这也使得消费者安心，虽然没有优惠，但同样也没有吃亏，反倒会对品牌多了一份信任。

OPPO 线下有 20 多万家经销商店铺。近年来消费升级，消费者更加注重体验感，越来越不买电商饥饿营销的账，OV（OPPO、vivo）两家手机的专卖店仿佛一夜之间铺满天南地北，特别是在三四线城市。线上线下统一的价格策略，无形中让渠道倾向了线下，所以 OPPO 所做的就是精耕线下渠道，掌握销售终端。OPPO 的渠道趋于扁平化，“OPPO—省代—代理商—用户”，这其中 OPPO 对渠道合作伙伴以一种捆绑的方式合作，一些合作伙伴持有公司股份，那么这会让渠道伙伴更加用心、更尽力地去销售，同样也与渠道伙伴建立了信任，并在经历波动时能稳固地生存下来。进入手机卖场，推销人员热推的就是 OPPO 手机，而高提成成了销售人员热衷推销 OPPO 的原因，因此我们随处可见可听 OPPO 的广告。

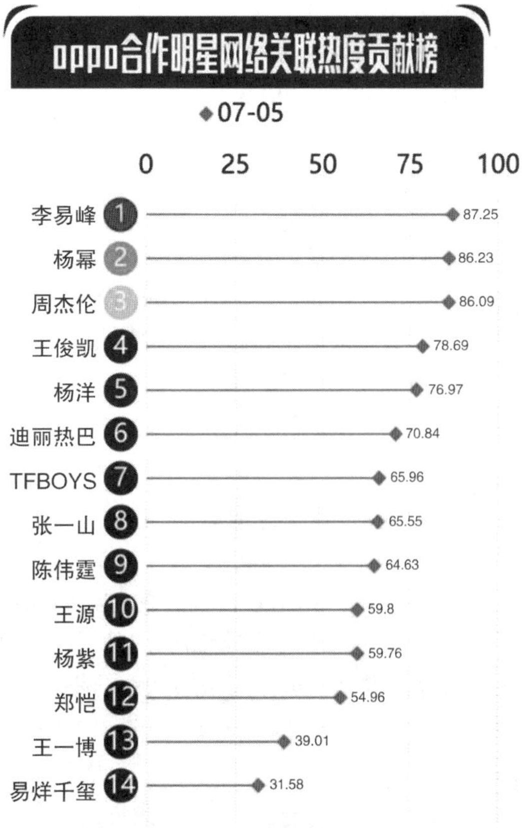

2018 年李易峰发布的“一起凹造型”的微博，开始了 OPPO R15 明星营销的第一步。之后杨幂、迪丽热巴、郑恺、张一山、王俊

凯、杨紫、杨洋、陈伟霆八位明星陆续发布相关微博，并用 OPPO 新款手机合照，微博转发量瞬间上万。它庞大的代言团队，主要特点为偶像化、粉丝众多、当红。

打开各大卫视我们都可以看见蓝绿兄弟的赞助，OPPO 赞助了《奔跑吧兄弟》《偶像来了》《快乐大本营》《中国好声音第四季》等，主要特点表现为大综艺、影响范围广、热门、符合品牌定位。OPPO 是一个定位于年轻人的品牌，芒果台则是偶像化的代表性卫视，许多年轻女性都会观看湖南卫视，同样也有许多年轻男性喜欢《奔跑吧兄弟》《极限挑战》，这些广告正好投向目标消费者。同时 OPPO 的广告也被广泛投向各地的机场、地铁、高铁站，这种直接的方式让消费者很快接收到企业要传达的信息。

（图文来源：C 君科技、精品研究院、江财工商营销达人社）

思考：结合案例谈谈 OPPO 手机是如何创造价值，如何进行营销的。

学以致用

你的朋友想在大学校园开一家甜品店，但他担心能否有足够的客源支撑店面的运营。得知你学过市场营销，他向你征求一些建议。你能对他讲述产品、价格、促销和分销策略的知识，并帮助他创业吗？

测试你掌握的知识

1. 简述什么是市场营销。
2. 举例说明企业如何去发现需求，满足需求，创造需求从而盈利。
3. 画图说明现代市场营销观念与传统市场营销观念的区别。
4. 试析营销人员在公司扮演的角色。
5. 市场营销的工作过程包含哪些内容？
6. 列出并说明营销组合的要素。

实训模块 1　组建营销团队

按 4 ~ 6 人一组组建营销团队：给团队起一个名字，设计 LOGO 及团队口号。确定团队负责人（项目经理）、进行团队内部分工。初步确定准备涉足的行业（可以从教师给定的企业中选择，也可以选择大家感兴趣的将来想从事的行业）。

扩展资源 1

第二章　寻找价值——扫描环境捕捉机会

营销正变得越来越取决于信息而不是销售力。

——菲利普·科特勒

【学习目标】

1. 把握营销环境因素对市场营销活动的影响。
2. 掌握营销环境的分析方法及实际应用。
3. 把握不同市场的购买行为和购买决策过程。

【思维导图】

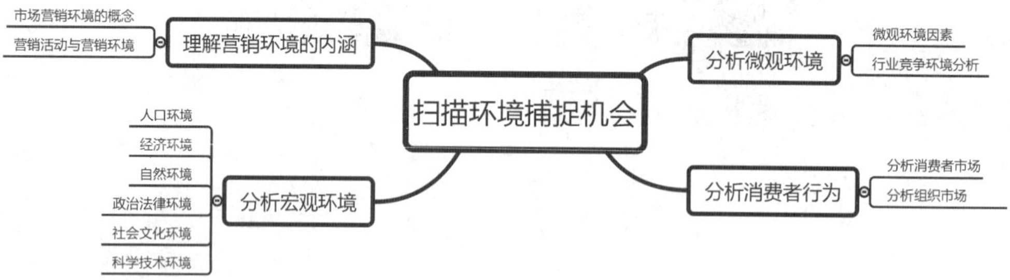

【营销实战】

没有 Wi-Fi 但故事很多　24 小时书店点亮城市深夜

据数据统计，在过去的十年间，有将近 5 成的民营传统书店关门倒闭。然而近些年，独立书店却异常火爆。

在广州，有一家叫“1200”的书店，因为其独特的气质成了“网红店”。它全天 24 小时营业，没有 Wi-Fi，不卖武侠和励志书，为背包客提供免费住宿。就是这样一个 24 小时不打烊书店，不但经营得不错，而且三年在同一个街区连续开了三家店。

1200 书店创办人刘二喜说道：“书店是一个经营者的乌托邦。我们除了提供人文图书，还提供一种人情味。我们确实被情怀打动了。我没有把它当作一个投资、一门生意去做。”

1200 书店从 2014 年第一家店开业以来，不但没有亏损，而且发展迅速。同时，其以“网红店”的态势圈粉无数，吸引了许多爱读书的人来体验它的温馨和包容。

（资料来源：央视网，有修改）

思考：1. 为什么传统书店经营状况恶化，接连关门倒闭？
2. 在传统书店接连关门的环境中，为什么1200书店能如此火爆？
3. 影响消费者购买图书的因素有哪些？其购买的决策过程是怎样的？

第一节　理解营销环境的内涵

一、理解市场营销环境的概念

市场营销环境是指直接或间接地影响企业营销活动的所有企业外部力量和相关因素的集合，是企业营销职能外部的、不可控制的因素和力量。企业的营销行为既要受企业内部条件的制约，也要受外部环境的制约。因此，关注并研究企业内外营销环境的变化，把握环境变化的趋势，识别由于环境变化所带来的机会与威胁，是营销管理的主要任务之一。

市场营销环境的构成要素主要有两方面：微观营销环境和宏观营销环境（如图2－1所示）。

微观营销环境与宏观营销环境之间并不是并列关系，而是主从关系——微观营销环境受制于宏观营销环境，微观营销环境中所有的因素都要受宏观营销环境中各种力量的影响。

图2－1　市场营销环境的构成

讨论2－1：除了上述因素以外，你觉得还有哪些因素影响企业营销决策？

二、营销活动与营销环境

市场营销环境通过其内容的不断扩充及其自身各因素的不断变化，对企业营销活动产生影响。营销环境是企业营销活动的制约因素，营销活动依赖于这些环境才得以正常进行。这表现在：营销管理者虽可控制企业的大部分营销活动，但必须注意环境对营销决策的影响，不得超越环境的限制；营销管理者虽然能分析、认识营销环境提供的机会，但无法控制所有有利因素的变化，更无法有效地控制竞争对手；由于营销决策与环境之间的关系复杂多变，营销管理者无法直接把握企业决策实施的最终结果。此外，企业营销活动所需的各种资源需要在环境许可的条件下取得，企业生产与经营的各种产品也需要获得消费者或用户的认可与接纳。

虽然企业营销活动必须与其所处的外部环境相适应，但营销活动绝非只能被动地接受环境的影响，营销管理者应采取积极、主动的态度去适应营销环境。

就宏观环境而言，企业可以通过不同的方式增强适应环境的能力，避免来自环境的威胁，有效地把握市场机会。在一定条件下，企业也可以运用自身的资源，积极影响和改变环境因素，创造更有利于企业营销活动的空间。

就微观环境而言，直接影响企业营销能力的各种参与者，事实上都是企业的利益共同体。按照市场营销的双赢原则，企业的营销活动应为顾客、供应商和营销中间商带来利益，并造福于社会公众。即使是竞争者，也存在互相学习、互相促进的因素，有时也会联合行动，甚至成为合作者。

讨论2-2：如何理解“企业也可以运用自身的资源，积极影响和改变环境因素”这句话？

学以致用

学校门口有一条美食街，试分析其中一家餐厅会受到哪些营销环境的影响。如果你是这家餐厅的老板，你会根据这些营销环境采取什么行动？

第二节　分析宏观环境

宏观环境因素包括人口、经济、自然、政治法律、社会文化和科学技术六大因素（如图2-2所示）。

企业及其微观营销环境的参与者，无不处在宏观营销环境之中。通过识别宏观环境趋势，营销人员可以发现许多机会。一项新产品或市场计划，如果能与强大的趋势相一致，就可能会更加成功。对于营销人员来说，最终的挑战是理解趋势的真正本质，同时确定它会对自身所处的营销环境带来怎样的影响。

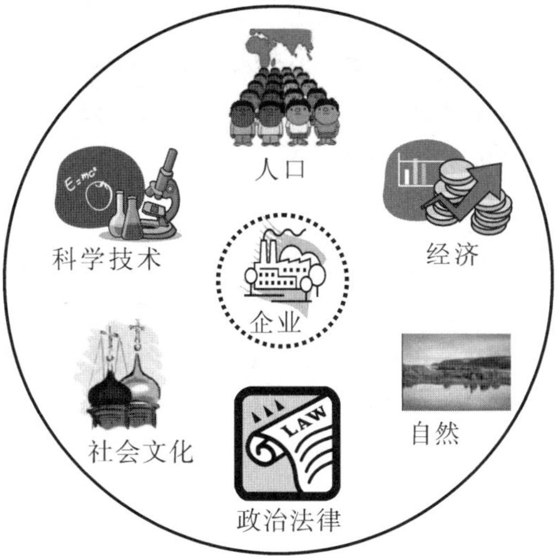

图 2－2　宏观环境的构成

实例 2－1　粤港澳大湾区

2019 年 2 月 18 日，中共中央、国务院正式印发《粤港澳大湾区发展规划纲要》（以下简称《纲要》）。《纲要》提到，粤港澳大湾区的五大战略定位是：充满活力的世界级城市群，具有全球影响力的国际科技创新中心，“一带一路”建设的重要支撑，内地与港澳深度合作示范区，宜居宜业宜游的优质生活圈。2019 年 3 月 1 日，粤港澳大湾区战略研究院成立。

在当前世界城市版图中，纽约湾区、旧金山湾区、东京湾区等湾区城市都是全球经济的重要增长极，发挥着引领创新、聚集辐射的核心功能，对本国的经济发展来说，这些湾区城市都发挥着核心引擎的作用。

粤港澳大湾区覆盖广东省 9 座城市：广州、深圳、东莞、珠海、佛山、江门、惠州、中山、肇庆，以及香港、澳门两个特别行政区，占地 5.6 万平方公里，人口 7 000 万。这个区域同时也是中国经济最发达、最有活力的都市群之一，区域经济总量超过 1.4 万亿美元，约占全国的 10%，在全省更是达到 85% 以上。

国家希望确立粤港澳大湾区战略地位，从全球视野出发谋划增创竞争新优势，强化港澳地区的“超级联络人”地位，进一步推动国际科技产业创新中心的形成。而这些核心功能正是国家提出粤港澳大湾区概念的根本原因。

（图文来源：数据新闻、热门资讯）

思考：1. 结合案例思考粤港澳大湾区会给我们的生活带来哪些变化？
2. 粤港澳大湾区的战略规划会给企业的宏观环境带来哪些变化？对于企业来说会有哪些机遇与挑战？

1. 人口环境

营销人员关注人口趋势是因为人口构成了市场。人口环境包括人口的规模、构成、地理分布、教育水平等。

（1）人口规模对企业营销的影响。人口的多少直接决定市场的潜在容量。根据联合国发布的人口报告，2050 年世界人口将达到 93 亿。

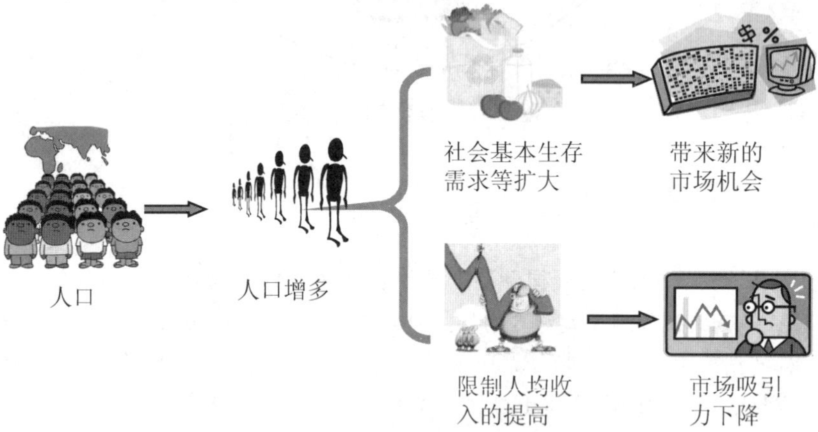

图 2－3　人口规模对企业营销的影响

（2）人口结构对企业营销的影响。人口结构主要包括年龄结构、家庭结构、社会与民族结构。下面主要介绍前两点。

①年龄结构。不同年龄的消费者有着不同的购买动机和习惯，对商品的需求也不一样。因此，人口的年龄结构对市场需求会产生直接的影响。

②家庭结构。现代家庭既是社会的细胞，也是购买、消费的基本单位。家庭的数量、规模、结构等也直接影响商品的需求。目前，家庭普遍呈现规模缩小、数量增加的趋势。

③民族结构。不同民族的生活习惯、文化传统、消费偏好等都不相同，其市场需求也不相同。因此，营销人员应注意民族市场的营销，重视开发适合各民族特性、受其欢迎的商品。

（3）人口地理分布对企业营销的影响。人口的地理分布对企业营销活动产生着很大的影响，主要体现在两方面：

①不同的地理环境会使消费者的消费需求和购买行为产生较大的差异。例如，在我国，“南淡北咸、东甜西辣”是对不同地方的饮食差异的形象概括，因此，饮食的差异对不同地区消费者的食品需求产生较大的影响。

②人口的区间流动性越来越大，这对商品需求也起着决定性影响。目前，我国的人口流向主要是从农村到城市，城市人口迅速增加，人口密度增大，这为企业增加商业网点，扩大市场提供了良好的机会。

实例 2－2　中国“人口红利”时代要结束了?

人口问题始终是我国面临的全局性、长期性、战略性问题。截至2018年末，中国大陆总人口（包括31个省、自治区、直辖市和中国人民解放军现役军人，不包括香港、澳门特别行政区和台湾省以及海外华侨人数）139 538万人，比上年末增加530万人。这比2017年新增人口737万减少200多万。全年出生人口1 523万人。2017年出生人口约为1 723万，2016年约为1 786万，人口出生规模连续第二年出现萎缩现象。而且，2018年出生人口减少200万的规模较2017年约60万的减少规模大幅扩大。2018年人口出生率为10.94‰，是1949年以来历史最低值。劳动人口数量也在2018年出现首次下降。相关数据表明，2018年末全国就业人员77 586万人，相比2017年末的全国就业人员77 640万人，为最近多年的首次下降。到21世纪20年代后半期，中国人口将达到峰值14.3亿人左右，人口数量将经历从低增长到零增长再进入负增长的历史性转折时期。目前中国人口发展的机构性问题日益突出，包括老龄化速度加快、劳动年龄人口下降、人口发展不平衡等。

（资料来源：央视网新闻，有修改）

思考：在上述文章中，你从中能发现哪些市场机会?

2. 经济环境

只有具备购买能力的需求才是现实的市场需求。由于经济环境直接影响顾客的需求，因此企业营销人员必须了解经济环境，留意各种经济趋势。

（1）消费者收入。消费者收入是指消费者个人从各种来源中所得到的货币收入，包括工资、奖金、其他劳动收入、红利、馈赠、出租收入等。消费者收入是影响社会购买力、市场规模大小、消费者支出多少和模式的一个重要因素。

对营销活动影响最大的消费者收入是个人可支配收入和个人可任意支配收入。

①个人可支配收入：指个人应得收入扣除应由个人负担的直接税及非税性负担之后的余额。

②个人可任意支配收入：在个人可支配收入中扣除消费者用于购买生活必需品的支出和固定支出（如房租、水电、食物、分期付款等）后的余额即为个人可任意支配收入，是影响需求的最活跃的因素。

讨论 2－3：在分析消费者收入时，“货币收入”和“个人可支配收入”是否相同?

（2）消费者支出模式。消费者支出模式主要取决于其收入水平，最常用的用于考察消费收入与消费支出之间的关系是“恩格尔系数”。

“恩格尔系数”指出：①随着家庭收入的增加，食品支出占家庭收入的比重下降；②随着家庭收入的增加，住宅建筑和家务经营方面的支出占家庭收入的比重将维持大体不变；③随着家庭收入的增加，其他方面（如服装、交通、娱乐、教育等）的支出和储蓄占家庭收入的比重上升。

相关链接：恩格尔系数

恩格尔系数是德国统计学家恩斯特·恩格尔（Ernst Engel）提出的，指的是食物支出所占家庭收入的比例，其计算公式为：食物支出变动的百分比÷收入变动的百分比。联合国以恩格尔系数作为划分、衡量一个国家或地区的贫困与富裕的标准：恩格尔系数>59%为贫困；50%<恩格尔系数<59%为温饱；40%<恩格尔系数<50%为小康；30%<恩格尔系数<40%富裕；恩格尔系数<30%为最富裕。2017年我国恩格尔系数为29.3%，首次低于30%，2018年我国居民恩格尔系数为28.4%，比2017年下降0.9百分点，城镇居民人均消费支出26 112元，名义增长6.8%，比2017年加快0.9百分点；农村居民人均消费支出12 124元，名义增长10.7%，比2017年加快2.6百分点。2017年我国城镇常住人口81 347万人，比2016年末增加2 049万人；城镇人口占总人口比重（城镇化率）为58.52%，比2016年末提高1.17百分点。

（资料来源、图表来源：中国日报网、每日经济新闻网）

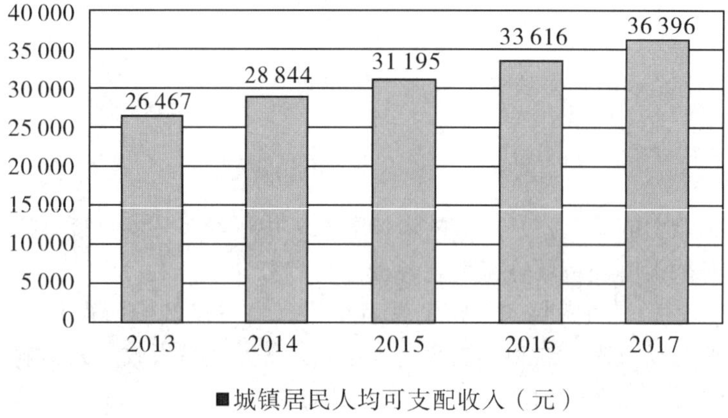

2013—2017年中国城镇居民人均可支配收入情况

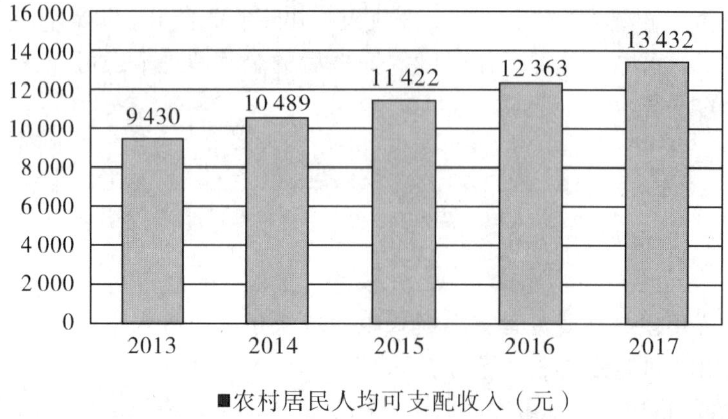

2013—2017年中国农村居民人均可支配收入情况

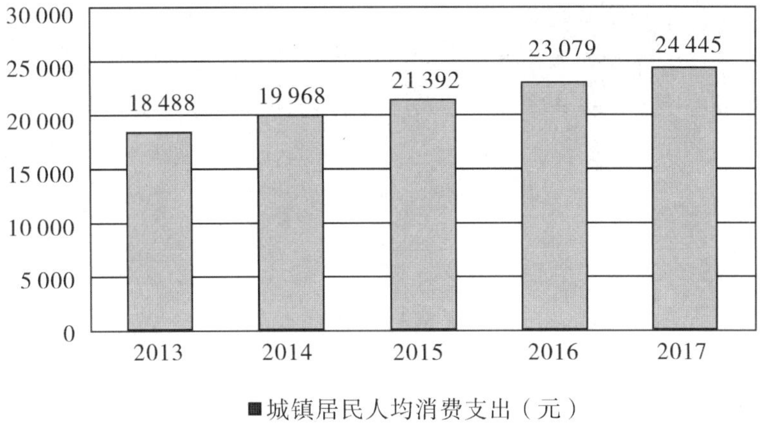

2013—2017 年中国城镇居民人均消费支出情况

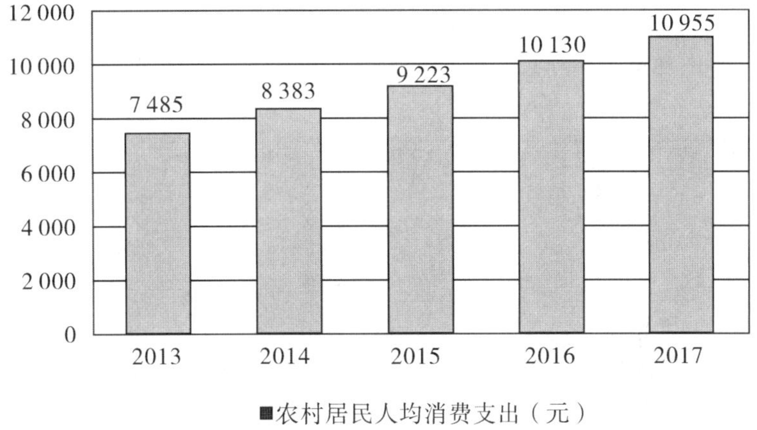

2013—2017 年中国农村居民人均消费支出情况

（3）消费者储蓄与信贷。消费者个人收入不可能全部用掉，总有一部分以各种形式储蓄起来，这是一种推迟了的潜在购买力。储蓄越多，现实的消费量就越小，但潜在消费量就越大。不同消费者的储蓄动机不尽相同，营销人员应当全面了解消费者的储蓄情况和储蓄动机。消费者信贷指的是消费者凭信用先取得商品使用权，然后按期归还贷款，以购买商品。实际上就是消费者提前支取未来的收入，即提前消费。我国现阶段的消费信贷正在各个方面逐步兴起。

实例 2－3　中国大学生消费金融市场

近年来，我国大学生消费市场规模呈增长趋势，但是大学生消费市场和成年人市场不同，他们每月的生活费几乎等同于可消费金额；而且，由于存在饭费等必要的开支，尽管市场规模较大，可是在传统消费观念环境中消费信贷能渗透的领域并不多。然而，随着电商消费的刺激以及生活品质的不断提高，大学生消费与社会消费间的差距逐渐消失。

最近几年，通过消费金融机构自身的大量推广，年轻人群体对消费金融业务更加了解。年轻人具有冲动消费、超前消费、可支配收入较低等特点，他们比其他群体更加需要通过消费金融服务的帮助来提前享受未来高质量的生活，用未来的资金投资现在的自己。

（资料来源：艾瑞咨询，有修改）

思考：1. 大学生的消费习惯有哪些特点？

2. 如果你是商家，可以从中看到什么商机？

3. 自然环境

一个国家或地区的自然环境包括该地的自然资源、地形地貌和气候条件，这些因素都会不同程度地影响企业的营销活动。企业要避免自然环境带来的威胁，要最大限度地利用环境变化可能带来的市场营销机会，就应不断地分析和认识自然环境变化的趋势，根据不同的环境情况来设计、生产和销售产品。

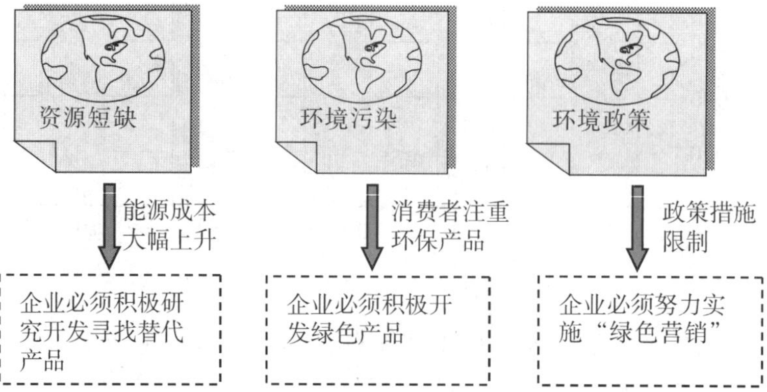

图 2－4　自然环境对企业营销的影响

实例 2－4　可再生能源商机无限

在科技进步和环境需求的驱动下，世界能源正加速向清洁、低碳方向转型，而中国已经成为全球能源清洁转型的引领者。联合国环境署、法兰克福财经管理大学及彭博新能源财经于 2018 年 4 月 5 日共同发布了《2018 年全球可再生能源投资趋势》报告。报告指出，中国是迄今为止世界上最大的可再生能源投资国，其投资额比 2016 年增长 31%，达到创纪录的 1 266 亿美元。

“生态环保”招商成了热门投资项目，高效太阳能热水器即为其一，高效太阳能热水器生产线结合了国内外同类设备的优点，采用了目前市场上最前沿的生产工艺，生产出的太阳能热水器款式新颖、造型美观、持久耐用、热效率高，还可针对城市、乡镇、农村等不同消费群体生产不同档次的太阳能热水器，此项目特别适合中小投资者办厂投资。目前，该项目在山东、内蒙古、贵州、东北三省等地区较为活跃，尤其是太阳能基础设施较为完善的地区。

（图文来源：吾谷新闻、经济参考报，有修改）

思考：结合该案例谈谈企业应该如何把握现实中的机会和挑战，并分析该项目的宣传点。

4. 政治法律环境

政治法律环境是由强制的和影响社会上各种组织和个人行为的法律、政府机构、公众团体所组成的。在任何社会制度下，企业的营销活动都必定要受到政治法律环境的强制和约束，其对营销决策的影响相当重要。

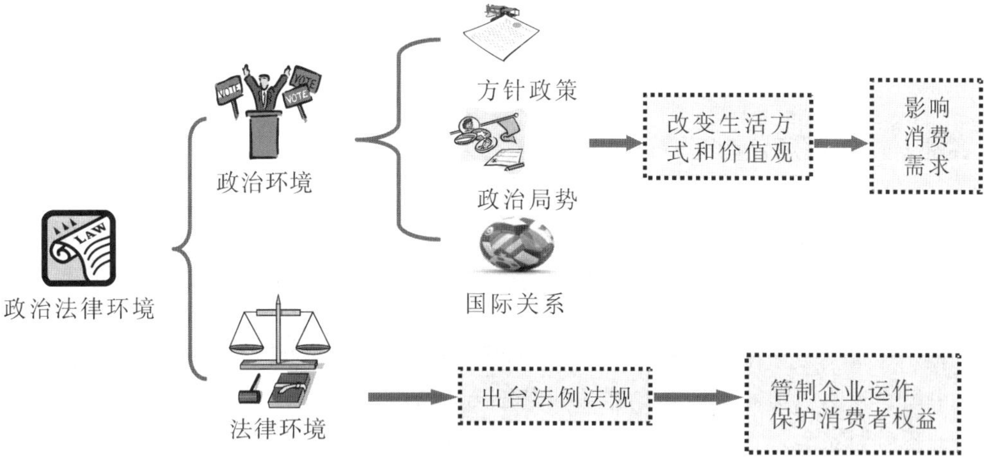

图 2－5　政治法律环境对企业营销的影响

实例 2－5　华为参与海外 5G 建设屡屡受阻

在国际通信话语权方面，华为在技术上的进步一度可以称为中国的骄傲。但是华为在参与海外 5G 建设中屡屡受阻，细数华为 5G 被禁的近期消息：2018 年 4 月，伴随中兴因未严格履行协议被查继而被罚之后，华为硬气地表示退出美国市场；2018 年 8 月 27 日消息称，澳大利亚跟风美国，以国家安全为由禁止华为参与其国家 5G 建设；2018 年 9 月 14 日，印度《经济时报》报道，印度通信部（DoT）已经禁止华为和中兴通讯参与该国的 5G 用例试验合作。虽然对此华为做出回应称印度政府一直很支持华为且公司与政府一直保持着有效

的沟通，从大范围来看，华为遭受部分国际社会联合抵制的大网已经编织大半。华为成为通信新闻焦点事件是从美国打击中兴之后再次要求对华为进行内部审查开始的。这之前，华为短码刚刚战胜美国、法国，掌握了编码信道的控制专利。在通信发展的历史中，西方国家一直是独占鳌头，华为由此成为美国的针对目标或是美国感受地位受到威胁的直接反击。

（图文来源：百家号、凡说复杂，有修改）

思考：如何看待“华为参与海外5G建设屡屡受阻”？这是商机还是威胁？

5. 社会文化环境

社会文化环境是指一个国家、地区或民族的传统文化氛围，通常由价值观念、信仰、风俗习惯、行为方式、社会群体及相互关系等内容构成。这些社会文化力量影响着人们的生活和行为方式，进而影响着人们的购买动机和行为。因此，企业的营销人员在产品和商标的设计、提供广告和服务等方面，要充分考虑、了解和尊重当地的传统文化，以避免遭受不必要的损失。

实例2－6　宝洁公司的教训

20世纪80年代，美国生产婴儿尿布的头号厂家宝洁公司，决定用在美国市场上最受欢迎的婴儿尿布来开拓中国香港和德国的市场。一般来说，宝洁公司的产品每进入一个市场，都要先进行“实地试营销”，以便发现和解决存在的各种问题。但这一次宝洁公司却胸有成竹地认为：尿布就是尿布，这种尿布已经在美国畅销多年，并受到了普遍的好评。因此，直接进入中国香港和德国的市场是绝对不会有任何问题的。非常遗憾，宝洁公司失算了。它没有想到，不同国家和地区的人们在使用婴儿尿布的习惯上存在着很大的差异。中国香港的消费者反映，宝洁公司的尿布太厚，不实用。德国的消费者却反映，宝洁公司的尿布太薄，吸水性不强。同样的尿布，怎么会同时出现“太厚”与“太薄”这两种截然不同的反映呢？

（资料来源：百度文库，有修改）

思考：从该案例中你得到了什么启示？

6. 科学技术环境

科学技术的发展对社会的进步、经济的增长和人类社会生活方式的变革都起着巨大的推动作用。科学技术环境不仅直接影响企业内部的生产和经营状态，还影响企业的营销内容、营销方式等。企业可以应用新技术不断更新原有产品，满足消费者的多种需求和个性化需求；而新技术的出现，也使产品的市场生命周期明显缩短。同时，新技术的不断出现有利于企业改善经营管理模式并改变消费者的购物习惯。

当前，世界新科技革命正在兴起，生产的增长越来越多地依赖科技进步，产品从进入市场到市场成熟的时间不断缩短，高新科技不断改造传统产业，加速了新兴产业的建立和发展。值得注意的是，高新科技的发展促进了产业结构趋向尖端化、软性化、服务化，营销管理者必须更多地考虑应用尖端技术，重视软件开发，加强对用户的服务，以适应知识经济时代的要求。

实例 2－7　可口可乐城市罐

2018 年掀起热潮的可口可乐城市罐的玩法是将各地知名建筑、地域风情等结合在瓶身，顾客只要对准城市罐正面扫一扫，就会浮现立体的城市吉祥物和动态环境。无论是开启立体城市秘境，还是景区传送门，都是 AR 充当技术中介，用户参与其中。

可口可乐城市罐用一个字来展现一个城市的文化背景和人文特色，如上海潮、成都闲、广州味、北京范、洛阳韵、西安调、杭州媚、大连畅、长沙辣、南京雅、青岛浪、厦门风等。

这瓶可乐还是熟悉的配方，但却是不一样的打开方式。在瓶身上大做文章，用户只要使用百度 App 的 AR 功能扫描可口可乐城市罐，即可体验到隐藏在这个瓶身上的“小彩蛋”，那些曾经在电影里才能看到的情节现在居然可以轻而易举地实现，AR 技术让传统的营销变成了体验式营销。

（图文来源：天擎学院、食品饮料行业微刊，有修改）

思考：从该案例中你得到了什么启示？

学以致用

尝试收集资料，与同学分享一下，你认为哪些行业前景比较好？为什么？

第三节　分析微观环境

企业的微观环境是指与企业营销活动直接发生关系、影响企业为目标顾客服务能力的因素的集合，也是直接影响企业营销效果的力量。它包括企业、供应商、营销中介、顾客、竞争者和公众。

一、微观环境因素

1. 企业

企业由各个职能部门组成，包括财务、采购、生产、研发、营销等部门（如图2－6所示）。营销部门在营销管理的过程中，必须处理好同其他部门的关系。同时，重要的营销决策必须得到最高管理层的批准，否则营销策划难以实施。

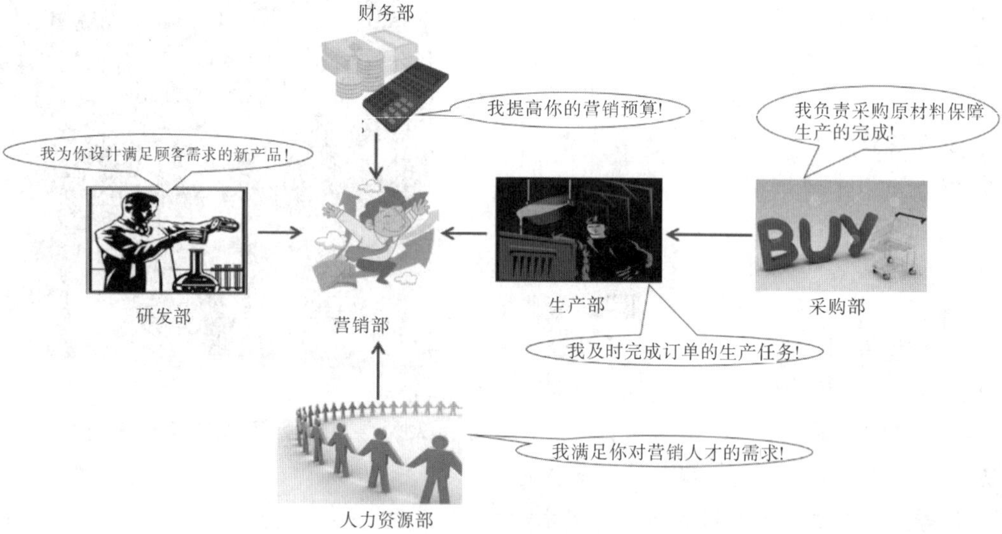

图2－6　企业内部的联系

讨论2－4：企业里有哪些工作是与营销相关的?

2. 供应商

供应商是指向企业提供所需资源的企业和个人，包括提供原材料、零部件、设备、能源、劳务及其他用品等。供应商决定了产品原料的价格、质量以及供应水平，直接制约着企业产品的成本、利润、销售量及生产进度的安排。因此，企业必须注意供应商的资信状况，保证企业生产资源供应的稳定性；同时不能过分依赖一家或少数几家供应商，应努力使自己的供应商多样化，以免与供应商的关系发生变化时，企业陷入困境。

讨论 2－5：零售商在选择供应商的时候要考虑哪些问题？

3. 营销中介

营销中介是指协助企业促销、销售和配送其产品给最终购买者的企业或个人（如图 2－7 所示）。

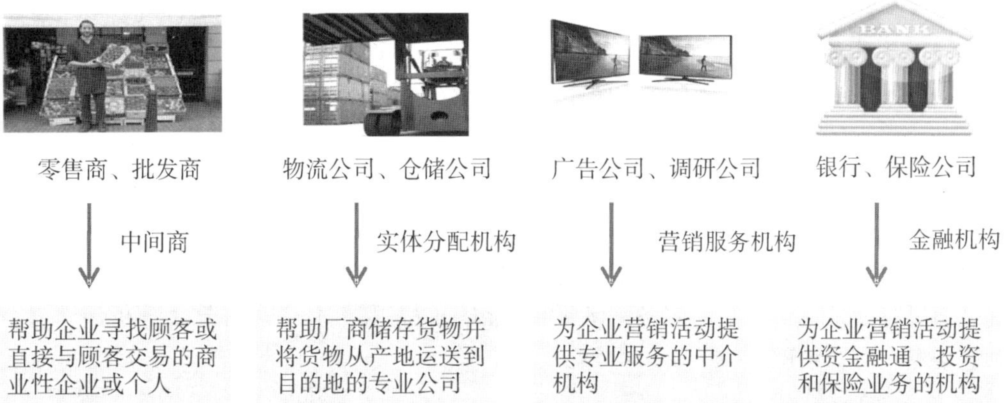

图 2－7　营销中介对企业营销的影响

实例 2－8　广州海关全天验放"双 11"大促之跨境电商货物电子清单

每年"双 11"大促，不仅是消费者和企业的购物"狂欢节"，也是对海关通关效率的大考验。每一份跨境电商网购保税进口订单的背后都涉及海量数据和实物流。为了让消费者能更快地收到跨境电商包裹，海关依靠科技来提升效率，深入推进智慧海关建设，专门开发信息化监管系统，实现跨境电商网购保税进口包裹通关无纸化、智能化、自动化。据介绍，消费者完成订单支付、系统推单、海关放行等多个环节在几分钟内即可完成系统流转。2018 年，广州及珠三角的消费者实现了跨境购物当日达、次日达的物流体验。在广州南沙保税港区现场，纷至沓来的网上订单正按批打印，由仓库人员根据派单信息到指定的仓库位置挑选商品，经核对后分批打包，通过自动分拣线集中下线，最后装载上车运送出区。同时，由于海关实现了24小时智能化卡口联动，装载跨境电商网购保税进口包裹的车辆在离开保税港区时，卡口会自动识别和比对车牌号、重量等信息，系统自动验证车内的包裹是否已经放行，如果放行就自动抬杆。车辆只需要1分钟即可完成出区，满载着“双11”商品陆续送往消费者手中。

广州海关在南沙自贸试验区形成了“物流畅顺、通关便捷、监管有效”的监管模式，目前，已经吸引了46家平台企业入驻南沙保税港区，其中就包括京东、天猫、唯品会、网易考拉等国内知名大型电商平台。同时，带动了卓志物流、中远国际、顺丰、威时沛运等物流企业的发展，形成了一个从政策优惠、平台集聚到物流便捷、金融创新完整的跨境电子商务生态圈，助推广州市跨境电商进出口连续四年蝉联全国第一。

（图文来源：今日海关网，有修改）

思考：结合案例谈谈物流在营销中的作用。

4. 顾客

顾客是指企业的服务对象，是企业产品与服务的直接购买者和使用者。顾客可以从不同的角度和标准划分为消费者市场、生产者市场、中间商市场、政府市场和国际市场。顾客是企业服务的对象，企业的一切营销活动都是以满足顾客的需求为中心的。市场营销的最终目的就是通过有效地提供产品与服务来满足目标市场的需求，本章第四节“分析消费者行为”将对这一点进行详细阐述。

5. 竞争者

只要存在商品生产和商品交换，就必然存在竞争。每个企业都处在不同的竞争环境中，企业的营销活动必然会受到不同竞争者的影响。在现在的市场中，企业的竞争者范围非常广泛，企业必须要发现和识别哪些是竞争者，这样才能有效地针对竞争者采取相应的对策。

表2-1　从市场的角度识别竞争者

竞争者	说明	举例
品牌竞争者	同一行业中以相似的价格向相同的顾客提供类似产品或服务的其他企业	如家用空调市场中，生产格力空调、海尔空调、三菱空调等厂家之间的关系
行业竞争者	提供同种或同类产品，但规格、型号、款式不同的企业	如生产高档汽车与生产中档汽车厂商之间的关系
需要竞争者	提供不同种类的产品，但满足和实现消费者同种需要的企业	如航空公司、铁路客运、长途客运汽车公司都可以满足消费者外出旅行的需要
消费竞争者	提供不同的产品，满足消费者的不同愿望，但目标消费者相同的企业	如消费者收入水平提高后，可以把钱用于旅游，也可用于购买汽车，或购置房产

实例2－9　瑞幸咖啡（luckin coffee）

瑞幸咖啡从2018年初试运营至今，已在北京、上海、广州、西安、青岛等全国22座城市布局门店3 000家，发展成国内第二大连锁咖啡品牌。瑞幸咖啡的创始人是原神州优车集团CEO钱治亚，她提出了“专业咖啡新鲜式”的口号，品牌愿景是“做每个人都喝得起、喝得到的好咖啡”。

瑞幸咖啡区别于星巴克的以休闲为导向的“产品＋服务＋文化”体验模式，致力于做一款职场的专业咖啡/中国领先的高品质商业化咖啡。从其中两个关键词“职场”和“专业”可以看出，瑞幸咖啡的目标群体是一群对咖啡有一定专业要求的职场人。同时也在强调咖啡的品质，这不由得勾起大众的联想：一杯专业的咖啡到底是怎样的呢？

瑞幸咖啡的咖啡豆都是优选自埃塞俄比亚等全球四大著名产区的上等阿拉比卡咖啡豆（星巴克也是选用此品种），并由WBC（世界咖啡师大赛）冠军团队精心拼配，新鲜烘焙、现磨，号称“全球领先的咖啡新鲜式”。

不仅如此，每杯价格比星巴克便宜10元左右，又比麦当劳等快餐咖啡高端一些。所以，性价比是瑞幸咖啡在宣传上特别强调的一点。而且除了可在实体店购买之外，还能在30分钟内就近完成配送服务。如果超过时间送达，则自罚一杯！这种方式，就像免费续杯，俘获了一大波消费者的心。说到咖啡外卖和较低的价格，一直是星巴克现在难以解决的问题。正因为如此，给了瑞幸咖啡一线生存空间。

在门店选址方面，瑞幸咖啡在拓展前期避开了星巴克热衷的各大购物中心，而是主攻以写字楼为主的核心办公区域。因为瑞幸咖啡消费场景是在白领的茶歇时间，与星巴克营造的休闲式“第三空间”的消费场景不同。因此，大部分门店没有堂食区，只能外卖或打包带走。

（图文来源：百家号、品牌圈圈）

思考： 结合案例分析瑞幸咖啡的品牌竞争者、行业竞争者、需要竞争者、消费竞争者分别可能是谁？

6. 公众

公众是指所有实际或潜在地关注、影响着一个企业实现其目标的群体，如政府机构、新闻媒介、融资机构、群众团体、社区组织和居民、国际团体等。公众必然会关注、监督、影响、制约企业的营销活动。企业必须处理好自身与这些公众的关系，善于预见并采取有效措施满足公众的各种需求，才能塑造其良好的信誉和公众形象。

讨论2－6：企业该如何处理好公众关系？

二、行业竞争环境分析

波特五力模型是迈克尔·波特（Michael Porter）于20世纪80年代初提出的一套关于行业竞争影响因素的理论。用于竞争战略分析，可以有效地分析行业竞争环境。他认为行业中存在着决定竞争规模和程度的五种力量，这五种力量综合起来影响着行业的吸引力、市场前景，以及现有企业的竞争战略决策。这五种力量分别为同行业内现有竞争者的竞争能力、潜在竞争者进入的能力、替代品的替代能力、供应商的讨价还价能力、购买者的讨价还价能力。从一定意义上来说，隶属于外部环境分析方法中的微观分析，可用来分析一个企业在一个行业中的现状和前景。

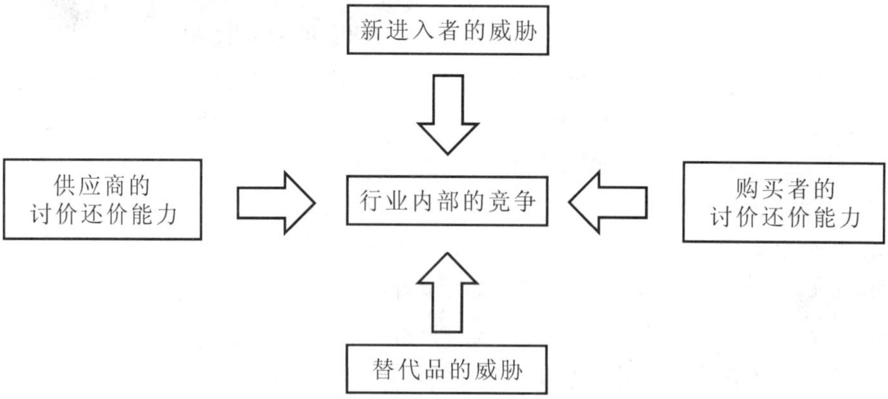

图2－8 波特五力模型

1. 行业内部的竞争

大部分行业中的企业，相互之间的利益是紧密联系在一起的。作为企业整体战略一部分的各企业竞争战略，其目标都在于使自己获得比竞争对手更多的优势。所以，在实施中就必然会产生冲突与对抗现象，这些冲突与对抗就构成了现有企业之间的竞争。现有企业之间的竞争常常表现在新产品开发、价格调整、广告战、分销渠道争夺、增加顾客服务等方面。竞争各方的情况包括企业自身的成本和库存成本、产品差异程度、产业的市场容量和市场增长速率、竞争对手的复杂程度、退出壁垒的高低等。这些因素通常相互作用，共同决定着竞争的激烈程度。

讨论2－7：除了上述竞争策略，你还能想到其他策略吗？

2. 新进入者的威胁

新进入者也叫潜在竞争者，他们在给行业带来新生产能力、新资源的同时，也希望在已被现有企业瓜分完毕的市场中赢得一席之地。这就有可能会与现有企业发生原材料与市场份额方面的竞争，最终导致行业中现有企业盈利水平降低，严重的话还有可能危及这些企业的生存状态。

竞争性进入威胁的严重程度取决于两方面的因素：进入新领域的障碍大小与退出障碍。进入障碍主要包括规模经济、产品差异、资本需要、转换成本、销售渠道开拓、政府行为与政策、不受规模支配的成本劣势、自然资源、地理环境等方面，这其中有些障碍是很难借助复制或仿造的方式来突破的。一个行业进入障碍高、退出障碍低，新竞争者不易进入，经营不善的企业又可以方便退出，留在行业内的企业能有较高且稳定的收益。一个行业退出障碍高，进入障碍也高，潜在收益虽高，风险也大，因为新进入者虽然不易进入，但经营不善的企业也难以退出，会留在行业内继续拼搏。一个行业进入障碍和退出障碍都低，则可以获得较低但稳定的收益。一个行业进入障碍低而退出障碍高，新竞争者容易进入，形势看好时容易招来大量的竞争者，但一旦环境恶化，他们又难以撤离，所以风险较大且收益较低。

3. 替代品的威胁

替代品是指与本企业的产品具有相同或类似功能的产品。在质量相等的情况下，替代品的价格会比被替代产品的价格更具有竞争力。替代品投入市场以后，会使企业原有产品的价格降到较低水平，减少企业的收益。替代品价格越有吸引力，价格限制的作用就越大，对企业构成的威胁也就越大。为了抵制替代品对全行业的威胁，一些企业往往集体行动，如改进质量、提高营销效能等。

决定替代品压力大小的因素主要有：替代品的盈利能力，替代品生产企业的经营策略，购买者的转换成本。总之，替代品价格越低、质量越好、用户转换成本越低，其所能产生的竞争压力就大。而这种来自替代品生产者的竞争压力的强度，可以具体通过考察替代品销售增长率、替代品厂家生产能力与盈利扩张情况来加以描述。

实例 2－10　硅藻泥成为新一轮热点

根据有关调查研究，预计 2017—2021 年中国节能环保产业将成为新一轮经济发展的增长点和支柱产业。中国已成世界最大的环保涂料市场，正因如此，作为环保涂料的硅藻泥，其市场前景肯定是被一致看好的。

由于室内空气污染不只是来源于内墙装饰涂料，板材黏合剂、壁纸胶等装修建材也是源头，再加上日益严重的日常空气污染现象（吸烟、烹饪、积尘、室外 pm2. 5 入侵），所以本身环保健康的内墙涂料并不能满足人们日益增长的对生态适宜健康美丽的室内环境的需求。在这种情况下，硅藻泥涂料应运而生。其拥有的优化空气质量的 5 大功能，结合像乳胶漆一样的简易施工和低成本，弥补了国内市场的空白，正成为家居建材市场新的宠儿。

（资料来源：全球节能环保网，有修改）

思考：硅藻泥会如何影响涂料市场？

4. 购买者的讨价还价能力

购买者位于行业下游，他们总是希望压低价格，对产品的质量、服务提出更高的要求，设法使供应商之间相互竞争。作为一种重要的竞争力量，购买者的讨价还价能力不仅影响到一个企业，也影响到整个行业的盈利水平。

购买者的讨价还价能力能产生如此影响主要有以下原因：购买者的总数较少，而每个购买者的购买量较大，占了卖方销售量的很大比例；卖方行业由大量相对来说规模较小的企业所组成；购买者所购买的基本上是一种标准化产品，同时向多个卖主购买产品在经济上也完全可行；购买者有能力实现后向一体化，而卖主不可能前向一体化。

企业要设法找出讨价还价能力更弱或转换成本最高的购买者，借以增强竞争优势，最好的办法是提供购买者无法拒绝的优秀产品——品牌，以占领市场。

5. 供应商的讨价还价能力

供应商位于行业的上游，他们为下游的厂商提供经营所需的人、财、物和其他资源。供应商提高价格或降低质量，或减少供应，都会对作为购买者的企业产生一定的影响。

一般来说，满足如下条件的供方集团会具有比较强大的讨价还价力量：供方行业被一些具有比较稳固的市场地位又不受市场激烈竞争困扰的企业所控制，其产品的买主很多，以至于每一单个买主都不可能成为供方的重要客户；供方各企业的产品各具特色，以至于买主难以转换或转换成本太高，或者很难找到可与供方企业产品相竞争的替代品；供方能够方便地实行前向联合或一体化，而买主难以进行后向联合或一体化。

与企业面对购买者时的情况一样，供应商的讨价还价能力也会变化。企业可审时度势，通过战略选择改善自己的处境。

实例2－11　4D打印机

4D打印就是在3D打印的基础上增加时间元素。在洛杉矶举行的“科技、娱乐、设计（TED）大会”上，由麻省理工学院自我组装实验室的科学家斯凯拉·蒂比茨首次对4D打印机进行了展示。在展示过程中，一根复合材料在水中完成了自动变形。据介绍，这根复合材料由4D打印机“打印”，所使用的原材料为一根塑料和一层能够吸水的“智能”材料。蒂比茨称：“打印过程并不是新鲜的东西，但关键是打印出来后发生的变化。”

对于这一技术的运用，蒂比茨认为其能够自我变形的特性，可以让物体实现在地下管道等难以接触到的地方进行自我组装。此外，这一技术还有可能应用到家具、自行车、汽车，甚至建筑物的制造上。

一些专家认为，这一技术的问世可能预示着自我组装家具时代的来临。美国软件开发商、参与4D技术开发的欧特克公司正在对此进行更进一步的研究。该公司首席研究专家卡洛·奥古恩称：“想象一下这样的场景，你在宜家买到一把椅子，然后把它放到你的屋子里，关键的是，这把椅子会自我组装。”

奥古恩说，4D打印概念的灵感来自于生物的自我复制能力。不过，该技术初期只能

“打印”自动变形的条状物体，下一步的研究目标是“打印”片状物体，然后才是结构更加复杂的物体。

（图文来源：百度百科，有修改）

思考： 请用波特五力模型分析4D行业前景。

第四节　分析消费者行为

根据顾客购买产品或劳务的不同目的，市场可分为消费者市场和组织市场。不同的市场，其购买行为的特点和购买决策的过程也不相同。企业不仅要认真研究所处的宏观环境和微观环境，还要研究顾客的购买行为，根据不同的市场购买行为来制定相关的营销策略。这样，企业才能更好地满足顾客的需求，实现自身的营销目标。

一、分析消费者市场

对于消费者也有广义和狭义两种理解。广义的消费者，指直接消费生产资料或生活资料的人，即生产资料或生活资料的直接使用者。狭义的消费者，指直接消费产品的人，即产品的直接使用者。

消费者市场又称生活资料市场，是人们为了满足个人或家庭生活需要而购买产品和服务所形成的市场，也是商品的最终归宿。消费者市场是市场体系的基础，别的市场类型和它有极强的关联性。因此，消费者市场是现代市场营销理论研究的主要对象。

1. 消费者的购买行为模式分析

研究消费者市场的核心就是研究消费者的购买行为。消费者每天都会做出大量的消费决策，企业可以通过征询消费者买什么、在哪买、怎么买、买多少、什么时间买和为什么买等问题，对消费者的购买决定进行研究。但是，要了解消费者的购买原因是非常困难的，它往往是消费者复杂的心理作用的结果。通过消费者购买行为模式，即“刺激—反应”模式（如图2－9所示），可看到消费者首先接受的是外部营销（4P）和环境刺激。这些刺激进入消费者购买黑箱，经过了一系列的心理活动，便产生了人们看得到的消费者反应。

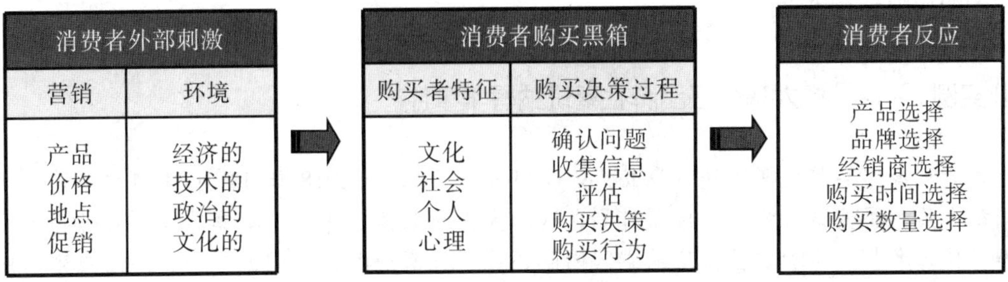

图2－9　消费者购买行为模式

因此，企业营销人员研究分析消费者购买行为就是分析影响消费者购买行为的各种因素和做出的购买决策的过程。

关于消费者的外部刺激中的“环境”，本章第二节已阐述过；另一种外部刺激“营销”，将会在本教材的后续章节一一详述。

讨论2－8：试分析市场营销组合因素与消费者行为的关系：是谁影响谁？还是相互影响？

本节任务将重点放在消费者购买黑箱上。企业营销人员关注的关键是消费者购买黑箱中影响购买行为的因素和购买决策过程，以及企业可以采取什么样相应的营销决策。

2. 影响消费者购买行为的因素

从消费者购买行为模式可看出，影响消费者购买行为的主要因素是文化因素、社会因素、个人因素和心理因素（如图2－10所示）。

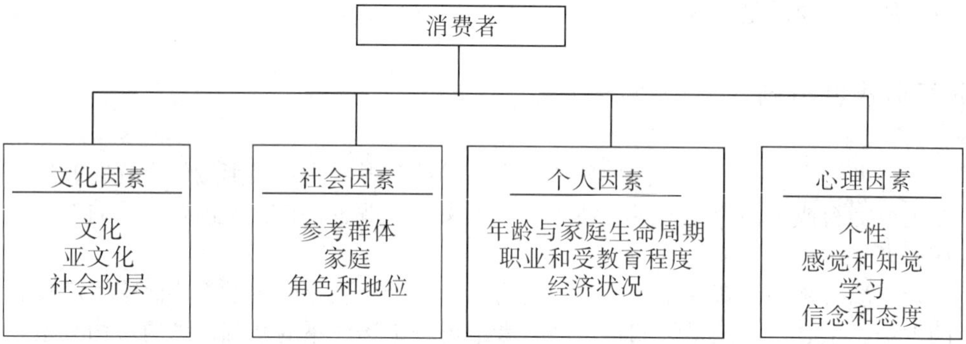

图2－10　影响消费者购买行为的因素

（1）文化因素。文化因素对消费者需求和购买行为有着广泛而深远的影响。其中，最主要的有文化、亚文化和社会阶层三个方面。

①文化。文化是消费者的欲望和行为的最基本的决定因素，是在人们的社会实践中逐渐形成的，包括价值观、伦理道德、风俗习惯、宗教信仰、语言文字等。每一位消费者行为的背后，都会受到许多文化因素的影响。

②亚文化。亚文化是指某一文化群体所属次级群体的成员共有的语言、信念、价值观和生活习惯，通常包括民族、宗教、地理、种族等。亚文化提供给消费者特定的认同对象并对消费者的行为具有更直接的影响。

实例2－12　意大利奢侈品牌杜嘉班纳辱华事件

意大利奢侈品牌杜嘉班纳（Dolce & Gabbana）本该于2018年11月21日在上海世博会中心举办第一届大型时装秀，按照计划，这场大秀还邀请了陈学冬、李冰冰、陈坤、王俊凯的等多位知名艺人参加。杜嘉班纳中国团队还买了杜嘉班纳在中国的广告，却没想到一出设计师辱华风波，导致大秀直接取消，艺人纷纷发表拒绝出席秀场的声明。

杜嘉班纳在活动预热期间专门拍摄了一场名为“用筷子吃饭”的广告活动，该活动将中国传统文化与意大利经典饮食相结合。然而，这则广告引起了中国网民的不满。一些网民指出，电影中叙述者的“汉语发音”和语调，以及“中国模特”用筷子吃比萨饼和意大利甜面包卷，都涉嫌歧视中国传统文化。11 月 21 日中午，Instagram 上网友和杜嘉班纳设计师同时也是创始人之一的斯蒂芬诺·嘉班纳（Stefano Gabbana）的一段真实对话截图开始迅速在微博扩散，截图一出，杜嘉班纳可以说是坐实了辱华之名，网络舆论一片哗然。

不久，官方账号发文“澄清”，说是被盗号了！表示法务正在紧急调查之中。杜嘉班纳随后也在 Instagram 上否认连连：“那不是我，我的账号被盗，现在找回来了。”他还说：“自己喜欢中国、喜欢中国文化，对发生的事情感到抱歉。”但这样的解释并不能让人信服。

让人感到讽刺的是，据相关人士透露，这场活动的本意是为了更好地向中国艺术和文化致敬。

（资料来源：新京报、凤凰网时尚，有修改）

思考：结合案例谈谈你对这一事件的看法。你如何理解文化与消费行为之间的关系？

③社会阶层。社会阶层是一种普遍存在的社会现象。它是指具有相似社会经济地位、价值观念和生活方式的人们组成的群体，其主要是根据职业、收入、教育和价值倾向等因素进行划分。不同阶层的人具有不同的产品与品牌偏好，而同一阶层的人倾向于表现出类似的购买行为，不同社会阶层消费者在支出模式、消费信息接收和处理、购物方式等方面都存在差异。

相关链接：中国社会阶层的划分及消费特征

相关专家认为，就结构形态而言，目前中国社会阶层结构还只是一个中低层过大，中上层有所发育但还没壮大，最上层和底层都比较小的“洋葱头”型结构。粗略看来，中国城市各阶层可以划为 7 个阶层：金权精英阶层、运作决策阶层、实务管理阶层、中等阶层、中间阶层、基层业务阶层、边缘游离阶层。

总体来说，中国中上层人群和中下层人群的消费特征可以归结为以下几点：

中上层的消费习惯。中国高端人群主要是指拥有相当财富、身份和地位，处于财富金字塔顶端的那部分人群。他们或拥有雄厚的经济资源，或占据独特的知识资源，再或是占有广泛的社会资源，并将这些资源为己所用，不断创造更多的物质财富。作为社会的中坚力量，他们还拥有特质化的价值取向、生活背景、居住习惯和文化品位，对居住品质、生活环境有着超过一般标准的要求。这些要求不仅仅体现在物质层面上，更体现在追求物质与精神的统一、生活理念的前瞻性及多元化的功能等方面，体现在对健康、人文内涵、生态环境、私密性、服务等方面的特别关注。此外，高端人群对于社交、商务、时尚、休闲、娱乐等上层的生活需求也有较高的要求。

中下层的消费习惯。中下层主要包括商业服务人员阶层、产业工人阶层、农业劳动者阶层以及城市无业、失业、半失业人员阶层。他们大多要求满足基本的饮食、教育和住房要求，极少有精神消费和享受消费。但随着经济的发展和生活教育水平的提高，这类人的消费习惯也在慢慢地改变。这类阶层占据着我国人口的绝大部分，是主要的消费市场，他们对价格敏感，要求物美价廉的商品，只买对的不买贵的。

（资料来源：媒介360）

讨论2-9：你现在所处的社会阶层有怎样的消费行为特征？

（2）社会因素。消费者行为同样也受到诸如参考群体、家庭、角色与地位等一系列社会性因素的影响。

①参考群体。能直接或间接影响个人的态度、意见和价值观的所有团体，我们就称其为参考群体。它可分为三类：成员团体、理想团体和隔离团体。成员团体即自己身为成员之一的团体，如家庭、亲朋好友、同事等；理想团体即自己虽非成员，但愿意归属的团体；隔离团体即自己不是其成员，同时也拒绝接受这个团体的价值观和行为的团体。

实例2-13　优衣库进军“社交电商”的秘密武器

2019年，优衣库在其位于上海市淮海中路的全球最大旗舰店，举办了“优然春夏24时”主题新品发布会。现场还上演了一场浓缩真实春夏场景的创意情景剧。一位舞者化身成时间魔术师，将优衣库卖场变成了春夏新品的秀场，踩着滑板出场的上班族、推行李箱的年轻女孩、穿宽松T恤领着孙子的老奶奶等特点鲜明的形象出现在人们眼前。

在优衣库看来，“基本款”赋予了消费者非常大的创意空间及想象力，他们可以根据自己的需求，选择不同设计、面料、色彩的服饰进行穿搭，且出现在生活中的任何一个场景。正如文章开头提到的创意情景剧所展现的，其中大多数模特穿的都是优衣库的基本款，但通过魔术秀中的这些生活场景，优衣库想向大家传递的是——好的商品可以带来更多搭配的可能性，百搭的“基本款”更加贴近生活，也更加能展现自我。

“基本款”的全新定义赋予了消费者在穿搭方面的更多可能，优衣库很早就洞察到了这一点。2018年12月，优衣库便在其小程序中上线了“随心搭　省心购”这一功能，消费者可以看到成套搭好的优衣库服装。不仅有官方的明星或模特的“硬照”，也有非官方的博主和素人的照片。另外，每套搭配下都有详细的单品购买链接，实现即看即买。

近年来，随着各大种草社区的发展，优衣库也意识到了“穿搭分享”“实物测评”等内容的影响力。以哔哩哔哩视频网站（简称B站）为例，当我们以“优衣库”为关键词进行搜索时，便会出现许多博主自发分享的新品穿搭攻略。当我们在小红书、B站或其他内容平台看到自己心仪的穿搭时，往往需要跳转到第三方平台进行搜索和购买。而“随心搭　省心购”的诞生就是基于这样的消费者洞察，在承载消费者穿搭内容的同时，在功能方面实现即看即买。

用户裂变一直是“社交电商”的关键点，在“随心搭　省心购”中，消费者可以点赞或收藏自己心仪的穿搭，也可以直接转发给好友，与更多人分享。除此之外，其实有很多人对基本款应该如何搭配是没有概念的，而“随心搭　省心购”也是培养人们搭配美学观念的一种途径。

（资料来源：SocialBeta，有修改）

思考：1. 结合案例分析社会因素对消费者行为的影响。
2. 为什么优衣库要进军“社交电商”？
3. 你认为如何调动更多消费者自发分享好的购物心得？

讨论2－10：举例说明“口碑营销”“意见领袖”和“社交网络”对消费者行为的影响。

②家庭。家庭是消费者最基本的相关群体，因而家庭成员对消费者购买行为的影响是最强烈的。例如，父母对子女的影响、子女对父母的影响、夫妻之间的影响等。

③角色和地位。消费者大都以家庭或个人为单位，从事购买活动的通常是家庭中的一个或几个成员。根据购买决策的参与者在购买活动中所起的作用，人们一般会扮演下列一种或几种角色。

表2－2　消费者在购买决策中扮演的角色

角色	说明
发起者	首先想到或提议购买某种产品或劳务的人
影响者	其看法或建议对最终决策具有一定影响的人
决策者	能够对买不买、买什么、买多少、何时买、何处买等问题做出全部或部分决策的人
购买者	实施实际采购行动的人
使用者	直接消费或使用所购商品或劳务的人

五种角色都是消费者购买决策的参与者，也都是消费者行为研究中所指的“消费者”。研究消费者在购买决策中扮演的角色，并了解其角色的地位与特性，有助于营销人员有针对性地安排市场营销策略，较好地实现营销目标。

讨论2－11：以上五种角色中，营销人员最关心的会是谁？为什么？

（3）个人因素。消费者的购买行为也会受到个人特征的影响，特别是受年龄与家庭生命周期、职业和受教育程度、经济状况的影响。

①年龄与家庭生命周期。不同年龄的人有不同的消费心理和行为，同一个人在不同的年龄段对产品的需求也会不同。家庭生命周期是指从家庭建立到家庭解体所经历的整个阶段。处在不同的家庭生命周期阶段，消费者的购买行为也会出现差异（如表2－3所示）。

表 2－3　不同家庭生命周期对消费者购买行为的影响

家庭生命周期	购买行为
单身阶段	关心时尚，崇尚娱乐和休闲，新观念的带头人
新婚阶段：年轻、无子女	购买力强，耐用消费品购买力高，如住房、高档家具、旅游度假消费
满巢一期：子女不到 6 岁	家庭用品采购高峰期，如购买婴儿食品、服装、玩具等产品
满巢二期：子女尚未独立	购买经济实惠的产品，购买行为日趋理性化，孩子教育培养费用增加
满巢三期：子女已独立，同住	经济状况改善，家庭会更新一些大件商品
空巢阶段：子女不同住	外出旅游，参加老年人俱乐部等，对医疗服务和保健品的需求较强烈
鳏寡阶段：已退休，一人已离世	收入减少，生活节俭，对医疗服务和保健品的需求更强烈

讨论 2－12：你现在属于哪个阶段？你的消费特点是什么？

②职业和受教育程度。不同职业的人对不同产品或品牌会表现出不同的看法和购买意向，即有不同的消费习惯，而受教育程度较高的消费者对书籍、报刊等文化用品的需求量较大，且购买商品时较理智。

相关链接：手机阅读成为主要方式

电子阅读已成为青年群体所青睐的阅读方式，而老年人和低学历者仍然喜欢纸质阅读方式。调查中当问及阅读的主要方式时，近六成受访市民选择了电子阅读（57.3%），选择纸质阅读的占 42.7%。调查结果显示，随着电子产品的普及和现代生活节奏的加快，便捷的电子阅读方式已成为多数人的阅读习惯。

在电子阅读方式中，八成（80.2%）受访市民通过手机阅读，其他依次是网络（48.7%）、电子阅读器（15.0%）、MP4 等电子产品（7.8%）和光盘（4.2%）。结果表明，随着移动互联网及手机应用的多元化发展，手机阅读发挥其内容及便利的优势，争取到了更多的读者。

从年龄上看，选择电子阅读比例最高的是 13～30 岁的青年群体，占 69.8%；31～50 岁的中年群体占 59.3%；而 51～70 岁的老年群体占 44.3%。

从学历上看，大专及本科群体选择电子阅读的比例最高，占 61.1%；其次是研究生及以上，占 60.3%；高中、中专、初中及以下的分别占 57.8% 和 43.6%。

（资料来源：《华商报》）

③经济状况。个人经济状况是决定消费者购买行为的首要因素。能否发生购买行为以及发生何种规模的购买行为，这取决于消费者自身的经济状况，同时也决定着消费者购买商品的种类和档次。收入较低的消费者往往比收入较高的消费者更关心价格。

（4）心理因素。心理因素不仅影响甚至在某种程度上决定了消费者的决策，而且它对外部营销环境刺激的影响也起着放大或抑制的作用。

①个性。个性指人的整个心理面貌，是个人心理活动的稳定的心理倾向和心理特征的总和。个性心理结构包括个性倾向性和个性心理特征两个方面。

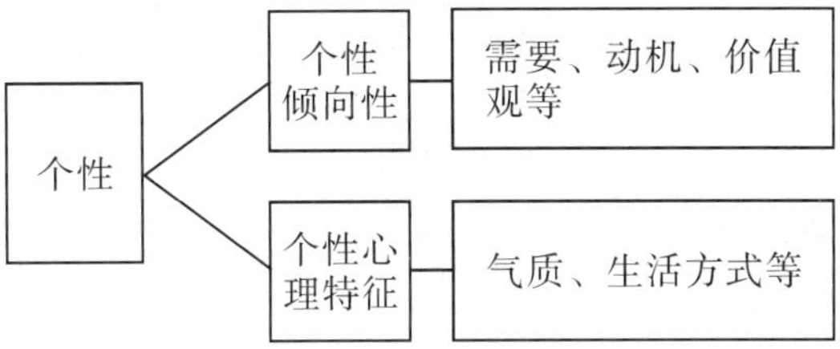

图2－11　消费者的个性

个性倾向性指人所具有的意识倾向性，它决定着人对现实的态度以及对认识活动对象的趋向和选择，主要包括需要、动机、兴趣、理想、信念、世界观等。个性倾向性是个性系统的动力结构。

需要是指消费者生理和心理上的匮乏状态。美国心理学家马斯洛提出的需要层次理论，就把人的基本需要分为五个层次（如图2－12所示）。

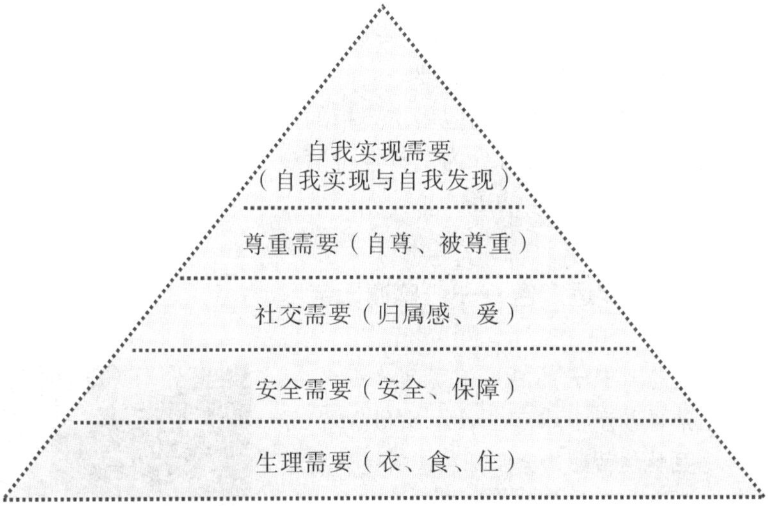

图2－12　马斯洛需要层次理论

根据马斯洛的需要层次理论，人类的需要是按层次排列的。从最重要的需要到最不重要的需要，消费者总是先努力满足最重要的需要，当最重要的需要得到满足之后，他才会寻求满足下一个次重要的需要。马斯洛的理论可以帮助营销人员了解各种产品如何适应消费者的计划、目标和生活。

图 2-13　常见的五种购买动机

现实生活中，每个人在特定的时间里都有许多需要，但大部分需要不会形成动机，不能激发人们为满足需要而采取行动，只有当需要达到很强烈的程度时，才会转化为动机。可见，动机是一种足以强迫人们去满足的需要。

消费者的价值观在消费者行为中的应用主要指的是，使用完该商品或者品牌后，可以帮助消费者实现自身的价值。价值观可分为工具性价值观，如雄心勃勃、心胸广阔等，以及终极价值观，如舒适、令人激动的生活等。

实例 2-14　宝洁的奥运广告——“感谢母亲”

众所周知，宝洁是全球最大的日用消费品公司之一。在里约奥运会上，宝洁以最新全球广告短片 *STRONG*，开启了“感谢母亲”系列奥运活动的全新征程，讲述来自不同国家地区和不同肤色的奥运选手在幼年时与母亲发生的故事：在经历战争、车祸、暴力、电梯失事、教练质疑等人生的艰难时刻，是妈妈们所表现出的强大、无私、勇敢和坚毅，无形地影响了奥运选手的成长成功之路。

作为国际奥委会的长期合作伙伴，更作为妈妈们的荣誉赞助商，宝洁不仅将妈妈们带到了奥运赛场见证她们引以为傲的孩子迈向辉煌舞台的每一步，更是在奥运村为已签约的来自 21 个不同国家的近 50 名奥运选手和他们的伟大妈妈提供最温暖的服务。

（图文来源：华龙网，有修改）

思考：宝洁公司为何不强调自身产品功能的优势，而打起了“感谢母亲”的广告？

个性心理特征指一个人身上经常地、稳定地表现出来的心理特定的组合，主要包括能力、气质和性格等。

其中，气质是人典型、稳定的心理特征，是指一个人心理活动动力上的、个体独有的心理特征。由于气质是由人的高级神经系统的生理特点所决定的，因此，气质具有稳定性、持久性。消费者有各自不同的气质类型，这使他们的消费行为表现出特有的活动方式和表现方法。

多血质的消费者善于交际，有较强的灵活性，能通过较多的渠道得到商品信息。这类消费者对购物环境及面对各方面的人物有较强的适应能力，因而在购物时观察敏锐、反应敏捷，易于与营业员进行沟通。但有时其兴趣与目标往往因为可选择的商品过多而容易转移，或一时不能取舍，行为中常带有浓厚的感情色彩，兴趣常发生变化。

胆汁质的消费者在购物中喜欢标新立异，追求新颖奇特、具有刺激性的流行商品。他们一旦感到需要，就会很快产生购买动机并干脆利落地迅速成交，但又往往不善比较，缺乏深思熟虑。如果遇到营业员怠慢，也会激起他们烦躁的情绪和激烈的反应。

黏液质的消费者在购物中比较谨慎、细致认真，大都比较冷静，善于控制自己，不易受广告宣传、商标、包装等的干扰，也较少受他人的影响，对商品比较了解，喜欢通过自己的观察、比较做出购买决定。他们对自己熟悉的商品会积极购买，并持续一段时间，对新商品也往往持审慎态度。

抑郁质的消费者在购物中往往考虑得比较周到，对周围的事物很敏感，能够观察到别人不易察觉的细枝末节。其购买行为拘谨，一方面表现出缺乏购物的主动性，另一方面表现出对别人介绍的事物不感兴趣或不信任。

上述是几种典型气质的心理行为的表现。当然在现实中属于典型类型的人很少，多数人是属于混合型的。一般是以某种气质类型为主，同时兼有其他气质类型的特点。

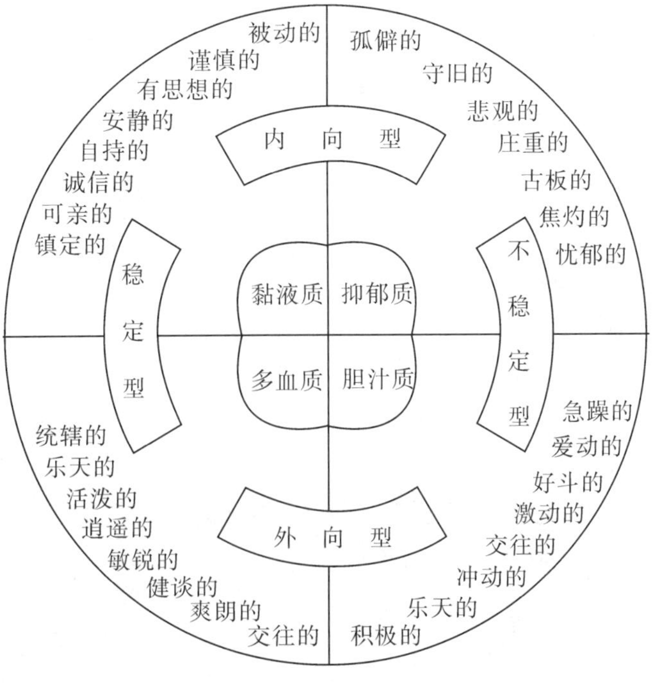

图 2－14　消费者的气质

讨论 2－13：如何根据消费者的不同气质，更好地与消费者进行沟通？

人们根据自己的价值观念等安排生活的方式，并通过其活动、兴趣和意见表现出来。生活方式是影响个人行为的心理、社会、文化、经济等各种因素的综合反应。具有不同生活方式的消费者对商品和品牌具有各自不同的偏好。如 Louis Vuitton（简称 LV）代表的就是一种特定阶层人士的生活方式——他们受人尊重，追求优雅和高品质的生活。一提到它，大多数人头脑中都会呈现出一个上流社会、贵族、奢华的形象。LV 成功地为消费者制造了对奢侈品的渴望。

②感觉和知觉。当消费者有了购买动机后，就要采取行动。至于怎样采取行动，则受到认识过程的影响。消费者的认识过程，是对商品等刺激物和店面环境等情境发生反应的过程。知觉不仅取决于刺激物本身，而且取决于刺激物同周围环境的关系以及个人自身的条件。不同的个人对相同的事物会有不同的看法，这是因为认知过程会出现选择性注意、选择性扭曲和选择性保留三种现象（如表 2－4 所示）。

表 2－4　认知过程中的三种现象

现象	说明
选择性注意	人们面对诸如广告等众多日常刺激物，这些刺激物大部分会被筛选掉。因此，营销人员不得不努力去吸引消费者的注意
选择性扭曲	即使是被注意到的刺激物，也并不一定与营销人员设想的方式相吻合。消费者经常对信息加以扭曲以使其与先前的产品和品牌信念相吻合
选择性保留	人们会忘记他们所知道的许多信息，但他们倾向于保留那些能够支持其态度和信念的信息

③学习。人类的有些行为是与生俱来的，但大多数行为是从后天的经验中得来的，这种通过实践并由经验而引起的行为变化的过程，就是学习。通过学习，消费者获得了丰富的知识和经验，提高了对环境的适应能力。当然，在学习过程中，消费者的行为也在不断地调整和改变。

④信念和态度。消费者在购买和使用商品的过程中形成了信念和态度，这些信念和态度又反过来影响人们的购买行为。信念是指人们对某种事物所持的认为可以确信的看法，如相信“汽车越小越省油”。信念的形成对消费者的态度有很大的影响。态度会使人们产生喜欢或厌恶的感觉，接近或远离特定事物，从而影响消费者的行为。

3. 消费者购买决策过程分析

在了解影响消费者购买行为的主要因素之外，企业的营销人员还应了解哪些人会参与决策以及购买决策的过程是怎样的。

一般来说，消费者在购买某一产品时，会有一个决策过程，这个决策过程包含以下五个阶段（如图 2－15 所示）。

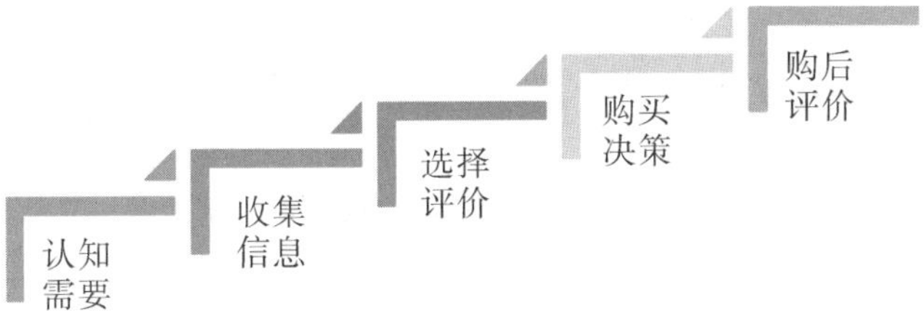

图 2－15　消费者购买决策过程

①认知需要。购买过程开始于购买者对某一问题或需求的认知，这一需求由内在的刺激因素（如感到饥饿或口渴）或外在的刺激因素（如看到一个广告）引发，然后转变为驱动力。通过消费者收集的大量信息，营销人员可以确定能激发其对某种产品类型的兴趣的最常见的刺激因素，进而可以制定激发消费者兴趣的营销战略，引导他们进入购买过程的第二个阶段。

讨论 2－14： 在此阶段，营销人员该如何刺激消费者的购买欲望？

实例 2－15　强生的隐形眼镜广告

强生的电视广告展示了一位戴眼镜的女孩和她的男友在一家豪华的饭店里进餐，食物装在一个热气腾腾的碟子里，结果女孩的眼镜上布满了水雾。于是，她的男友向她推荐隐形眼镜以避免这些麻烦。待第二次约会之时，女孩戴上了隐形眼镜，男友对她不戴眼镜的样子欢喜不已。

（图文来源：广告专题网、中国营销传播网，有修改）

思考： 结合该案例谈谈如何引导消费者发现需求。

②收集信息。消费者一旦产生强烈的需要，就要收集充分的信息，以便进行购买决策。消费者的信息来源主要有以下四个方面（如表 2－5 所示）。

表 2－5　消费者的信息来源

来源	说明
个人来源	指家庭成员、朋友、邻居或同事等提供的信息
商业来源	指从推销员、广告、零售商、商品包装、展示会、商品说明书等方面获得的信息
大众来源	指大众传播媒介、消费者评估组织等提供的有关信息
经验来源	指消费者本人通过以前购买使用或当前试验中获得的信息

讨论2－15：消费者最信任哪种信息来源？

实例2－16　天猫商城明令禁止“好评返现”

天猫商城此前针对商品或信息中出现返现（包含全5分返现、好评返现等）、免单等类似字样的管理规则生效后，此类情形得以控制，但仍存在部分商家多次违背规则进行此类活动。

针对商家在商品描述或包装中加入“好评返现”等营销信息的行为，天猫商城再次修改管理规则，明令禁止“好评返现”，同时对违反规则的商家将做出更严厉的处罚。

根据新规，发布天猫商城明令禁止的不当营销类信息：在商品页面发布的，每件商品扣一分（但三天内累计扣分不超过七分），同时第一次、第二次下架商品，第三次删除商品；若在店铺装修区等其他渠道发布的，每次扣四分。

（资料来源：环球网，有修改）

思考：商家为何要“全5分返现、好评返现”？你能想出其他更好的办法吗？

③选择评价。消费者掌握了一定的相关信息后，就会对此加以对比和评价。这种对比和评价往往是围绕产品属性展开的。如果消费者认为某种品牌的产品在各方面的属性都优于其他品牌的同类产品，而且容易买到，则无疑会购买此品牌的产品。在大多数情况下，消费者都要着重考虑产品的几种属性。通过对这些属性的判断和评价，最后决定选择某一品牌的产品。

相关链接：消费者的评价

消费者在获得相关信息后，会对不同的产品加以评价并做出选择。一般而言，消费者的评价内容涉及以下三个方面（如表2－6所示）。

表2－6　消费者的评价内容

评价内容	说明
产品属性	指产品具有的能够满足消费者需要的特性
品牌信念	指消费者对某品牌优劣程度的总的看法
效用要求	指消费者对该品牌每一种属性的效用功能应当达到何种水准的要求

消费者通常明确了上述三个问题后，会有意或者无意地运用一些评价方法对不同的品牌进行评价和选择。

④购买决策。当消费者对收集的信息进行综合评价，并根据一定的选购模式进行判断

后，就会形成明确的购买意向。但购买决策的最后确定，除了消费者自己的喜好外，还有其他因素，如参考群体（亲朋好友）的态度和意外情况（失业、收入减少、家庭变故、商品涨价等）的影响。

讨论 2－16：消费者一旦决定实现购买意向，必须做出哪些与产品相关的决策？企业从中能得到哪些启示？

⑤购后评价。消费者购买商品或服务后，通过自己的消费与使用或他人的评价，会对购买的商品或服务产生不同程度的满意或不满意，由此形成购后评价。这将影响消费者以后的购买行为，并对相关群体产生影响。因此，对企业而言，消费者的购后评价是一种极其重要的信息反馈，关系到企业及其产品在市场上的命运。企业要注意及时、有效地加强售后服务，收集消费者的购后评价，以便采取相应的营销措施，成功地开展市场营销活动。

学以致用

以购买矿泉水和购买手机为例，分析自己经历的购买决策过程，并比较说明这两种经历有何差异。

二、分析组织市场

1. 组织市场的构成及特点

（1）组织市场的构成。组织市场是各种为了实现组织目标而进行产品和劳务购买的购买者的集合。它主要由生产者市场、中间商市场、政府市场构成（如表 2－7 所示）。

表 2－7　组织市场的构成

构成	说明
生产者市场	又称为工业市场或产业市场，是指所购买的产品或服务是为了进一步生产其他产品或服务，以供出售、租赁或提供给其他消费者的个人或组织。它主要是由各种营利性的农业、林业、渔业、制造业和服务业等买主构成，这些用户所购买的商品称为生产资料
中间商市场	又称为转卖者市场，是指所有以营利为目的的从事转卖或租赁业务的个人和组织。它主要由批发商和零售商构成
政府市场	是为了执行政府职能而采购、租用产品或劳务的各级政府单位。它主要是由该国各级政府的采购机构组成。由于各国政府掌握了相当大一部分国民收入，因此，政府市场是一个潜力巨大的市场。与其他市场的不同之处在于，它的采购政策要受到公众的监督，以竞价投标为主

（2）组织市场的特点（如表 2－8 所示）。

表 2－8　组织市场的特点

特点	说明
购买者数量较少，但购买规模较大	公司营销人员所服务的购买者通常比消费品营销人员所服务的购买者少得多，但规模要大得多
供需双方合作关系较为密切	由于较少的顾客数量以及大客户的重要性和实力，供应商经常被要求对产品、业务和行为进行定制，以满足各个顾客的不同需求
专业人员采购	受过训练的采购代理按照组织的采购政策、约束和要求购买工业产品。许多购买手段（如采购方案和采购合同）在消费者购买中并不常见
决策过程复杂	由于组织市场的采购人员具有专业性，其参与决策的人员也较多，涉及的因素也较多，这就使得它的采购过程时间长且复杂
直接采购	组织市场的购买者大多向生产者直接采购所需的生产资料，而不通过中间商采购
衍生需求，需求波动大	组织市场的购买者对产业用品的需求，归根结底是从消费者对消费品的需求衍生出来的。企业购买生产资料是为了用来作为劳动对象和劳动资料，以便生产出消费资料。因此，组织市场的需求会随着消费品需求的变化而变化。正是因为这种“衍生需求”，消费者需求的少量增加会导致组织市场购买需求的大幅增加
需求缺乏弹性	企业为了保证正常的连续生产，一般不会因为价格变动而改变生产方向。另外，如果原材料的价值很小，这种成本在整个成本中所占的比重也会很小。因此，在组织市场上，购买者对产品和服务的需求总量受价格变动的影响不大
购买者地理位置相对集中	组织市场的购买者往往集中在某些密集的产业市场地区，因此，该市场购买量占全国购买总量的比重也相对较大

2. 组织市场购买决策的参与者所扮演的角色

在组织市场上，所有参与购买决策过程的人员构成采购组织的决策单位，即“采购中心”。采购中心的组织成员在购买决策过程中扮演着七种角色（如表 2－9 所示）。

表 2－9　组织市场购买决策的参与者所扮演的角色

参与者	说明
发起者	请求购买物品的人，包括使用者或其他人
使用者	使用产品或服务的人。使用者常常率先提出购买建议，并协助确定对产品的要求
影响者	所有影响购买决策的人，例如企业内部的技术人员。他们经常协助确定产品规格，并为评价方案提供信息
决定者	决定产品要求和供应商的人
批准者	有权批准决定者和购买者所提供行动方案的人
购买者	正式有权选择供应商并安排购买条件的人，如高级别的经理。购买者可以帮助制定产品规格，但他们的主要角色是选择卖主和进行谈判
看守者	有权力阻拦销售人员和信息接近采购中心成员的人，如采购代理、接待人员和电话接线员

3. 组织市场的购买决策过程

组织市场的购买决策过程主要经过八个阶段（如图 2－16 及表 2－10 所示）。

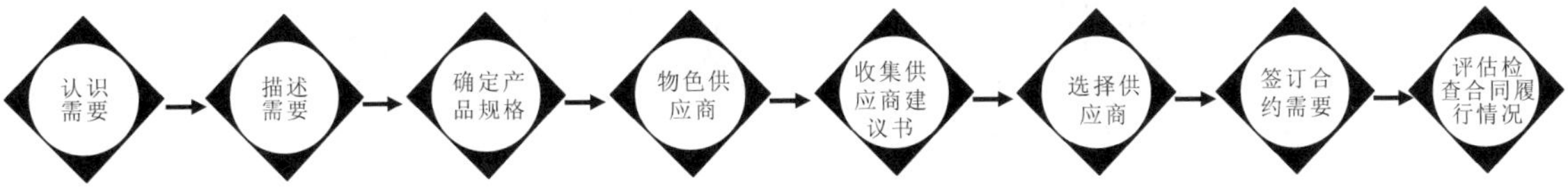

图 2－16　组织市场的购买决策过程

表 2－10　组织市场的购买决策过程分析

阶段	说明
认识需要	企业因为内部因素（如推出新产品、新的生产计划）和外部因素（如广告、竞争）考虑购买新的生产资料（即产品）
描述需要	企业采购组确定需要以后，列出需要清单，做出详细的技术说明，作为采购人员取舍的标准
确定产品规格	由企业的采购人员和技术人员共同决定产品的规格要求
物色供应商	根据产品的规格，通过多种渠道寻找候选供应商
收集供应商建议书	请合格的供应商提交供应建议书或提出报价单
选择供应商	采购中心的成员将建议书进行审查并选出一个或几个供应商
签订合约需要	采购者开具订货单给选定的供应商，在订货单上列举技术说明、需要数量、交货期、退货手续、品质保证等条件
评估检查合同履行情况	采购者最后还要向使用者征求意见，以便决定以后是否继续、更改或放弃与该供应商的采购合作

学以致用

小王是某家电连锁超市的采购主管，他准备为家里买一台空调，也为单位购买一批空调，试问这两种购买行为有何不同？

测试你掌握的知识

1. 简单解释什么是营销环境。
2. 简单解释宏观环境、微观环境分别包含哪些因素。
3. 学会运用波特五力模型分析某行业。
4. 消费者行为会受到哪些因素的影响？
5. 消费者购买决策过程包含哪几个阶段？企业如何根据各阶段购买行为的特点来引导和刺激消费者行为？

实训模块 2　市场营销环境分析及对策

以 4 ~6 人为一组组建营销团队：营销团队自选一个企业，分析该企业所在行业的宏观环境及微观环境，结合企业自身的优势与劣势，用 SWOT 法归纳，寻找机遇，给企业提出营销对策。

<table>
<tr><td rowspan="3">外部环境</td><td colspan="2">内部能力</td></tr>
<tr><td>优点（Strengths）</td><td>缺点（Weaknesses）</td></tr>
<tr><td>了解公司的优点</td><td>了解公司的缺点</td></tr>
<tr><td>机会（Opportunities）</td><td rowspan="2">SO
发挥优势，利用机会
（成长型）</td><td rowspan="2">WO
利用机会，克服弱点
（巩固/增长型）</td></tr>
<tr><td>掌握外部环境的机会因素</td></tr>
<tr><td>风险（Threats）</td><td rowspan="2">ST
利用优势，回避威胁
（多样化型）</td><td rowspan="2">WT
减少劣势，回避威胁
（收缩型）</td></tr>
<tr><td>掌握外部环境的风险因素</td></tr>
</table>

扩展资源 2

第三章　发现价值——市场调查

信息是驱动市场引擎的燃料。为了做出好决策，营销者必须掌握精准、最新且相关的信息。

——迈克尔·R. 所罗门

【学习目标】

1. 掌握市场调查的内涵和基本类型。
2. 掌握市场调查的方式和方法。
3. 掌握调查问卷的设计方法。
4. 学会调查数据的整理分析方法。
5. 学会撰写调查报告。

【思维导图】

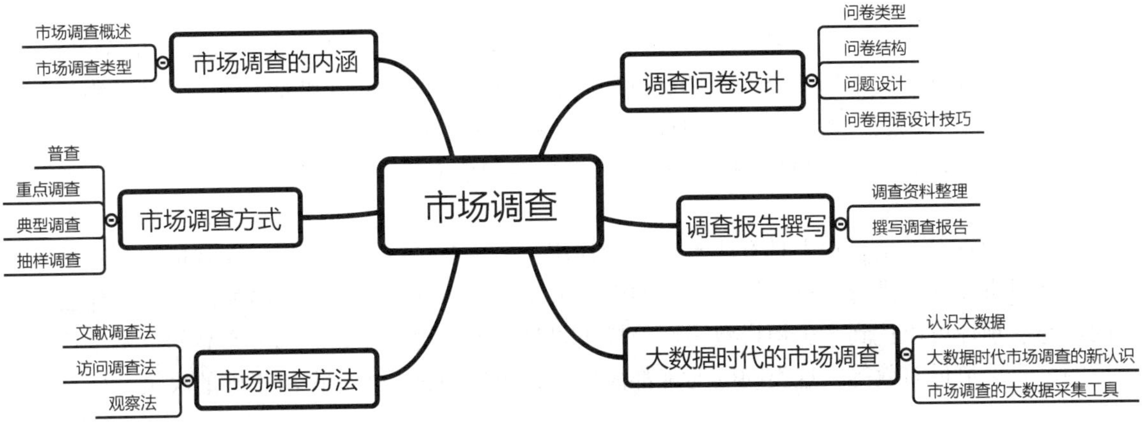

【营销实战】

什么箱包会受欢迎

李明是一家著名的市场调查公司的市场调查专员。最近其所在部门接到一项由路锐箱包委托的调查任务，希望借助市场调查公司了解大学生对于箱包的需求。路锐是一家中型的国内箱包企业，有20多年的箱包行业经验。目前路锐箱包主打的消费人群是商务人士，在商务箱包市场有一定的知名度。随着公司的进一步发展壮大，路锐箱包希望能进入大学生市场，开发针对大学生的双肩背包。李明需要在公司规定的时间里制订好市场调查的方案，并配合部门其他成员进行市场调查工作。

注：本书未标明出处之案例均为作者自编。

思考：你理解的市场调查是什么？李明所在的部门需要做哪些工作？

第一节　市场调查的内涵

一、市场调查概述

市场调查是指运用科学的方法，有目的、系统性地搜集、记录、整理有关市场营销的信息和资料，分析市场情况，了解市场现状及其发展趋势，为市场预测和营销决策提供客观的、正确的资料。

市场调查有广义和狭义之分。广义的市场调查范围非常广，涵盖了市场营销的全过程，从消费者需求分析、市场细分、市场定位到产品设计、价格、渠道和促销等一系列营销活动都需要进行市场调查。狭义的市场调查通常就是指对消费者的调查。常见的狭义市场调查包括消费者需求调查、产品概念测试、销售预测、客户满意度调查、价格调整测试、品牌测试等。

市场调查在营销实践中具有非常重要的作用，是企业进行营销决策的客观依据。营销人员要针对市场问题进行分析、提出可行的解决方案就离不开市场调查。诸如应该生产什么样的产品、预计可以达到多少销售数量、怎样可以扩大消费规模、如何制定产品的价格、什么样的广告渠道最有效等，这类问题通常都需要进行市场调查，才能做出正确的决策。

二、市场调查类型

1. 按调查性质分类

按调查性质可以分为探索性调查、描述性调查、因果关系调查、预测性调查四种类型，如表 3－1 所示。

表 3－1　市场调查类型（按调查性质分类）

类别	内涵	说明/举例
探索性调查	一般是指在调研内容与性质不太明确时，为了了解问题的性质或确定调研的方向与范围而进行的搜集初步资料的调查	例如某公司某品牌的洗发水市场份额去年下降了 0.5%，公司需要通过探索性调查来确定调查的主题和内容
描述性调查	是针对“谁”“什么”“何时”“何地”“为什么”“什么方式”这样一些问题的回答，我们称之为市场调查的六要素，即 5W1H	上例中假如通过探索性调查我们发现洗发水市场份额下降主要是因为消费者的需求发生变化，而公司产品没有做出相应的调整，这时需要进行描述性调查，了解消费者的需求变化
因果关系调查	通常要利用各种统计技术去了解和说明各种市场问题与环境因素之间的关系，尤其是变量间的因果关系	例如消费者购买一款手机考虑的因素非常多，我们需要知道哪些因素能够导致消费者购买或者不购买手机，就需要进行因果关系的调查
预测性调查	是为了预测未来市场的变化趋势而进行的调查，它是着眼于未来市场状况的调查研究	例如对公司开发的即将推出市场的新产品进行销量的预测

2. 按消费目的分类

按消费目的来对市场调查进行分类，则有消费者市场调查和生产资料市场调查两类，如表3－2所示。

表 3－2　市场调查类型（按消费目的分类）

类别	内涵	说明/举例
消费者市场调查	主要是了解消费者需求数量和结构及其变化；其次还要对诸如人口、经济、社会文化、购买心理和购买行为等影响因素进行调查	消费者的购买目的是为了满足个人或家庭的生活需要。例如某品牌发起一项对目标消费人群关于某产品消费需求的调查，就属于消费者市场调查
生产资料市场调查	也称为产业市场调查，主要是指对产业市场商品供应量、产品的经济寿命周期、商品流通渠道等方面的内容进行调查	例如某品牌要开拓华东市场，对华东市场某品类产品的供应量、经销网络等进行调查，就属于生产资料市场调查

3. 按商品流通环节分类

按商品流通环节来划分，可以把市场调查分为批发市场调查和零售市场调查两个类型，如表 3－3 所示。

表3-3　市场调查类型（按商品流通环节分类）

类别	内涵	说明
批发市场调查	是指通过对不同层次的批发商进行市场调查，了解渠道运营的基本状况	批发市场调查着重掌握批发市场的商品交易状况，分析商品批发市场的流通数量、流通渠道与社会生产的关系和零售市场的关系等
零售市场调查	是指为了了解商品在零售领域的流通和交易情况所进行的市场调查	主要是对零售市场的数量、规模、分布及零售商品的供求总量、结构等情况进行的调查

另外，市场调查也可以按照产品、地域空间或者时间等维度来进行划分。例如，按产品可以分为食品类、文娱类等；按地域空间可以分为国内、国外等；按时间周期可以分为一次性、经常性和长期性市场调查。

实例3-1　柴静的“穹顶之下”

《柴静调查：穹顶之下》是由柴静、优酷网、人民网联合首发的大型空气污染深度公益调查纪录片，全片长103分钟，上线1天点击量突破599万，被点赞6万多次。在节目中，柴静为观众讲解了在过去的一年中，她所“看见”的一切：在雾霾中生活一天，一个白色的采样仪变为黑色，从中检测出来15种致癌物质；随环保部门在中国大气污染严重的地区以无人机巡航，深入非法排污工厂，揭开鲜为人知的“褐煤”对生态环境的巨大影响。柴静还深夜来到北京的延庆，调查柴油车排放不达标并大面积造假的现状；回故乡寻找十年前有关山西环境污染节目的当事人，探寻能源结构背后的工业化城镇化之路，抨击体制问题带来的严重危害，拜访中国能源领域权威人士，探索未来能源体制的改革方向，提出告别煤炭时代进入油气时代……

（资料来源：搜狐新闻，有修改）

思考：《柴静调查：穹顶之下》采用了哪几种类型的市场调查？

学以致用

消费者调查的目的是了解消费者需求。作为大学生，你有哪些方面的需求？哪些需求可以通过市场调查分析出来？

第二节　市场调查方式

市场调查方式是指根据调查目标和内容来确定调查对象的过程。一般来说，调查方式可以分为普查、重点调查、典型调查和抽样调查，其中抽样调查是最常见和最常用的调查方式。

一、普查

普查又称为全面调查，是指在某一时间点上对所有的调查对象逐一进行的调查。其优点是所取得的资料全面、准确，标准化程度高；缺点是调查费用较高，调查工作所需时间较长，组织管理工作难度较大。在营销调研实践中很少会用这种调查方式来进行调查。

二、重点调查

重点调查指从调查对象总体中选取少数重点单位进行调查，并以此推断总体基本特征的一种非全面调查方法。重点单位指在调查对象总体中单位数量较少，但某一标志值占总体标志值的比重很大。例如要调查 18 ~ 23 岁的女性对化妆品的需求，调查者直接把女子职业院校作为调查对象，就是一种重点调查的方式，因为女子职业院校的女性年纪正好符合调查的要求，而且女性集中。

三、典型调查

典型调查是指在对调查总体深入细致了解的基础上，选择具有代表性的单位进行调查，并对总体进行推断的一种非全面调查。其在进行样本挑选的时候具有主观性。例如我们要调查大学生对某品类产品的消费需求，由于全国学校太多，调查的时候就可以对院校进行分类，然后在每一个类别中抽取一些比较有代表性的院校作为调查对象。

讨论 3 - 1： 重点调查和典型调查有什么区别？

四、抽样调查

抽样调查是指按照一定的方式，从调查总体中抽取部分样本进行调查，并根据调查结果推断总体的一种非全面调查。抽样可分为随机抽样和非随机抽样两种。

1. 随机抽样

随机抽样是指将调查总体进行编号，然后从中随机抽取一定数量的样本作为调查对象的一种调查方式。随机抽样强调每个个体被抽取的概率要相等。根据操作方法的不同可分为简单随机抽样、等距随机抽样、分层随机抽样和整群随机抽样四种类型，如表 3－4 所示。

表 3－4　随机抽样类别

类别	内涵	说明/举例
简单随机抽样	也称 SRS 抽样，是指从总体 n 个单位中任意抽取 n 个单位作为样本，使每个可能的样本被抽中的概率相等的一种抽样方式	例如要调查了解初中生课外阅读的兴趣时，我们可以根据学生的学号，利用计算机随机抽取 n 个学生作为调查对象
等距随机抽样	先将调查总体按某一标志顺序排列，编上序号，然后用调查总体数除以样本单位数求得抽样间隔，并在第一个抽样间隔内随机抽取一个单位作为样本单位，最后按计算的抽样距离做等距抽样，直到抽满 n 个单位	假设要用等距随机从 100 名学生中抽出 20 名学生，先把成绩由低到高排列，计算抽样间隔就是 5，然后从 1～5 号随机抽取一名，假设是 3，那么样本就为 3、8、13、18、23、28……
分层随机抽样	根据调查总体已有的某些特征，将总体分成几个不同的部分（每一部分叫一个层），再分别在每一部分中随机抽样	例如要调查大学生的消费习惯，我们先按照学校的性质、办学层次等把我国的大学进行分类，然后再从每一类别中随机抽取部分学校部分学生进行调查
整群随机抽样	是指将调查总体按一定标准划分成群或集体，以群或集体为单位按随机原则从总体中抽取若干群或集体	应用整群随机抽样时，要求各群有较好的代表性，即群内各单位的差异要大，群间差异要小，应区别于分层随机抽样

讨论3－2： 分层随机抽样和整群随机抽样有什么区别？

2. 非随机抽样

非随机抽样是指抽样时不是遵循随机原则，而是按照研究人员的主观经验或其他条件来抽取样本的一种抽样方法。非随机抽样又分为任意抽样、判断抽样、配额抽样和滚雪球抽样四种类型，如表 3－5 所示。

表 3－5　非随机抽样类别

类别	内涵	说明/举例
任意抽样	是根据调查者的方便与否以随意的方式来抽取样本的一种调查方法	如在街头路口任选若干位行人进行访问调查；向在商店柜台前的任意部分人做市场调查等；在剧院、车站、码头等公共场所，任意选择某些人进行调查
判断抽样	是根据调查者的主观经验来选择那些最具代表性的样本的一种调查方法	当调查人员对自己的研究问题十分熟悉，对调查总体比较了解时可采用这种抽样方法
配额抽样	是指调查人员将调查总体按一定标志分类或分层，确定各类（层）单位的样本数额，在配额内任意抽选样本的抽样方式。配额抽样又分为独立控制配额抽样和交叉控制配额抽样	例如要调查年轻人关于电子产品的消费习惯，先按年龄标准把年轻人分类，确定每个类别样本数额，然后再用一种非随机抽样的方式来抽取样本
滚雪球抽样	是指先任意选择一些被访者并对其实施访问，再请他们提供另外一些属于所研究目标总体的调查对象，根据所形成的线索选择此后的调查对象	例如要调查退休老人的生活习惯，可以清晨到公园去结识几位散步的老年人，对其进行调查，再通过他们结识其他的老年人来做进一步调查

实例 3－2　哪种调查方式比较合适

龙文教育是一家全国性的教育培训机构，专注于 1 对 1 的个性化辅导，业务范围涵盖了小学、初中、高中和成人的个性化课程辅导。为了了解全国初中生的课程辅导需求，龙文教育设计了以下几种调查方式：

1. 对全国的初中生进行全面的课程辅导需求调查。

2. 将广州市的所有初中进行编号，采用简单随机抽样的方式，随机抽取 10 所初中，并对 10 所中学进行全面的课程辅导需求调查。

3. 将全国划分为华东、华南、华北、华中、西南、东北、西北七个区域，每个区域随机抽取三所中学，对 21 所中学进行全面的课程辅导需求调查。

思考：以上三种调查方式哪种最好？还有更好的调查方式吗？

学以致用

调查方式就是指如何确定调查对象。如果我要对大学生消费行为进行调查，采用哪种调查方式比较合适？为什么？

第三节　市场调查方法

市场调查方法是指如何进行资料的收集，也就是根据市场调查的任务和要求，运用科学的方法，有计划、有组织地搜集调查资料的工作过程。调查方法一般有以下几种：文献调查法、访问调查法和观察法。

一、文献调查法

文献调查法又称间接调查法，是指通过查看、阅读、检索、筛选、购买、复制等手段收集二手资料的一种调查方法。文献调查法需要制订严密的调查计划，并对将要利用的文献进行真实性、可用性的检查，这样才能保证调查的系统性和可靠性。

文献调查法的应用非常广泛，实际上任何形式的市场调查都离不开文献调查法。通过文献调查法我们能够了解到前人在同一个问题上做了哪些研究、采用了什么研究方法、有哪些有用的结论等，为调查者节省大量的时间和精力，也为我们进一步的研究提供了方向和思路。

文献的来源一般包括：

（1）国家统计局和各级地方统计部门定期发布的统计公报、定期出版的各类统计年鉴。这些都是权威性的一般综合性资料文献。

（2）各种经济信息部门、各行业协会和联合会提供的定期或不定期的信息公报。这类文献或数据定向性较强，是市场调查中文献的重要来源。

（3）国内外有关报纸、杂志、电视等大众传播媒介。这些传媒提供种类繁多、形式多样的各种直接或间接的市场信息，它们是文献调查中主要的查找对象。

（4）国内外各种博览会、交易会、展销订货会等营销性会议，以及专业性、学术性会议上所发放的文件和资料。

（5）企业内部资料，如销售记录、进货单、各种统计报表、财务报表等。

（6）研究机构、高等院校发表的学术论文和调查报告等。

实例 3－3　OPPO 手机

2018 年，全球手机消费市场普遍不太乐观。根据第三方数据显示，2018 年第一季度全球智能手机出货量为 3.45 亿部，较去年同期下滑 2.4%。国内三四线市场出现不同程度的“闭店潮”，实体渠道是 OPPO 的主阵地，其在这次“闭店潮”中损失严重。第一季度，OPPO 在国内市场的销量下滑了 16.8%。即使手机市场的情况不太乐观，国产手机在销售额和市场份额上仍取得了较好的成绩，占领了绝大多数的市场。在 2018 年，整体手机市场几乎被下表中前 6 家厂商所占据，近 9 成市场被 6 家厂商分割。其中，OPPO 占据着接近 20% 的市场份额。

品牌	2018 年销售额（亿元）	2018 年市场份额（%）	同比增幅（%）
苹果	315.90	24.9	-1
OPPO	233.27	18.4	-11
vivo	200.45	15.8	-2
华为	188.70	14.9	32
小米	93.19	7.3	14
三星	20.48	1.6	-64
一加	11.46	0.9	84
美图	8.51	0.7	39
锤子	6.77	0.5	-14

旭日大数据显示，2018 年 OPPO 手机在全球的整体出货量约 1.18 亿部，OPPO 全球市场份额为 8%，相比较 2017 年的整体出货量略有增长，在全球排名第 5，而 2018 年 OPPO 手机在中国市场的出货量约为 8 152 万部。

据东方财富网 2018 年的资料整理显示，在关于手机的品牌忠诚度方面，苹果排行第一，在苹果用户中，有 65.7% 的用户表示愿意重复购买。华为、小米、OPPO、vivo 这几个手机品牌的用户，大约有 30% 的用户表示会重复购买，并且小米、OPPO、vivo 用户的品牌忠诚度呈下降趋势。通过整理资料还得出一个现象，我们国内中高收入的消费人群更偏爱小米以及华为手机，而苹果、OPPO 和 vivo 则很受学生党的欢迎。除此之外，现在的手机品牌产品存在同质化严重、品牌竞争激烈的问题，企业要想赢得客户的认可从而抢占更多的市场份额，则需要洞察熟知消费者的态度偏向。

（资料来源：《IDC 中国季度手机市场跟踪报告》、旭日大数据、东方财富网）

思考： OPPO 如果要进行消费者行为调研，应该如何来开展？

二、访问调查法

访问调查法又称询问法或者采访法，是收集第一手资料时最常用、最基本的一种方法。访问调查法是将所要调查的事项以访问的方式向被调查者提出询问，以获得所需要资料的一种方法，它需要借助访问提纲或者调查问卷来进行。访问调查法又分为面谈访问法、电话访问法、邮寄访问法和留置问卷法四种类型，如表 3-6 所示。

表 3－6　访问调查法的类型

类别	内涵	优缺点	适用性
面谈访问法	通过调查者与被调查者面对面交谈以获取市场信息的一种调查方法。一般有街头访问和入户调查两种类型	优点：回答率高，能深入了解情况，可以直接观察被调查者的反应 缺点：调查成本高、时间长，对访问员的要求高，调查质量无法保证	适用于调查范围较小而调查项目比较复杂的情况
电话访问法	是指调查者通过电话与被调查者进行交谈，以获取信息的一种方式	优点：信息回收快速，获取样本快速，调查时间短、费用不高 缺点：拒访率较高，访问时间较短	适用于关于某特定问题的消费者调查，或者已经拥有了相当的信息，只需进一步验证情况的调查
邮寄访问法	是由调查人员将设计好的问卷，通过邮寄的方式送达被调查者手中，请他们答完后寄回，以获取信息的方法	优点：调查范围大，被调查者回答问题的时间充裕，并可避免面谈中受调查者倾向性意见的影响 缺点：问卷回收率低，回收时间长	时效性要求不高，受访者个人信息完整，与顾客有良好的合作关系
留置问卷法	是指将调查问卷当面交给被调查者，说明填写的要求，并留下问卷，让被调查者自行填写，由调查人员定期收回的一种市场调查方法	优点：问卷回收率较高，被调查者回答问题的时间充裕，并可避免受到调查者倾向性影响 缺点：调查范围受限，费用高	调查者可以在留置问卷时先把问卷填写的相关说明告诉被调查者，避免理解错误

三、观察法

观察法是研究者根据一定的研究目的、研究提纲或观察表，用自己的感官和辅助工具去直接观察被研究对象，从而获得资料的一种方法。按参与观察的程度来分，可以分为三种类型：完全参与观察、不完全参与观察、非参与观察。

观察法应用比较广泛，例如测定商场顾客流量或车站码头顾客流量，测定主要交通道口车流量，对竞争对手进行跟踪或暗访观察，对商场购物环境、商品陈列、服务态度调查等。在市场营销中，比较常见的一种观察法叫做神秘顾客法。所谓“神秘顾客法”是指由一些身份特殊的顾客以普通消费者的身份，通过实地体验，了解被调查对象的服务和管理等各方面情况，然后将收集到的信息资料整理成报告的调查方式。

除以上的调查方法外，还有网络调查法和实验法等各种调查方法。每一种调查方法都有优点和缺点，要根据调查的实际需要来选用不同的调查方法。

实例3－4　神秘顾客

某服装连锁企业为了调查连锁店营业员的服务质量，采用了神秘顾客法来进行调查。为此，企业专门设计了一张观察表，让市场部的工作人员假扮顾客到各连锁门店进行观察研究，以此作为提升营业员的服务质量的依据。观察表的部分项目如下：

观察项目	评价标准	评价等级
同停留在货架前挑选货品的顾客主动打招呼并询问其需求	店员主动过来打招呼并询问需求 店员主动过来打招呼但不询问需求 店员未主动打招呼，但顾客招呼时，能迅速过来 店员未主动打招呼，当顾客招呼一遍以上时才过来	优 良 中 差
主动热情地介绍商品的特性、面料及洗涤方式	全面详细地介绍商品的特性、面料及洗涤方式 顾客询问后，热情向顾客介绍 顾客询问后，被动解答，一问一答 顾客询问后，因反感而不答	优 良 中 差
鼓励顾客试穿，乐意陪顾客到试衣间，并将待试服装准备好	鼓励顾客试穿，陪同顾客到试衣间，并将待试的服装准备好 鼓励顾客试穿，陪同顾客到试衣间，但未将待试服装准备好 不鼓励顾客试穿，顾客提出试穿后同意顾客试穿，但不陪同顾客到试衣间 不鼓励顾客试穿，也不同意顾客试穿	优 良 中 差
告诉顾客售后服务的内容，包括：免费修改裤长、更换颜色、尺码等	主动告诉顾客售后服务的全部内容 告诉顾客二项售后服务内容 告诉顾客一项售后服务内容 未告诉顾客售后服务内容	优 良 中 差
如试穿满意，顺便向顾客介绍、配搭其他商品和饰品	主动介绍并主动引导顾客配搭其他货品 未主动为顾客配搭，当顾客提出配搭要求后，能热情帮助配搭 顾客提出配搭要求后，不情不愿地寻找相应货品 顾客提出配搭要求后，没有反应	优 良 中 差

（资料来源：百度文库，有修改）

思考：1. “观察法”的优缺点有哪些？

2. 对营业员的服务质量进行调查为什么要采用神秘顾客法？用其他调查方法可行吗？

学以致用

调查方法就是指收集资料的方法，而文案调查法是应用最广泛的调查方法。那应该如何去判断一份通过文案调查收集回来的资料是否有价值？

第四节　调查问卷设计

在市场调查中必须借助一定的工具来完成调查，其中调查问卷是最常用的一种工具。例如我们要进行街头拦截访问，或者要进行入户调查，以实现与消费者面对面的沟通，一般都需要借助问卷来进行市场调查。因此，我们必须学会如何设计一份合格的调查问卷。

一、问卷类型

按问题的类型来划分，我们可以把问卷分为结构式问卷、开放式问卷和半开放式问卷三种。结构式问卷是指问卷中问题的类型为封闭式问题，让消费者在有限的答案中选择一个或多个答案。而开放式问卷的问题类型则为开放性的问题，消费者可以按照自己的想法自由发挥。一般来说，开放式问卷比较适合小规模的深度访谈，而结构式问卷适合大规模、内容较多的描述性的市场调查。半开放式问卷是指一份问卷既有封闭式的问题又有开放式的问题，它也是市场调查经常采用的一种问卷形式。

二、问卷结构

一份完整的调查问卷应该包括问卷标题、说明词、填表说明、正文和作业记录。

1. 标题

标题主要是用来概括说明本次调查的研究主题，使被访者对所要回答的问题有一个大致的了解。例如“关于大学生电子产品消费习惯的调查”，能够让被访者对调查的问题有一个初步的判断。

2. 说明词

说明词主要是用来说明调查的目的、需要了解的问题及调查结果等。有些问卷还要有问候语，以引起被访者的重视。同时，说明词还要向被访者介绍调查组织单位、请求被访者合作、向被访者表示感谢等。

3. 填表说明

填表说明主要是用来规范和帮助被访者准确回答问卷问题。填表说明可以集中放在问卷前面，也可以分散到各有关问题之前。对于自填式问卷，填表说明一定要详细清楚，而且格式位置要醒目。

4. 正文

正文是问卷的核心部分。它主要是以提问的方式提供给被访者，让被访者进行选择和回答。这部分内容设计的好坏关系到整个问卷的成败，也关系到调查者能否很好地完成信息收集、实现调查目标。

5. 作业记录

作业记录主要是记录调查人员的姓名、访问日期、访问时间、访问地点等，有些调查还需记录调查过程中的特殊事件以及被访者的配合情况等。

实例 3－5　大学生对 OPPO 手机的态度研究

亲爱的同学：

您好！我是×××，我正在做一份关于“大学生对 OPPO 手机态度研究”的调查。请您抽出一点宝贵的时间，回答下列问题。您的意见对我们很重要，非常感谢您的合作！

1. 您是否是大学生［单选题］

○是　　○否（请跳至问卷末尾，提交答卷）

2. 您的性别是［单选题］

○男　　○女

3. 您的年龄是［单选题］

○18 岁及以下　　○19～22 岁　　○23～26 岁　　○27 岁及以上

4. 您的学历是［单选题］

○专科　　○本科　　○硕士　　○博士　　○其他＿＿＿＿＿＿（请填写）

5. 您可支配的月花销为［单选题］

○500 元以下　　○501～1 000 元　　○1 001～1 500 元

○1 501～2 000 元　　○2 001～3 000 元　　○3 001～4 000 元

○4 000 元以上

6. 您现在同时使用几部智能手机［单选题］

○0 部　　○1 部　　○2 部　　○3 部及以上

7. 您更换手机的频率是［单选题］

○1 年以下　　○1～2 年　　○2～3 年　　○3 年以上

8. 您现在使用的手机品牌是［多选题］

□苹果　　□华为　　□小米　　□三星　　□魅族　　□OPPO

□vivo　　□其他＿＿＿＿＿＿（请填写）

9. 您的兴趣爱好是［多选题］

□美食　　□旅行　　□音乐　　□星座　　□阅读　　□摄影　　□电影

□追星　　□运动　　□电子科技　　□电子游戏　　□其他＿＿＿＿＿＿（请填写）

10. 请您对购买手机最看重的因素进行先后排序［顺序题，请在括号内依次填入数字］

［　］品牌口碑、知名度

［　］处理器、运行内存、机身内存

［　］价格

[　] 拍照功能
[　] 音质体验
[　] 续航能力
[　] 外观屏幕
[　] 形象代言人
[　] 他人推荐
[　] 其他__________（请填写）

11. 您是否购买过或使用过 OPPO 手机 [单选题]

○从没购买使用过　　○购买过或使用过（请跳至第 13 题）

12. 您不选择购买/使用 OPPO 手机的原因是 [多选题]

□不了解此品牌
□不喜欢此品牌
□高价低配
□广告花哨
□没机会接触购买
□认识的人不推荐
□社交因素
□其他__________（请填写）
（＊请您填写完本题后结束作答）

13. 您选择购买/使用 OPPO 手机的动机是 [多选题]

□拍照功能强大
□音质体验佳
□精致的外观设计
□可靠的品质保证
□闪充续航功能好
□炫耀的时尚品牌
□受促销活动影响
□偶像代言
□他人推荐
□其他__________（请填写）

14. 您获取 OPPO 手机信息的渠道有哪些？[多选题]

□OPPO 品牌手机的网上商城或专卖店
□购物网站
□微博
□微信公众号
□促销广告
□名人推荐
□亲朋好友推荐
□报纸杂志
□其他__________（请填写）

15. 您购买 OPPO 手机的渠道是［多选题］

□手机大卖场
□OPPO 专卖店
□OPPO 网上商城
□京东商城
□天猫商城
□苏宁易购
□淘宝
□其他__________（请填写）

16. 您使用过的 OPPO 手机的价格区间是［多选题］

□1 000 元以下　□1 001 ~ 1 500 元　□1 501 ~ 2 000 元
□2 001 ~ 2 500 元　□2 501 ~ 3 000 元　□3 001 ~ 4 000 元
□4 000 元以上

17. 您使用过 OPPO 手机多长时间［单选题］

○1 年以下　○1 ~ 2 年　○2 ~ 3 年　○3 年以上

18. 测评题项［量表题］

1 非常不同意　2 不同意　3 不确定　4 同意　5 非常同意

(1) 我认为 OPPO 口碑好知名度高	○	○	○	○	○
(2) 我认为 OPPO 品牌形象年轻时尚	○	○	○	○	○
(3) 我认为 OPPO 手机能展示我的社会形象	○	○	○	○	○
(4) 我认为 OPPO 手机的性价比高	○	○	○	○	○
(5) 我用 OPPO 手机上网玩游戏流畅不卡顿	○	○	○	○	○
(6) 我对 OPPO 手机的拍照功能感到满意	○	○	○	○	○
(7) 我对 OPPO 手机的音质体验感到满意	○	○	○	○	○
(8) 我对 OPPO 手机闪充续航功能感到满意	○	○	○	○	○
(9) 我喜欢 OPPO 手机的外观	○	○	○	○	○
(10) 我喜欢 OPPO 手机的形象代言人	○	○	○	○	○
(11) 总的来说，我对 OPPO 手机感到满意	○	○	○	○	○
(12) 我有再购买 OPPO 手机的想法与意愿	○	○	○	○	○
(13) 如果功能相近我会首选 OPPO 手机	○	○	○	○	○
(14) 我会向别人推荐 OPPO 手机	○	○	○	○	○

思考：这份问卷有问题吗？为什么？若有问题，应如何修改？

三、问题设计

一份完整的问卷包括了五个方面的内容，但是其中最重要的还是正文部分，也就是问题的设计。一般来说，一份问卷可能包含以下五种问题类型。

1. 单项选择题

单项选择题顾名思义就是一个问题只能有一个答案。优点是可求得明确的判断，并在短暂的时间内求得受访者的回答，条目简单，易于统计，比较适合简单的、事实性的问题。例如“您的性别是?”“您使用过某某品牌的洗发水吗?”，诸如此类的事实性问题可以采用单项选择题。

2. 多项选择题

多项选择题指的是一个问题有多个选项和多个答案可供选择。一般适用于较复杂的态度性的问题或者有多个答案的事实性问题。例如“您购买某某产品时会注重哪些功能”“您使用过下列哪些品牌的产品”等类问题可以采用多项选择题。

3. 顺序题

顺序题又称排队题，是指问卷设计者列出若干个项目，由被调查者按重要性进行排列顺序的一种方法。与多项选择题相比，它不仅能反映被调查者的意见、动机、态度、行为等方面的因素，同时还能比较出各因素的先后顺序，便于被调查者回答。例如“在您购买某产品时，您觉得以下哪些方面对您最重要？请将以下选项按重要程度由高到低排列（　　）①品牌　②价格　③包装　④促销　⑤亲朋影响　⑥方便快捷”。

4. 比较题

比较题是指采用对比的方式，将具有可比性的事物进行对比并做出选择的方法。当我们需要测量消费者对不同品牌产品的感知或者态度时，可以设置比较题来对消费者的态度进行测量。例如以下问题：

请您逐一比较下列各组不同品牌的洗衣机质量，在您认为质量好的牌子后面打“√”：

①三星□　海尔□　　②三星□　美菱□

③三星□　小天鹅□　　④海尔□　美菱□

⑤海尔□　小天鹅□　　⑥美菱□　小天鹅□

5. 量表题

量表题是指由问卷设计者列出评价性的询问语句和备选答案，备选答案只是消费者的态度，按不同程度给出。答案没有对错之分，只是程度不同。一般适用于测量消费者对某件事物的态度。

常见的产品测试尺度的形式主要有：质量、式样、价格、满意度、耐用性、可靠性。例如下列问题就是采用量表题对消费者的态度进行测量。

购买手机时，您认为下列因素重要吗?（请按照您认为的重要程度在相应的表格中打“√”）

因素	重要程度				
	非常重要	重要	一般	不重要	非常不重要
品牌知名度高					
外观造型优美					
内置功能强大					
质量好					
性价比高					

四、问卷用语设计技巧

1. 避免用一般性的问题

一般性问题对调查并无实质的意义，所问的问题过于笼统或者含糊不清，其结果就没有多少用处。例如：“您对某百货商场的印象如何?”这个问题就应该分解为“品种是否齐全”“价格是否合理”“服务是否周到”“购物环境是否宽松”等一系列问题。

2. 避免不确切的问题

应该避免使用“经常”“普通”“一些”等词语，因为不同的人理解并不相同。例如：“您是否经常购买洗涤液?”回答者不知“经常”究竟是一周、一天还是一个月，就不如问“您多长时间购买一次洗涤液?”来得准确。

3. 避免使用含糊不清的句子

问卷的问题应该是清晰没有歧义的。例如：“您最近是出门旅游，还是休息?”有些人认为旅游就是一种休息，他们之间并不存在选择关系，就不如这样问：“您最近是出门旅游，还是在家休息?”

4. 避免引导性提问

如果问题带有明显的观点引导或者暗示，力求被调查对象做出跟这些观点相近的回答，这就是引导性提问。引导性提问导致被调查对象不能做出真实的回答，收集的资料并非事实。例如：“消费者普遍认为这种冰箱好，您认为如何?”这种问题本身就带有诱导性。

5. 避免主观断定性问题

问卷设计者已经为被调查对象做好角色假设，然后再来提问，这种问题会带来强烈的主观性。例如：“您一天抽多少支烟?”要是被调查对象不抽烟怎么办? 这时应该设置一个“您抽烟吗?”这样的中间问题，如果回答是肯定的，再接着往下提问。

6. 要避免问题使人难堪

如果有些问题非问不可，也不能强行发问，应考虑到回答者的自尊心。例如女士的年龄，被调查对象的学历、收入水平等，这种问题可设置一定的范围，让被调查对象选择。例如“高中及以下、本科、硕士及以上”，有些问题没有必要问得过细。

7. 设计问题要考虑被调查对象回答的难度

例如：“您家庭近三年每年的生活支出是多少?”多数人根本回忆不起来；再如：“您家上月的水电费是多少?”多数人也回答不出来。

8. 避免问题与答案不一致

不能在问卷中出现逻辑问题。例如：“您经常看哪个栏目的电视节目：A. 生活 B. 商务电视 C. 电视购物 D. 经常看 E. 偶尔看 F. 根本不看。”这个题目在逻辑上就出现了问题，让被调查者无法回答。

学以致用

问卷是应用广泛而且非常有效的调查工具。如何保证一份问卷是有效的而且可靠的？

第五节　调查报告撰写

在撰写调查报告之前，需要先对收集回来的市场调查资料进行整理分析，再把整理分析的结果以调查报告的形式呈现出来。调查报告是对调查结果的一种书面的陈述，也是市场调查的最终产品。

一、调查资料整理

1. 调查资料的审核

对收集回来的调查资料，我们第一步要做的就是审核。审核主要从四个方面展开：准确性、完整性、有效性和时效性。

（1）准确性。准确性是指检验二手资料、问卷或调查表的真实性，抽样和复检访问员是否到访。若访问员伪造问卷应做废弃处理，并派员重访。

（2）完整性。检查二手资料是否收集齐全。如果是问卷，则检查问卷的份数是否齐全、问卷填答的项目是否完整，并做出处理。大量问题无回答应做废卷处理；个别问题无回答，归入“暂未决定”或“其他答案”中；个别问题大量无回答，可删除此问题。总的来说要按实际情况对问卷做出处理。

（3）有效性。检查二手资料的来源是否可靠。如果是问卷，则检查问卷或调查表中的项目是否存在填答错误。存在逻辑性错误的答案，再次核实或按“不详值”对待；答非所问的答案，再次询问或按“不详值”对待；缺乏回答的答案，若个别问卷则抛弃，若同一问题有不少问卷缺乏回答则可做子样本看待。

（4）时效性。检查二手资料的各种数据统计的时间和问卷调查的访问时间等。如果二手资料的统计信息年代太久，即使很权威也失去了意义。问卷等一手资料收集，若延迟访问对调查结果无影响，则问卷有效；若延迟访问对调查结果有影响，则废弃此问卷。

2. 资料的编码与录入

（1）资料编码。编码就是将原始资料转化为计算机可以识别的数据或符号的过程。它包括预编码和后编码两种类型。预编码是在问卷设计的同时就对问题设计出编码，主要针对客观题。后编码是先把问卷的结果进行分类，然后再对它们进行编码，主要针对开放式问卷。

（2）录入数据。一般包括手工录入和计算机自动录入两种方式。最常用的手工录入方式是通过键盘录入专门的统计分析软件中（如 Excel、SPSS）。随着计算机技术的高速发展和计算机应用的迅速普及，数据的录入工作已逐渐从手工处理转变为计算机操作。数据录入如表 3－7 所示。

表 3－7　数据录入

A	B	C	D	E	F
问卷编号	Q1（性别）	Q2（收入）	Q3（职业）	Q4（喜欢类型）	Q5（购买价格）
1011120101	1	1	1	1	1
1011120102	2	2	2	2	2
1011120103	1	3	1	5	5
1011120104	1	4	1	4	3
1011120105	2	1	2	2	1

3. 数据处理与列示

（1）数据处理。通过编码之后，录入的数据就构成了一个数据矩阵。调查人员的任务就是数据压缩，把隐藏在这些大量分散数据中的重要信息揭示出来。这些有用信息的揭示，对统计分析原始数据的作用很大。最常见的一些分析方法包括频数、平均值、百分比、因子分析、标准差、方差分析、回归分析等。

（2）数据列示。数据列示是指对加工整理后的数据用统计表、统计图、数据库、数据报告等形式表现出来，能够最直观地反映出调查的结果。常用的数据列示有柱形图、统计表、饼形图、条形图、线形图和雷达图等。具体形式如图 3－1 和图 3－2 所示。

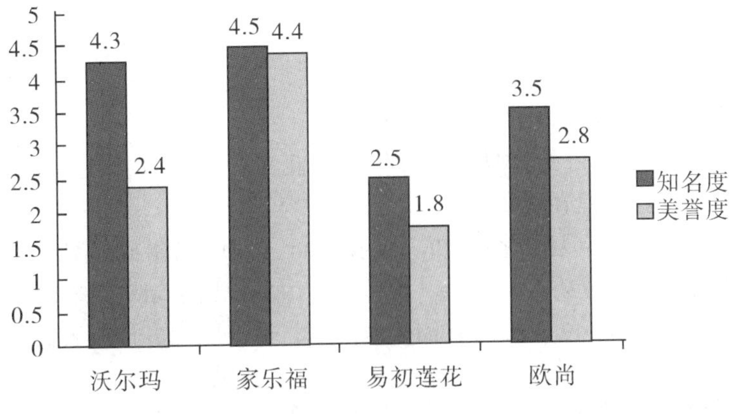

	知名度	美誉度
沃尔玛	4.3	2.4
家乐福	4.5	4.4
易初莲花	2.5	1.8
欧尚	3.5	2.8

图 3－1　柱形图与统计表

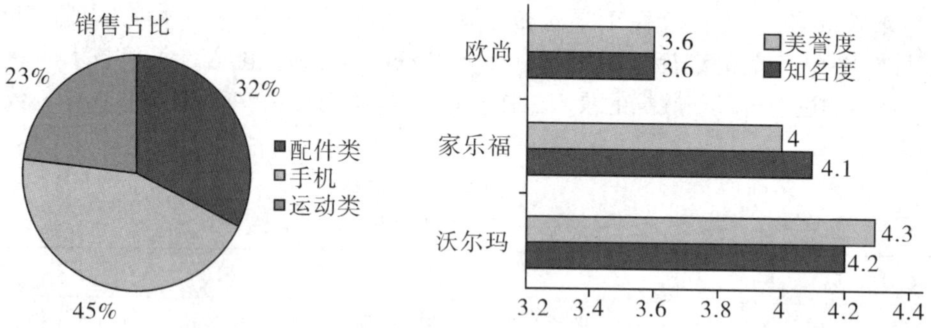

图 3－2　饼形图与条形图

二、撰写调查报告

市场调查报告就是以书面表达的方式把市场调查的过程和调查结果展示出来，它是市场调查成果的集中体现。一般是由封面、标题、目录、摘要、正文和附件等几部分组成。

1. 设计调查报告封面

调查报告的封面包括报告的题目、报告的使用者、报告的编写者及提交报告的日期等内容。作为一种习惯做法，调查报告题目的下方应注明报告人或单位、通信地址、电话、报告日期，然后另起一行注明报告呈交的对象。

2. 确定调查报告标题

调查报告的标题要求简洁明了，把调查的主题概括出来。

3. 制作目录和编写摘要

目录可以运用 Word 办公软件自带的目录工具来生成。报告摘要具体包括以下几个方面的内容：简要说明调查目的，即简要说明调查的原因；介绍调查对象和调查内容，包括调查时间、地点、对象、范围、调查要点及所要解答的问题；简要介绍调查研究的方法；简要说明调查结论与建议。

4. 编写正文

正文一般由前言、主体（数据分析）、结论和建议三部分构成。

（1）前言。前言部分一般应包括调查项目的背景、调查的必要性和意义、调查的主要内容、调查的主要方式方法、调查的主要过程和调查的结果等几项内容。

（2）主体。主体即调查数据分析部分，包括原因分析、利弊分析、发展规律或趋势分析。一般按照调查设计的项目、内容一项项分析，从数据、现状分析，到得出小结论或发现问题，并进一步探寻原因，提出对策等。数据可通过各种图表来陈示，但一般应多种图表交叉配合运用。

（3）结论和建议。调查报告的结论和建议部分说明调查获得了哪些重要结论，根据调查的结论建议应该采取什么措施，这是阅读者最为关注的部分。主体部分经过单项或多项的结合分析得出了一系列的结论，本部分要求对以上小结论进行综合、归纳，并结合企业或客户实际情况提出撰写人的看法和建议，或是得出某种启示。

第六节　大数据时代的市场调查

一、认识大数据

1. 大数据的内涵

随着科学技术的迅速发展，特别是在大数据、云计算、物联网、移动互联网等新型技术的助推下，新的产业模式不断涌现，大数据时代已然到来。从国内外的应用实例来看，最早大范围的大数据应用始于零售行业。后来，Google、Amazon、Facebook 等通过对客户的消费习惯、地理位置、销售时间以及客户的社交信息等的大数据分析，实施精准营销，取得了显著的效果。随之而来，大数据技术正在迅速渗透、革新甚至颠覆传统的领域和工具。市场调查行业也不例外，大数据时代的研究方法也给传统市场调查行业带来了巨大挑战。

究竟如何理解大数据的内涵呢？维基（Wiki）百科从处理方法的角度给出了大数据的定义，即大数据是指利用常用软件工具捕获管理和处理数据所耗时间超过可容忍时间限制的数据集。麦肯锡公司（Mckinsey & Company）认为将数据规模超出传统数据库管理软件的获取存储管理以及分析能力的数据集称为大数据；高德纳咨询公司（Gartner）则将大数据归纳为需要新处理模式才能增强决策力、洞察发现力和流程优化能力的海量高增长率和多样化的信息资产，并将其定义为不能够集中存储并且难以在可接受时间内分析处理，其中个体或部分数据呈现低价值性而数据整体呈现高价值性的海量复杂数据集。

在以上大数据的定义中，已经涉及了大数据的一些特性，其中包括在数据量、产生过程和价值等方面的特性。目前对于大数据的特性认可度较高的是“4V”特性：数据的规模性（Volume）、数据结构的多样性（Variety）、数据传播的高速性（Velocity）及数据的价值特性（Value）。

（1）数据的规模性：大数据的首要特征，包括采集、存储和计算的数据量非常大。大数据的起始计量单位至少是 100TB，通过各种设备产生的海量数据，规模极为庞大，远大于目前互联网上的信息流量，PB 级别（1PB = 1024TB）将是常态。

（2）数据结构的多样性：表示大数据种类和来源多样化，具体表现为网络日志、音频、视频、图片、地理位置信息等多类型的数据，多样化对数据的处理能力提出了更高的要求，由于编码方式、数据格式、应用特征等多个方面都存在差异性，多信息源并发形成大量的异构数据。

（3）数据传播的高速性：随着互联网的发展，数据的增长速度非常快，处理速度也较快，对时效性的要求也更高。例如，搜索引擎要求几分钟前发生的新闻能够被用户查询到，个性化推荐算法要求实时完成推荐，这些都是大数据区别于传统数据的显著特征。

（4）数据的价值特性：我们已经知道，大数据含有巨大的价值，但大数据的价值通常很难被发现。这就是大数据具有的价值密度低的特性，只有通过很多个过程才能把它的价值挖掘出来。随着互联网和物联网的广泛应用，信息感知无处不在，信息量大，但价值密度较低，如何结合业务逻辑并通过强大的机器算法挖掘数据价值，是大数据时代最需要解决的问题。

以上是大数据的四个基本特性，除此以外，随着人们对大数据的进一步认识，其更多的特征也迅速显现出来，如真实性（Veracity）及易变性（Variability）等。

大数据的真实性是它的另一个特征。现在谈到的大数据不仅“大”，更重要的是大部分数据是在线或通过现代化的传感器获得的，这是互联网高速发展的特点和趋势。与传统途径获得的数据相比，本质区别在于数据的记录不是由第三者人为记录，如历史学家、科学家或其他人的观察和记录，而是由传感器或本人进行记录，在数据真实性方面更具有客观性和真实性。这些真实的数据也因此更具有商业价值。

大数据的易变性是指大数据由不定的数据结构和多层次的结构组成。这给我们对大数据的分析和挖掘带来了巨大的挑战。

因此大数据是相对概念，由于科技的发展日新月异，从定量方面很难对其下定义。以上大多是对大数据的定性描述。虽说这些关于大数据定义的定义方式、角度及侧重点不同，但是所传递的信息基本一致，即大数据归根结底是一种数据集，其特性是通过与传统的数据管理及处理技术对比来凸显，并且在不同需求下，其要求的时间处理范围具有差异性，最重要的一点是大数据的价值并非来自数据本身，而是来自由大数据所带来的“新思维”和“新机遇”，以及通过大数据挖掘提供的“数据导向的新决策”。大数据的核心在于为客户从数据中挖掘出蕴藏的价值，而不是软硬件的堆砌。大数据并不等同于“大量的数据”，应该从更广义的层面理解大数据。所以大数据带来的是一种新的思维、新技术的集成以及新的生态。

总之，无所遁形的大数据时代已经到来，并快速渗透到每个职能领域。如何借助大数据持续创新发展并使企业成功转型，是一个值得让人深思并具有非凡的意义的问题。

2. 大数据的生成

在大数据营销的流程中（参考本书第十章第四节），数据采集是其中的重要一环，而数据采集与市场调查密切相关。因此，如何进行大数据时代的市场调查就必须深刻理解数据的生成过程。“大数据”并不是一个凭空出现的概念，它的出现正是因数据产生方式的变革，正是由于技术发展到了一定的阶段才导致海量数据被源源不断地生产出来，并使当前的技术面临重大挑战。从数据技术诞生以来，产生大数据的方式主要经过了三个发展阶段。

（1）被动式生成数据。

数据库技术使得数据的保存和管理变得简单，业务系统在运行时产生的数据可以直接保存到数据库中，由于数据是随业务系统运行而产生的，因此该阶段所产生的数据是被动的。

（2）主动式生成数据。

物联网的诞生使得移动互联网的发展大大加速了数据的产生，如人们可以通过手机等移动终端随时随地产生数据。用户数据不但大量增加，大量移动终端设备的出现，使用户还主动提交了自己的行为，使之进入社交、移动时代，与自己的社交圈进行实时互动，因此数据大量产生出来，且具有极强的传播性。显然，如此生成的数据是主动的。

（3）感知式生成数据。

物联网的发展使得数据生成方式得以彻底地改变。例如，遍布在城市各个角落的摄像头等数据采集设备正源源不断地自动采集并生成数据。

3. 大数据出现的原因

归纳起来大数据出现的原因有以下五点。

（1）数据生产方式自动化。

数据的生产方式经历了从结绳记事到现在的完全自动化，人类的数据生产能力已今非昔比。物联网技术、智能城市、工业控制技术的广泛应用使数据的生产完全实现了自动化，自动化的数据生产必然会产生大量的数据，甚至当前人们所使用的绝大多数数字设备都可以被认为是一个自动化的数据生产设备：我们的手机会不断与数据中心进行联系，通话记录、位置记录、费用记录都会被服务器记录下来；我们用计算机访问网页时的访问历史、访问习惯也会被服务器记录并分析；我们生活的城市、小区遍布的传感器、摄像头会不断产生数据并保证我们的安全；天上的卫星、地面的雷达、空中的飞机也都在不断地自动产生着数据。

（2）数据生产融入每个人的日常生活。

在计算机出现的早期，数据的生产往往只是由专业人员来完成的，能够有机会使用计算机的人员通常都是因为工作的需要，物理学家、数学家是最早一批使用计算机的人员。随着计算机技术的高速发展，计算机得到迅速普及，特别是手机和移动互联网的出现使数据的生产和每个人的日常生活结合了起来，每个人都成为数据的生产者：当你发出一条微博时，你在生产数据；当你拍出一张照片时，你在生产数据；当你使用手中的市民卡和银行卡时，你在生产数据；当你使用 QQ 聊天时，你在生产数据；当你用微信发朋友圈或聊天时，你在生产数据；当你玩游戏时，你在生产数据。数据的生产已完全融入人们的生活：在地铁上，在工作单位，在家里，你都在生产数据。个人数据的生产呈现出随时、随地、移动化的趋势，我们的生活已经是数字化的生活。

（3）图像、音频和视频数据所占比例越来越大。

人类在过去几千年主要靠文字记录信息，而随着人们生活中生产数据技术的发展，人类越来越多地采用视频、图像和音频这类占用空间更大、更形象的手段来记录和传播信息。从用纸与笔到现在用微信和视频，人们越来越习惯利用多媒体方式进行交流，城市中的摄像头每天都会产生大量视频数据，而且由于技术的进步，图像和视频的分辨率变得越来越高，因而数据也变得越来越大。

（4）网络技术的发展为数据的生产提供了极大的方便。

前面说到的几个大数据产生的原因中还缺乏一个重要的引子——网络。网络技术的高速发展是大数据出现的重要催化剂，没有网络的发展就没有移动互联网，我们就不能随时随地实现数据生产；没有网络的发展就不可能实现大数据视频数据的传输和存储；没有网络的发展就不会有现在大量数据的自动化生产和传输。网络的发展催生了云计算等网络化应用的出现，使数据的生产触角延伸到网络的各个终端，使任何终端所产生的数据都能快速有效地被传输并存储。很难想象在一个网络条件很差的环境下能出现大数据，所以，可以这么认为：大数据的出现依赖于集成电路技术和网络技术的发展，集成电路为大数据的生产和处理提供了计算能力的基础，网络技术为大数据的传输提供了可能。

（5）“云计算”的出现进一步促进了大数据的发展。

云计算是在 2008 年左右进入我国的，而这一概念最早可以追溯到 1960 年人工智能之父麦卡锡所预言的“今后计算机将会作为公共设施提供给公众”。云计算的出现使计算和服务都可以通过网络向用户交付，而用户的数据也可以方便地利用网络进行传递，云计算这一模式使网络的作用被进一步凸显出来，数据的生产、处理和传输可以利用网络快速地进行，改变传统的数据生产模式，这一变化大大加快了数据的产生速度，对大数据的出现起到了至关重要的作用。

4. 大数据的来源

大数据的来源非常多，如信息管理系统、网络信息系统、物联网系统、科学实验系统等。

（1）信息管理系统。

企业内部使用的信息系统，包括办公自动化系统、业务管理系统等。信息管理系统主要通过用户输入和系统二次加工的方式产生数据，其产生的大数据大多数为结构化数据，通常存储在数据库中。

（2）网络信息系统。

基于网络运行的信息系统即网络信息系统是大数据产生的重要来源之一，如电子商务系统、社交网络、社会媒体、搜索引擎等都是常见的网络信息系统。网络信息系统产生的大数据多为半结构化或非结构化的数据，在本质上，网络信息系统是信息管理系统的延伸，是专属于某个领域的应用，具有某个特定的目的。因此，网络信息系统有着更独特的应用。

（3）物联网系统。

物联网是新一代信息技术，其核心和基础仍然是互联网，是在互联网基础上延伸和扩展的网络，其用户端延伸和扩展到了任何物品与物品之间，以进行信息交换和通信，而其具体的实现方式是通过传感技术获取外界的物理、化学、生物等数据信息。

（4）科学实验系统。

主要用于科学技术研究，可以由真实的实验产生数据，也可以通过模拟方式获取仿真数据。

5. 大数据的分类

大数据时代的数据极为复杂，多样性是大数据的重要特性之一。例如，从高度结构化的财务数据，到商品的文本描述和评论、多媒体文件和人口地理环境数据，都是属于大数据的范畴，并且与我们关注的市场调查的对象密切相关。根据数据的组成结构，通常把数据分为结构化数据、半结构化数据和非结构化数据三种数据类型。

（1）结构化数据。

这种数据实质上是预定义的数据类型、格式和结构，一般可以在关系数据库中找到，多年来一直主导着 IT 应用，是关键任务 OLTP 系统业务所依赖的数据。更进一步来说，它也是传统商务智能的主要数据基础，通过对数据的查询、排序、综合、切割分块和分析，提供智能化的商务报告。

（2）半结构化数据。

包括电子邮件、文字处理文件及大量保存和发布在网络上的数据，是一种可识别的并可以解析的文本数据。半结构化数据是以内容为基础的，可以用于搜索，这也是 Google（谷歌）等搜索引擎存在的理由。例如，自描述和具有定义模式的 HTML、XML、JSON 等数据文件。

（3）非结构化数据。

该数据在本质形式上可认为是没有固定结构的原始记录数据，并且处于一种可感知的形式（如可在音频、视频和多媒体文件中被听到或看到）。许多大数据都是非结构化的，其庞大的规模和复杂性需要高级分析工具来创建或利用一种更易于人们感知和交互的结构。

二、大数据时代对市场调查的新认识

1. 大数据时代的社会科学研究方法论的演化

自然科学研究经历了实验科学、使用模型或归纳法进行研究的理论科学，通过计算机模拟复杂现象的仿真科学和基于数据探索，实现了实验、理论、仿真融合的数据科学等四种研究范式。与自然科学研究相似，对于社会科学来讲，人类对社会领域的认知要更为久远，其也更为复杂，大致经历了：①与自然科学浑然一体的自然哲学阶段；②向自然科学学习却又不断分化的阶段；③对第二阶段进行反思与批判的阶段；④基于复杂性科学的重新融合阶段。因此，根据社会科学四个研究阶段的主要方法论，也可将其分为四种范式。第一范式是哲学思辨和定性研究阶段；第二范式是基于实证主义传统形成的定量研究阶段；第三范式是社会仿真研究阶段；第四范式是基于数据科学的大数据驱动研究阶段。社会科学领域的研究范式与自然科学研究范式的比较如图 3－3 所示。

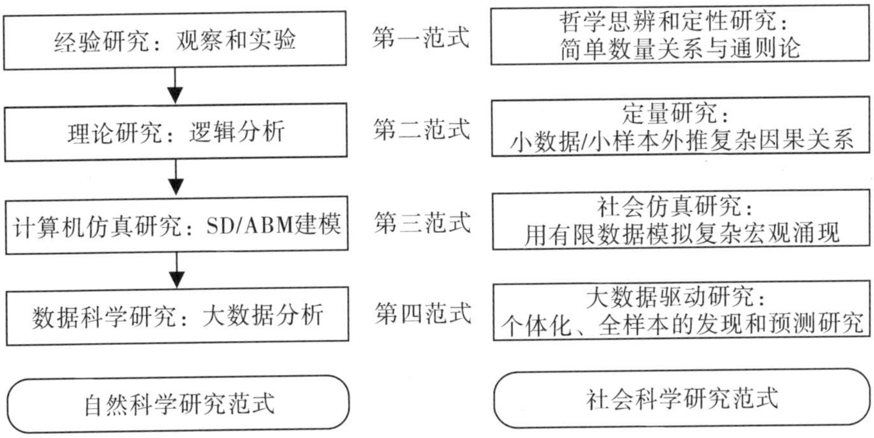

图 3－3　自然科学与社会科学研究范式的演化比较

四种范式中，第四范式是大数据时代的主要研究范式。就其研究思路而言，认为世界即是由数据构成的，一切事物皆可“量化”并以编码或数据来表示；而且关注点也由因果关系的探求，转移到相关关系的研究。通过对数量巨大的数据做统计性的搜索、比较、聚类、分类等分析，找到数据之间的关联。而数据的关联性可能是进一步研究因果关系的新基础，甚至可能通过相关性发现之前都不存在的新关系。从研究路径看，大数据偏向于归纳逻辑。“相关分析”在市场调查中并不是一个新鲜的名词，但与传统市场调查中采用的“假设—验证”的实证主义研究路径和演绎式逻辑不同，大数据不需要任何预设和模型，期望在大量无序个体的集合中，呈现出有序的趋势，对其进行归纳。大数据为市场调查带来了诸多可能性。首先，大数据条件下可以直接跨越样本数量障碍，对数据整体进行分析；其次，不介入调研内容或调研对象的日常行为，呈现出调研对象真实客观的行为轨迹；再次，数据沉积为长期过程，可以进行历时研究；最后，大数据的即时性有利于监测和解决瞬息万变的市场问题。事实上，目前大数据的发展和使用还存在很多不确定性。例如数据量过大，合适的运算方法和硬件条件还不够完善；不同平台之间的数据无法做到相互打通；还未做到利用大数据分析消费者的行为同时保护消费者的隐私不被侵犯等。

因此，在大数据时代聚焦市场营销，大数据的新手段是对传统市场调查的重要补充，市场调查在大数据时代的营销管理中仍然非常重要。虽然市场调查与大数据方法论之间存在明显的差异，甚至乍看之下互相对立，但是从数据分析思维的角度来看，两者之间存在更多的是并行与互补的辩证关系。事实上，市场调查与大数据这两种方法论之间并非互斥或取而代之的关系，而是辩证的，适用于不同场景以应对不同需求，同时又存在着互补与借鉴的整合趋势——将人们所说的与所做的结合起来，才能更好地理解人们所想的，从而根据不同的原因，在消费者未来行为的可能路径中提供他们最需要的信息。大数据可以帮助市场调研者更好地检测和发现消费者的消费行为和原因。其最终的目标是要利用大数据跟踪消费者的整个消费轨迹——从最初的消费冲动、权衡阶段，到最终的购买阶段，再通过市场调查发现消费者之所以没有购买的原因是什么、是在哪个环节出现了问题、营销人员又可以如何解决，从而进行分析研究。

2. 大数据时代识别消费者的新途径

大数据时代的市场营销将是以“消费者洞察”为主导的。市场调查将成为大数据的一部分，其相对成熟、系统的方法论也将在数据分析环节作为对大数据方法论的补充，从而完成定性与定量的合体。未来的市场调查将会基于消费者行为类大数据，更多聚焦对“人”的深度研究。因此，市场调查中对消费者的识别尤为重要。基于现代科技，特别是通信技术的日益发展，市场调查中对消费者的识别技术已经有了全方位的改变。例如，从消费者的手机开机的那一刹起，其身份及位置等信息便可以通过通信系统进行识别。表 3－8 列举了现代常用的几种消费者识别技术。

表 3－8　消费者识别技术一览表

唯一码	有效期	收集渠道						
		API	DPI	爬虫	cookie	智能探头	网站分析	摄像头
手机号码	很少变化，有效期长	▲	★					
IP	除非固定 IP 地址宽带，一般设备一开/关机就会重设 IP 地址	▲	★				★	
Mac	有技术能改写 Mac，但是很少使用	▲	★			★		
User	很少变化	▲	▲	▲	▲			
cookie ID	15 天（可延长）	▲	★		★		★	
E－mail	很少变化	▲	▲					
IMEI	不变	▲	★					

（续上表）

唯一码	有效期	收集渠道						
		API	DPI	爬虫	cookie	智能探头	网站分析	摄像头
IDFA	不变	▲	★					
安卓 ID	可以通过技术修改	▲	★					
人脸	很少变化	▲						★

3. 大数据时代市场调查的新渠道

除了对消费者的识别，大数据技术为市场调查提供了更多的渠道，而这些渠道往往是全新的。例如，传统的人流量调查需要测试人员拿测量仪去蹲点，定时测量。在该地点进行实际测量以获得原始的观察数据后，再通过相关的分析、计算就可以预判该地点的人流量。当然，上述的方法尤为古老。新型的统计方式也有，即从视频中分析出人数也是一个测算人流量的统计方法之一，但是这个方案非常复杂且具有挑战性。还有一些比较先进的调查方法——采用运动区域检测算法来实现。其基本原理是在固定摄像头里提取出运动区域，根据这些运动区域进行统计。当运动区域和人的大小相似的时候，就可以认为有一个人通过。当多个人距离较近的时候，采用人体大小的先验知识，把一个运动区域分割为多个单人区域，从而实现对人流量的估算。当然，视频流是实时连续的，运动区域的检测和分割需要在每一帧内不停地计算。此外，还要对每一帧间的运动区域进行跟踪，把不同时间的运动区域连接起来，从而给出正确的人流量和行人运动方向。还有一种基于图像特征和神经元网络的算法。其基本原理是在图像中采集一些反映人体特点的比较粗糙的特征，如图像边缘密度，通过神经元网络学习人数与图像特征之间的非线性关系。

大数据时代电子商务的崛起，也为市场调查提供了一个崭新的渠道。现在许多行业通过电子商务平台，都非常容易获得相关行业的大数据，而且相对成本较低。例如家用电器企业可以通过京东或淘宝（含天猫）平台获取大数据，在一定程度上替代了传统抽样调查，不仅提高了调查的效率，而且调查覆盖面也比传统抽样调查广泛得多。

实际上，大数据市场调查的新渠道与数据的生成和来源渠道相对应。主要包括本企业的信息管理系统、第三方网络信息平台系统和物联网系统等。

4. 大数据时代市场调查更真实广泛

在生成研究中如何扩大抽样调查范围、提高样本的真实客观性一直是市场调查的一个重要话题。多年来，市场研究的统计测量都建立在抽样选取的基础上，而大数据使得直接提取母本成了可能。这在现实层面，对于减少研究周期、人力与经费有着巨大作用；在科学层面也保证了数据的多样性、代表性、完整性和客观性。大数据可以帮助市场调查克服大规模抽样调查的缺陷，与市场调查模式中的数据采集环节相对应的，是大数据模式中对全样本数据库的筛选环节。大数据通过用户计算机 cookies、IP 地址、浏览路径、地理位置等维度，真实客观地记录用户的行为与文本生成内容，并根据指令搜索筛选出符合要求的数据以供后续研究，这为数据采集带来了重大突破。因此，市场调查的“全样本”与“客观性”在大数据时代得到了跨越性的提高。

5. 大数据时代市场调查更及时

大数据的数据采集技术不仅提高了数据的全面性和真实性，而且能够更加及时地反映市场的变化。在大数据时代到来以前，不管采用何种调查方式，基本都没办法实现对变化的市场信息进行实时监控。正是因为随着互联网和物联网的广泛应用，大数据的数据传播高速性以及大数据处理和分析技术的进步，大数据时代的企业对市场信息实施实时监控才成为可能。例如，遍布全国的便利店在24小时内产生的POS机数据；电商网站中由用户访问所产生的网站点击流数据；高峰时达到每秒近万条的微信短文推送；全国公路上安装的交通堵塞探测传感器和路面状况传感器（可检测结冰、积雪等路面状态）等庞大的数据。

6. 大数据时代市场调查更精准

在大数据技术的助力下，计算广告学与市场调查的整合不仅将在实践中发挥巨大威力，更将缔造新的理论体系与交叉学科。“计算广告学”领域研究的发展，将传统无法定向投放、无法度量的广告变得可度量效果。通过收集和分析大规模的人类行为数据并从中发现个人和群体行为的模式，构建出更好的大数据分析产品，以帮助实现市场调查的精准效果。大数据能够描绘出每一类潜在用户的画像与其行为路径；而市场调查则会充分利用此数据，深入地找出影响每一类用户路径的关键原因，有效地提高转化率，使其转化为真正的消费者。随着市场调查理论和计算机技术的发展，大数据领域系统的研究逻辑等问题逐渐成熟，社会科学乃至市场调查领域将会迎来更瞩目的发展。

三、市场调查的大数据采集工具

传统市场调查的方式和方法已在本章第二节和第三节做了详细论述。随着大数据技术的发展，不仅数据的产生呈现出多样化和快速变化的特性，而且大数据分析手段也在日益更新。因此，在市场调查中对数据抓取和信息采集的要求也越来越高。同时，也促进了满足现代市场调查需求的数据采集工具的开发。以下列出了当前的一些主流产品，主要介绍在市场调查业务中，利用大数据技术进行信息采集和数据抓取的一些常用工具。

1. Flume

Flume是Cloudera提供的一个高可用的、高可靠的、分布式的海量日志采集、聚合和传输系统。Flume支持对多种数据源，如控制台、日志系统、命令执行和文件等各类数据的收集；同时，Flume能够对数据进行简单处理，并具有写到多种数据接受方的能力。

2. Logstash

Logstash是一个应用程序日志、事件的传输、处理、管理和搜索的平台，其可对应用程序日志进行收集管理、存储和简单分析，并提供Web界面和接口来搜索和展示所有日志。

3. Kiana

Kiana是一个为Logstash和Elasticsearch提供日志分析的Web接口，可使用其对日志进行高效的搜索、可视化、分析等各种操作。Kiana是一个开源和免费的工具，不仅可以汇总、分析和搜索重要数据日志，还可以为Logstash和Elasticsearch提供日志分析的Web界面。

4. Ceilometer

Ceilometer 主要负责监控数据的采集，是 Openstack 中的一个子项目，它像一个漏斗一样，能把 Openstack 内部发生的几乎所有的事件都收集起来，然后为计费、监控以及其他服务提供数据支撑。

5. Zipkin

Zipkin 是 Twitter 的一个开源项目，允许开发者收集 Twitter 各个服务器上的监控数据，并提供查询接口。该系统让开发者可通过一个 Web 前端轻松地收集和分析数据，例如用户每次请求服务的处理时间等，可方便地监测系统中存在的瓶颈。

6. Arachnid

Arachnid 是一个基于 Java 的网络爬虫框架，它包含一个简单的 HTML 剖析器，能够分析包含 HTML 内容的输入流。通过实现 Arachnid 的子类就能够开发一个简单的网络爬虫。

7. Crawlzilla

Crawlzilla 是一个建立搜索引擎的自由软件，由 Nutch 专案为核心，并整合更多相关套件。Crawlzilla 除了爬取基本的 HTML 外，还能分析网页上的文件，如 doc、pdf、ppt 等多种文件格式，使得搜索引擎不只是网页搜索引擎，而是网站的完整资料索引库。它拥有中文分词能力，搜索更精准。Crawlzilla 最主要的特色与目标就是给使用者提供一个方便、好用、易安装的搜索平台。

8. Gooseeker

Gooseeker 是国内一款大数据抓取软件，Gooseeker 致力于提供一套便捷易用的软件，将网页内容进行语义标注和结构化转换，一旦有了语义结构，整个 Web 就变成了一个大数据库；一旦内容被赋予了意义（语义），就能从中挖掘出有价值的知识。Gooseeker 创造了以下商业应用场景：

（1）集搜客网络爬虫不是一个简单的网页抓取器，它能够集众人之力把语义标签摘取下来。

（2）每个语义标签代表大数据知识对象的一个维度，可以进行多维度整合，剖析此知识对象。

（3）知识对象可以是多个层面的，如市场竞争、消费者洞察、品牌地图、企业画像。

9. 乐思网络信息采集系统

乐思网络信息采集系统的主要目标是解决网络信息采集和网络数据抓取问题，是根据用户自定义的任务配置，批量而精确地抽取因特网目标网页中的半结构化与非结构化数据，转化为结构化的记录保存在本地数据库中，用于内部使用或外网发布，快速实现外部信息的获取。该系统主要用于大数据基础建设、舆情监测、品牌监测、价格监测、门户网站新闻采集、行业资讯采集、竞争情报获取、商业数据整合、市场研究、数据库营销等领域。

10. 火车采集器

火车采集器是一款专业的网络数据采集/信息处理软件，其通过灵活的配置，可以很轻松迅速地从网页上抓取结构化的文本、图片、文件等资源信息，可在编辑筛选处理后选择发布到网站后台、各类文件或其他数据库系统中。它被广泛应用于数据采集挖掘、垂直搜索、信息汇聚和门户、企业网信息汇聚、商业情报、论坛或博客迁移、智能信息代理、个人信息检索等领域，适用于各类对数据有采集挖掘需求的群体。

11. 狂人采集器

狂人采集器是一套专业的网站内容采集软件，支持对各类论坛的帖子和回复的采集以及网站和博客文章内容的抓取，通过相关配置，能轻松地采集80%的网站内容为己所用。根据各建站程序的区别，狂人采集器分论坛采集器、CMS采集器和博客采集器三类，总计支持近40种主流建站程序的上百个版本的数据采集和发布任务，支持图片本地化，支持网站登录采集、分页抓取，全面模拟人工登录发布，软件运行快速安全稳定。狂人采集器还支持论坛会员无限注册、自动增加帖子查看人数、自动顶帖等。

12. 网络矿工

网络矿工数据采集软件是一款集互联网数据采集、清洗、存储、发布为一体的工具软件。它具有高效的采集性能，能够从网络获取最小的数据，从中提取需要的内容，优化核心匹配算法，存储最终的数据。网络矿工可按照用户数量授权，不绑定计算机，可随时切换计算机。

以上简单介绍了12款数据采集工具，各采集工具均可进入官方网站下载免费版或试用版，或者根据用户需求购买专业版，以及跟在线客服人员提出采集需求，采用付费方式由专业人员提供技术支持。市场调查的数据采集是大数据营销分析的重要程序之一，需要说明的是，在数据采集后为了减少或避免后续数据分析和数据挖掘中可能出现的问题，有必要对数据进行预处理，然后建立分析模型对数据进行进一步的分析和挖掘。大数据挖掘在营销中的应用分析流程和方法可参看本书第十章第四节。

实例3－6 智慧城市大数据应用案例

当前，全球范围内城市化进程不断推进。随着互联网和信息化的发展，在云平台、大数据和物联网等技术的支持下，率先在美国“智慧星球”概念下诞生的“智慧城市”，逐渐成为当今世界各国城市建设的发展趋势和选择。

1. 纽约

通过数据分析，有效预防了火灾。据统计，纽约大约有100万栋建筑物，平均每年约有3 000栋会发生严重的火灾。纽约消防部门将可能导致房屋起火的因素细分为60个，诸如是否是贫穷、低收入家庭的住房，房屋建筑年代是否久远，建筑物是否有电梯等。除去危害性较小的小型独栋别墅或联排别墅，分析人员通过特定算法，对城市中33万栋需要检验的建筑物单独进行打分，计算火灾危险指数，划分出重点监测和检查对象，诸如学校、图书馆等人口密集度高的场所也涵盖了。目前数据监测项目扩大到了2 400余项，尽管公众对数据分析和防范措施的有效性之间的关系心存疑虑，但事实是火灾数量确实下降了。

2. 伦敦

在2012年奥运会期间，负责运行伦敦公共交通网络的公共机构“伦敦运输（Transport for London）”，在使用者增加25%的情况下，利用数据管理交通，使用收集自闭路电视摄像机、地铁卡、移动电话和社交网络的实时信息，确保火车和公交路线只有限地中断，从而保证交通顺畅。

3. 银川

过去几年，银川市将“智慧的触角”延伸到城市的每个角落，搭建起“一图一网一云”

的整体架构。这个架构最大的优点是既可以支持一期的“智慧城市”建设，还可以对未来二期、三期建设进行延伸扩展，即既可以满足现在的建设需求，同时又不会对未来的发展造成障碍和限制。

“一图”，是通过部署的各类物联网感知终端，结合全景三维地图，对城市各要素进行空间节点定位；“一网”，是8 000G的城市光网络，将这些节点连起来，把“一图”的数据传到“一云”。“一云”，即大数据中心云平台，它把“一网”送过来的数据进行存储和挖掘分析，让数据产生价值。简而言之，“一图”是眼睛、耳朵、鼻子，负责感知；“一网”就是神经，负责信息传输；“一云”就是大脑，负责记忆和思考。在此基础上，银川与中兴通讯携手规划“智慧城市”顶层设计，打破全市各类“信息孤岛”，以智慧度、惠民度为核心目标，以资源整合、服务融合为理念，建立了智慧银川城市运营指挥中心，集合“智慧城市”日常运营、应急指挥、城市综合管理三大功能于一体，汇聚城市信息，分析城市指标，堪称智慧银川的“大脑”，肩负着城市指挥中心、应急指挥中心、城市管理副中心三大职责。

（资料来源：物联网、CIO时代，有修改）

思考：大数据环境下还有哪些数据采集的方法？

测试你掌握的知识

1. 简单解释什么是市场调查。
2. 举例说明市场调查的几种类型。
3. 市场调查的方式有哪些？
4. 市场调查的方法有哪些？
5. 应该如何设计一份调查问卷？
6. 调查数据应该如何处理？
7. 请举例说明大数据时代如何进行市场调查。

实训模块3　消费者需求调查

结合本团队研究的企业或创业企业的产品，了解该品类产品的消费需求，参考本书中实例3-4，用5W1H模型设计调查问卷，撰写调查方案并实施调查，提交调查报告。

扩展资源 3

第四章　选择价值——目标市场营销战略

战略就是“让你的企业和产品与众不同，形成核心竞争力。对受众而言，就是鲜明地建立品牌”。

——杰克·特劳特

【学习目标】

1. 理解市场细分对于企业的意义和作用。
2. 掌握企业进行市场细分的标准和方法。
3. 掌握企业使用哪些标准来选择最有吸引力的目标市场。
4. 掌握企业进入目标市场的选择模式。
5. 理解企业如何选择并有效地传递自己的市场定位。

【思维导图】

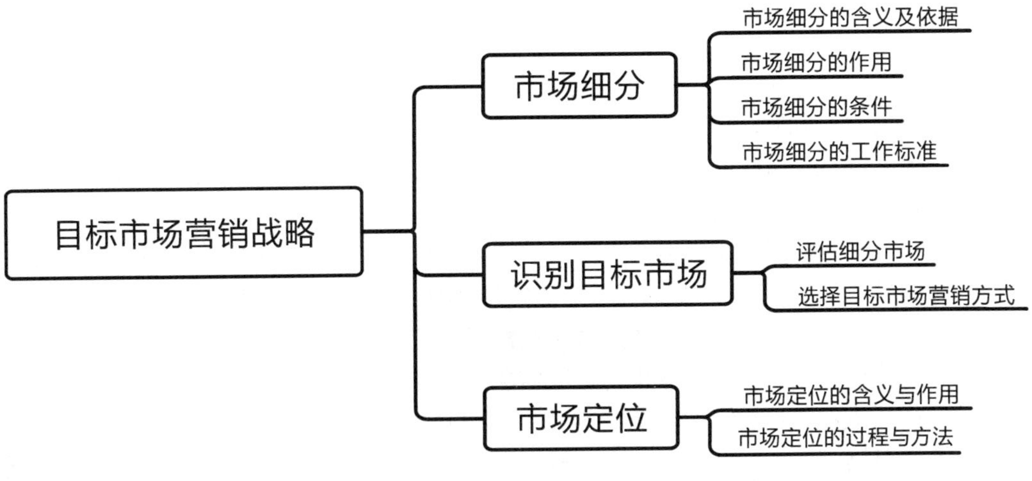

【营销实战】

宝洁公司多种洗发水产品

宝洁公司在中国大陆地区销售的洗发水有如下几种：

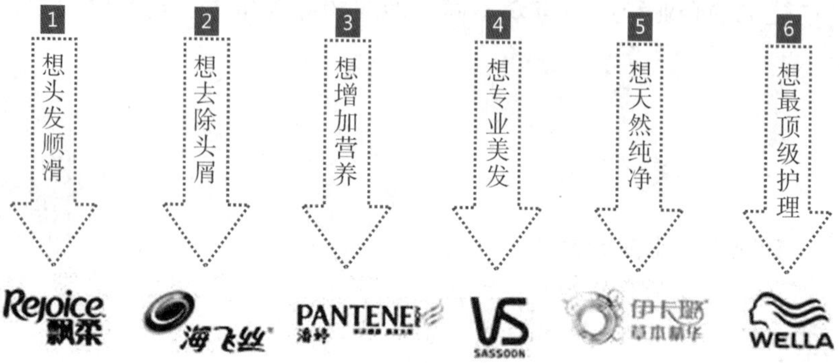

思考：1. 为什么宝洁公司不生产一种能够满足所有消费者需求的洗发水？
2. 宝洁公司对洗发水市场进行细分的依据是什么？
3. 宝洁公司采取的目标市场营销方式是什么？

现代市场十分庞大而复杂，顾客人数太多、分布太广，各种不同的需求和偏好共同存在。无论企业实力有多强，想要满足顾客所有的需求与偏好，几乎是不可能的。因此，企业不应处处与他人竞争，而应以自己的优势与他人的劣势竞争，即企业要能提供最有效服务的子市场，并在这样的子市场上确立经营优势。

目标市场营销战略即企业识别各个不同的购买者群体，有选择地将一个或几个消费者群体作为自己的目标市场，并发挥自己的资源优势以满足其全部或部分的需要。目标市场营销战略是市场营销理论的重大发展，已成为现代营销的核心战略。

目标市场营销战略包含三大步骤：①市场细分（Segmentation）：确定并描绘需要被提供相对独立的产品或者营销组合的购买者群体；②目标市场选择（Targeting）：选择一个或多个准备进入的市场；③市场定位（Positioning）：在市场上建立和传播产品与众不同的关键利益。所以又被称为“STP 营销”（如图 4－1 所示）。

S:市场细分（Segmentation）	T:目标市场选择（Targeting）	P:市场定位（Positioning）
根据消费者的不同需求，把一个大市场划分成若干子市场的过程	在细分市场中选择一个或几个子市场作为自己要进入的市场	使企业的产品和品牌在目标消费者心目中获得一个据点，形成一种特殊的偏好

图 4－1　目标市场营销战略的步骤

第一节　市场细分

一、市场细分的含义及依据

市场细分就是营销人员通过市场调研，根据消费者对商品的不同欲望与需求、不同的购买行为与购买习惯，把消费者整体市场划分为具有类似性质的若干不同的购买群体——子市场，使企业可以从中认定其目标市场的过程和策略。这里所讲的子市场就是指消费者群。

每一个消费者群就是一个细分市场，每一个细分市场都是由需求倾向类似的消费者构成的群体，所有细分市场之总和便是整体市场。如洗发水的市场细分（如图 4－2 所示）。

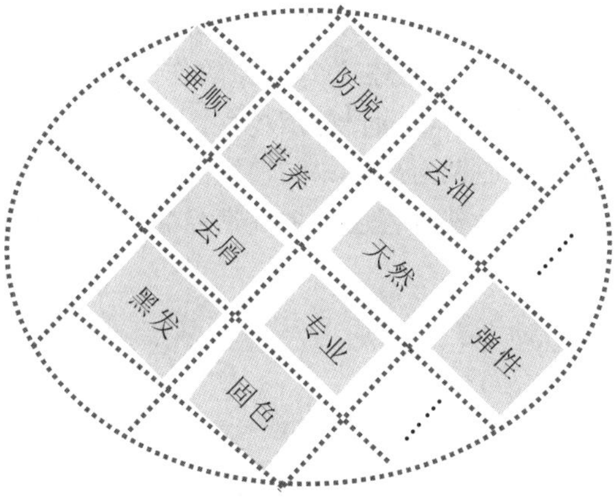

图 4－2　洗发水的市场细分

在企业营销活动中，市场细分是一项常态化的工作。企业进行市场细分，往往是出于对消费者需求变化的主动适应：

（1）消费者的需求客观上存在的绝对差异性造成了市场细分的必要性。由于人们所处的地理条件、社会环境不同，所受的教育不同，自身所具有的心理素质、价值观不同，所有的经历和所从事的职业也不同，他们对商品的品种、款式、色彩、规格、数量、价格乃至购买时间和购买地点的要求也会有所不同。

（2）消费者的需求客观上存在的相对同质性使市场细分有了实现的可能。处在同一地理条件、社会环境下，总会有一些人接受相同的教育，并具有相近的心理特征和价值观念。因此，他们对商品的品种、款式、色彩、规格、数量、价格乃至购买时间和购买地点的要求也会大致相同。正是因为消费者需求在某些方面存在相对同质性，市场上存在绝对差异的消费者才能按一定标准聚合成不同的群体。

因此，市场细分是一个聚集的过程，而不是分解的过程。市场细分在求大同、存小异的基础上，针对对某种产品的特点最易做出反应的消费者，根据多种变量连续进行集合，指导其形成企业的某一细分市场。特别需要注意的是，细分市场不是根据产品品种、产品系列来进行的，而是从消费者的角度进行划分的，即消费者的需求、动机、购买行为的多元性和差异性。

二、市场细分的作用

（1）有利于选择目标市场和制定市场营销策略。市场细分后的子市场比较具体，比较容易了解消费者的需求。企业可以根据自己的经营思想、方针及生产技术和营销力量，确定自己的服务对象，即目标市场。针对较小的目标市场，企业可以制定特殊的营销策略。

（2）有利于发掘市场机会，开拓新市场。通过市场细分，企业可以对每一个细分市场的购买潜力、满足程度、竞争情况等进行分析对比，探索出有利于本企业的市场机会，使企业能及时制订新产品开拓计划，进行必要的产品技术储备，掌握产品更新换代的主动权，开拓新市场，更好地适应市场的需要。

（3）有利于集中人力、物力投入目标市场。任何一个企业的资源、人力、物力、资金都是有限的。通过细分市场，选择了适合自己的目标市场，企业便可以集中人、财、物及资源，去争取局部市场上的优势，然后再占领自己的目标市场。

（4）有利于企业提高经济效益。上述三个方面的作用都能使企业提高经济效益。除此之外，企业通过市场细分可以面对自己的目标市场生产出适销对路的产品，既能满足市场需要，又可增加企业的收入。产品适销对路可以加速商品流转，加大生产批量，降低企业的生产销售成本，提高生产工人的劳动熟练程度，提高产品质量，全面提高企业的经济效益。

实例 4－1　在线旅游市场

2018 年第 1 季度，中国在线旅游预订市场交易规模达到 438.87 亿元人民币，市场竞争依然是头部厂商之间的竞争。其中，携程交易规模 204.50 亿元，市场份额为 46.4%；去哪儿网交易规模 57.18 亿元，市场份额为 13.0%；美团点评交易规模 56.70 亿元，市场份额为 12.9%。

携程聚焦于中高端商旅用户，通过多元化的布局，给用户提供大而全的产品；去哪儿网则将目光瞄向了计划型旅行者，通过强大的搜索功能，给用户提供超过 80% 的低价占比和全面丰富的旅行产品，包括机票、酒店等；而美团点评则是看准了中低端酒店用户，通过本地生活服务体系切入旅游市场，利用用户场景化的预定习惯，开辟了属于自己的市场之路。

在这样的大背景之下，其他的玩家该如何获得一席之地?

途家则是率先制订了适合青年家庭、亲子游的出游住宿方案，以酒店式公寓为主，与特色显著的非标准民宿相比，更具有标准化特征，对于传统旅游的用户来说接受度更高。2018 年，途家首推“宠物同行房”，并与嘀嗒出行跨行业合作，开创“出行 + 住宿 + 旅游”一体化的服务模式，为用户提供良好的体验，把客户痛点打造成服务亮点，赢得一片掌声。

木鸟短租把目光瞄向了深度游的游客。这类人群多为80后、90后，接受能力强，喜欢新鲜事物，相对于纯粹欣赏，他们更注重实地体验。在旅游中，他们更希望有一种不同于常态的旅游方式。所以，木鸟短租针对这类人群实地体验的需求，推出了众多特色房源，如内蒙古的蒙古包、西藏的藏家客栈、丽江的木楼客栈等，极大地提高了用户个性化、本地化体验。

（图文来源：中商情报网《2018年中国短租市场分析》、易观《2018年第1季度中国在线住宿市场分析》、360图片，有删改）

思考：途家、木鸟短租是如何发现市场机会的？

三、市场细分的条件

企业可以根据单一因素，也可根据多个因素对市场进行细分。选用的细分标准越多，相应的子市场也就越多，每一个子市场的容量相应就越小；相反，选用的细分标准越少，子市场就越少，每一个子市场的容量则相对较大。寻找合适的细分标准对市场进行有效的细分，在营销实践中并非易事。一般而言，成功、有效的市场细分应遵循以下四个基本原则：

表4－1　有效市场细分的条件

基本原则	具体内容
可衡量性	细分的市场是可以识别和衡量的，即细分出来的市场不仅范围明确，而且对其容量大小也能大致做出判断
可进入性	细分出来的市场应是企业营销活动能够抵达的，即是企业通过努力能够使产品进入并对顾客施加影响的市场
足量性	细分市场的规模和获利能力应大到值得为之服务。如果细分市场的规模过小，市场容量太小，细分工作烦琐，成本耗费大，获利小，就不值得去细分
能区分	细分市场在概念上能被区分，并且对不同的营销组合有不同的反应。如果不同细分市场顾客对产品需求差异不大，行为上的同质性远大于其异质性，此时，企业就不必费力对市场进行细分

实例4－2　长尾理论与小众市场的崛起

各行业市场竞争日益激烈，不断细分无疑是发现市场机会的重要手段，然而市场的足量性要求又常常成为阻碍企业进一步细分市场的桎梏。在互联网时代，管理专家们通过数据分析研究，提出了“长尾理论”。这一理论的核心是：只要存储和流通的渠道足够大，需求不旺或销量不佳的产品所共同占据的市场份额可以和那些少数热销产品所占据的市场份额相匹敌甚至更大，即众多小市场可汇聚成与主流大市场相匹敌的市场能量。这些小市场即为“长尾市场”。

网络购物平台已经可以覆盖全国甚至全球市场，即使某一产品在某一地区市场销量有限，但扩展到全国市场，总量则是巨大的。于是淘宝网成就了众多本来小众产品的市场。无论是收藏级别的紫砂壶还是极具个性的配饰，定制服装还是残疾人代步车，都可以通过网络平台实现大量销售。

思考：长尾理论是如何应用在“理财神器”余额宝上的？

四、市场细分的工作标准

1. 消费者市场细分的工作标准

如前所述，一种产品的整体市场之所以可以细分，是由于消费者或用户的需求存在差异，而引起消费者需求差异的变量很多。实际中，企业一般是组合运用有关变量来细分市场，而不是单一采用某一变量。概括起来，细分消费者市场的变量主要有四类，即地理变量、人口变量、心理变量、行为变量（如表4－2所示）。

表4－2　消费者市场的细分标准及其细分变量

细分标准	细分变量	变量内容
地理变量	地域	东北、华北、西北、西南、华东、华南
	城镇规模	大城市、中等城市、小城市、乡镇
	自然环境	平原、丘陵、山区
人口变量	年龄	0～5岁、6～10岁、11～18岁、19～34岁、35～49岁、50～64岁、65岁及以上
	性别	男、女
	收入	1 000元以下、1 001～3 000元、3 001～6 000元、6 001～10 000元、10 000元以上（以月为基本单位）
	家庭生命周期	年轻单身、年轻已婚无子女、年轻已婚最小子女不到6岁、年轻已婚最小子女6岁以上、较年长已婚与子女同住、较年长已婚不与子女同住、较年长单身、其他
	职业	政府和社会行政人员、管理人员、私营企业主、专业技术人员、职员、工人、农民、失业人员等
	受教育情况	小学及以下、初中、高中、专科、本科、硕士及以上
	社会阶层	下下层、下上层、中下层、中上层、次上层、上上层

（续上表）

细分标准	细分变量	变量内容
心理变量	生活方式	节俭型、奢侈型、传统型、新潮型
	动机	求美、求廉、求实、求新、求名、求便、炫耀、好胜
	个性	被动型、交际型、权力型、野心型
行为变量	场合	普通场合、特殊场合
	利益	质量、服务、经济、速度
	使用者状况	从未使用、以前用过、有可能使用、第一次使用、经常使用
	使用率	偶尔使用、适度使用、频繁使用
	忠诚度	没有、适度、强烈、绝对
	准备阶段	未知晓、知晓、已了解、有兴趣、想得到、企图购买
	对产品的态度	热衷、积极、不关心、否定、敌视

（1）按地理变量细分市场。按照消费者所处的地理位置、自然环境来细分市场。比如，根据国家、地区、城市规模、气候、人口密度、地形地貌等方面的差异将整体市场分为不同的小市场。地理变量之所以能够作为市场细分的依据，是因为处在不同地理环境下的消费者对于同一类产品往往有不同的需求与偏好，他们对企业采取的营销策略与措施会有不同的反应。

实例 4－3　区域市场中的方便面

方便面市场发展到现在，细分化程度已经相当高，已从农村到普通城市、一线城市等以收入特色为主的细分，发展到西南、华北等以口味为特色的细分。比如统一老坛酸菜牛肉面就代表了重庆区域市场产品在全国市场的崛起，而康师傅也针对各区域市场推出符合当地口味的方便面：江南美食系列、广东的老火靓汤系列、西北油泼辣子系列、东北炖系列、沿海的海陆鲜汇系列等。但最令企业意想不到的是碗装方便面和袋装方便面的市场销售居然也有南北之分。

无论商家怎么努力促销，北方的碗装面销售都不及南方。究其原因，竟是北方人以面食为主，在食用方便面的时候更看重面的口感，多采用煮面的方式，所以袋装方便面是他们的首选。而南方人以吃大米为主，吃方便面纯属为了方便，所以更注重方便二字，碗装方便面当然是他们的首选。

思考：除了方便面，你还能找到哪些商品是以地理细分为主的？它们是怎么做的？

（2）按人口变量细分市场。按人口统计变量，如年龄、性别、家庭规模、家庭生命周期、收入、职业、受教育程度、宗教、种族、国籍等为基础来细分市场。消费者需求、偏好与人口统计变量有着很密切的关系。比如，只有收入水平很高的消费者才可能成为高档服装、名贵化妆品、高级珠宝等的经常买主。人口统计变量比较容易衡量，有关数据相对容易获取，所以企业经常以它作为市场细分的依据。

实例 4-4　恒大地产的市场细分

财富中文网发布了2018年《财富》世界500强排行榜，恒大以460.19亿美元营收排名房地产行业第一，绿地、保利排名第二和第三，万科和碧桂园排行第四和第五。

恒大地产在中国280多个城市拥有810多个项目，与全球860多家知名企业合作，实施精品战略，打造高品质、高性价比产品，开创行业“全精装修交楼”和“无理由退房”先河，让600多万业主实现宜居梦想。

该集团名下的多条产品线分别针对不同的客户群体，根据数据资料可以发现，其客户群体的划分主要有三大指标：家庭收入水平、家庭生命周期和决策者消费价值观。

据此，恒大的客户群体可以细分为以下五类：

客户群体	对房屋的消费价值观	家庭生命周期	详细描述
居家族	孩子健康成长的地方 全家团圆的地方 方便照顾老人的地方 让老人安享晚年的地方	蜜月之家	27~35岁中低收入独居夫妇
		新星之家	0~11岁孩子+36~55岁中低收入业主
		后新星之家	12~18岁孩子+36~55岁中低收入业主
		三代之家	18岁以下孩子+36~55岁中低收入业主+老人、 18岁以上孩子+36~55岁中低收入业主+老人
		养老之家	（准）空巢中老年人
自享族	自我享受生活的地方 独立自由的空间 释放工作压力的空间	青年之家	26岁以下青年
工作族	学习、充电的地方 工作的地方 有助于事业发展	青年之家	27~31岁青壮年
		预备成家	31~35岁青壮年
财富族	是家庭的一项重要投资 是未来生活的保障 留给后代的一份财产	黄金之家	36~55岁中产单身业主
		二人之家	36~55岁中产独居夫妇
		中年之家	23岁以下孩子+36~55岁中产业主
炫耀族	体现家庭社会地位的地方 是事业成功的标志 可以给我家挣得面子	富贵之家	高收入业主

恒大有五大产品线满足不同客户群体的需求，恒大华府、恒大金碧天下、恒大城、恒大绿洲、恒大名郡。在这五大产品中，恒大华府属于企业的高端产品，恒大金碧天下属于企业的旅游产品，恒大城、恒大绿洲和恒大名郡则属于企业的中端产品线。

（资料来源：根据世联地产、恒大集团官方网站、中商产业研究院《2018—2023年中国房地产行业市场前景调查及投资机会研究报告》整理）

思考：1. 请分析恒大五类客户的购房动机和需求特点。
2. 请上网查询恒大产品线相关资料，说明恒大产品是如何满足这五类客户的需求的。

（3）按心理变量细分市场。在心理细分中，购买者根据其生活方式、个性特点或价值观被划分成不同的群体。属于不同群体的人可能表现出差异极大的心理特征。生活方式是指一个人怎样生活，人们追求的生活方式各不相同：有的追求新潮、时髦，有的追求恬静、简朴；有的追求刺激、冒险，有的追求稳定、安逸。个性是指一个人比较稳定的心理倾向与心理特征，它会导致一个人对其所处环境做出相对一致和持续不断的反应。俗语说："人心不同，各如其面"，每个人的个性都会有所不同。个性通常会通过自信、自主、支配、顺从、保守、适应等性格特征表现出来。因此，个性可以按这些性格特征进行分类，从而为企业细分市场提供依据。在西方国家，有些企业以个性特征为基础对诸如化妆品、香烟、啤酒、保险之类的产品市场进行细分并取得了成功。

实例 4－5　中国消费者对健康生活的态度

麦肯锡一直在追踪中国消费者对健康的态度，重视健康以及饮食、运动和环境对生活质量影响的人在过去几年大幅增加。2017 年麦肯锡调查显示，有 65% 的中国消费者追求更健康的生活方式（如下图所示）。

中国消费者对健康生活的态度
受访者占比（%）

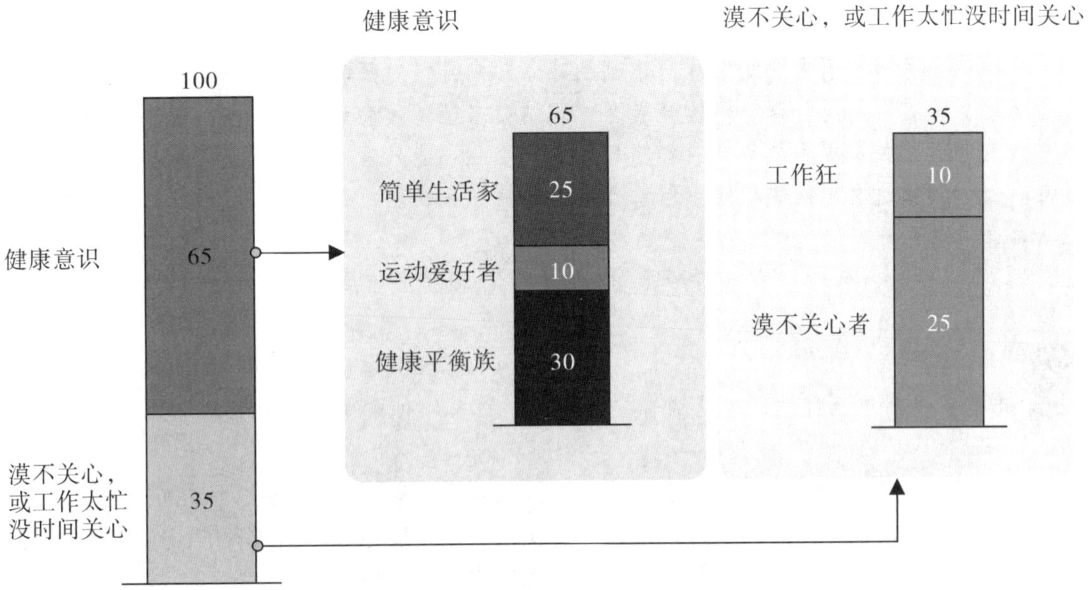

根据消费者对健康的不同态度及生活方式，划分出了五个类别：

	简单生活家（25%）	运动爱好者（10%）	健康平衡族（30%）	工作狂（10%）	漠不关心者（25%）
关注点	环境污染	锻炼不足	与“简单生活家”“运动爱好者”关注点类似	睡眠不足	快节奏生活导致的压力
	食品安全	饮食不规律		财务压力	
行为	55% 购买天然、有机食品 （总体为43%）	43% 认为健康食品意味着油脂含量更低 （总体为37%）	43% 认为健康食品意味着食材新鲜 （总体为35%）	38% 愿意花更多时间休闲和娱乐 （总体为29%）	32% 认为有足够的空闲时间享受业余爱好和生活是很重要的 （总体为22%）
	73% 喜欢亲近大自然的休闲活动 （总体为59%）	23% 服用保健品 （总体为14%）	31% 愿意为了工作放弃个人时间 （总体为39%）	21% 认为健康食品意味着食材可追踪 （总体为11%）	39% 知道如何区分健康产品（总体为46%）
		52% 定期体检 （总体为35%）		19% 更喜欢寻求医生的建议 （总体为14%）	

注：括号内为调查总样本的情况。

“简单生活家”“健康平衡族”和“运动爱好者”这三个关键群体会越来越重要。企业需要深思熟虑如何传达信息和展开营销。深入细致地挖掘这个庞大而复杂的消费群体是取得成功的关键。尽管中国人的健康观念才刚刚建立起来，但对高瞻远瞩的公司来说，这恰恰是与行业协会、教育组织和监管机构开展合作或结盟来塑造人们认知的绝佳机会。精心策划的多平台营销战至关重要。从事健康和健身行业的企业不能只考虑产品，还应考虑多样性和广泛性。例如，通过利用保健和健康信息开发庞大的在线社区，企业可以打通产品和生活方式主张之间的联系。

（资料来源：《麦肯锡2017年中国消费者调查报告》，有修改）

思考：针对这五种类别的消费者，企业可以做出什么样的营销活动来吸引他们？

（4）按行为变量细分市场。根据购买者对产品的了解程度、态度、使用情况及反应等将他们划分成不同的群体。许多人认为，行为变量能更直接地反映消费者的需求差异，因而成为市场细分的最佳起点。按行为变量细分市场如表4-3所示。

表4-3 按行为变量细分市场

行为变量	细分依据
购买场合	根据消费者提出需要、购买和使用产品的不同时机，将他们划分成不同的群体
追求利益	根据购买者所追求的利益对其进行分类
使用者状况	根据顾客是否使用和使用程度来细分市场，通常可分为经常购买者、首次购买者、潜在购买者和非购买者
使用数量	根据消费者使用某一产品的数量大小来细分市场，通常可分为大量使用者、中度使用者和轻度使用者。大量使用者人数可能并不是很多，但他们的消费量在全部消费量中占很大的比重
品牌忠诚程度	根据消费者对产品的忠诚程度来细分市场。有些消费者经常变换品牌，另外一些消费者则在较长时期内专注于某一或少数几个品牌
购买的准备阶段	消费者对各种产品的了解程度往往因人而异。有的消费者可能对某一产品确有需要，但并不知道该产品的存在；还有的消费者虽已知道产品的存在，但对产品的价值、稳定性等还存在疑虑；另外一些消费者则可能正在考虑购买。针对处于不同购买阶段的消费群体，企业应进行市场细分并采用不同的营销策略
态度	根据市场上顾客对产品的热心程度来细分市场。不同消费者对同一产品的态度可能有很大差异，如有的持肯定态度，有的持否定态度，还有的则处于既不肯定也不否定的无所谓态度。针对持不同态度的消费群体进行市场细分，广告、促销等方面的措施应当有所不同

实例4-6 牙膏市场的细分

按照消费者所追求的利益，中国的牙膏市场可以分为如下五种类型：

利益细分市场（主要寻求利益）	人口统计特征	行为特征	心理特征	偏好的主要品牌
经济（低价）	低收入成年人	大量使用者	高度自主、注重价值	促销降价中的低价品牌
防蛀（预防龋齿）	有儿童的家庭、龋齿高发人群	用量较大	疑病症、焦虑者、保守者	佳洁士、洁诺、高露洁、两面针含氟牙膏
治疗牙周病抗过敏效果（医疗效果）	中老年牙病患者	大量使用者	独立自主、倾向保守	两面针中药牙膏、冷酸灵、洁龈、蓝天六必治
化妆（洁白牙齿）	青少年、年轻人、新婚夫妇、成年人	吸烟者多	爱好交际、行为积极	中华超洁、小两口、黑妹加倍洁白
味觉及外观（气味及外观好）	儿童为多	清凉薄荷、哈密瓜香型等果味喜爱者	高度自我、享乐主义	小白兔彩条、两面针儿童膏、喜乐儿童牙膏

第一种为经济型，购买者主要寻求的利益为低价，多为低收入成年人，高度自主，注重价值，这类购买者认为所有的牙膏都大同小异，因而对品牌无特殊偏好，只购买促销降价或低价品牌；第二种为防蛀型，其主要寻求利益为预防龋齿，购买者多为有孩子的家庭，因龋齿多发于少年儿童，所偏好的主要品牌为佳洁士、洁诺、高露洁、两面针含氟牙膏等；第三种为防治牙周病和牙齿过敏的这类购买者，主要寻求利益为治疗效果，多为中老年口腔和牙病患者，性格独立，多倾向保守，为牙膏的大量使用者，所偏好的品牌主要有两面针中药牙膏、冷酸灵、洁龈、蓝天六必治等；第四种类型购买者主要注重牙齿洁白和美容化妆效果，此类购买者的主要寻求利益为洁白美观的牙齿，多为吸烟者，善于交际、性格外向的人，偏好的品牌主要有中华超洁、小两口、黑妹加倍洁白等；第五种类型为味觉和外观爱好者，气味和外观是其主要寻求利益，品牌决策者通常是儿童，他们喜爱清凉薄荷及各种果味牙膏，这类牙膏在儿童中的使用量远远超过其他种类的平均使用量，所偏好的品牌主要有小白兔彩条、两面针儿童牙膏、喜乐儿童牙膏等。

（资料来源：郑琦《利益细分变量研究与消费者市场细分》，有修改）

思考：牙膏市场这种细分标准有何好处？你认为还有哪些市场也可以采用这种细分方式来发现市场机会？

2. 生产者市场的细分依据

许多用来细分消费者市场的标准，同样可用于细分生产者市场，如根据地理、追求的利益和使用率等变量加以细分。不过，由于生产者与消费者在购买动机与行为上存在差异，所以，除了运用前述消费者市场细分标准外，还可用一些新的标准来细分生产者市场。

表 4－4　生产者市场的细分依据

细分依据	具体内容
用户行业	不同行业用户采购同一种产品的使用目的往往不同。不同行业的最终用户通常会在产品的规格、型号、品质、功能、价格等方面提出不同的要求，追求不同的利益。比如钢材，有的用户用于生产，有的用于造船，有的用于建筑
用户规模	在产业市场中，大量用户、中量用户、少量用户的区别，要比消费者市场更为明显。用户或客户规模不同，企业的营销组合方案也应不同。对于大客户，宜直接联系、直接供应，由销售经理亲自负责；而对于小客户，则宜由批发商或零售商去组织供应
用户地点	产业市场比消费者市场更为集中。企业按用户的地理位置来细分市场，选择用户较为集中的地区作为自己的目标市场，不仅联系方便、信息反馈快，而且可以更为有效地规划运输路线、节省运费，同时也能更充分地利用销售力量，降低推销成本

学以致用

你认为营销人员用哪一种细分方案能更有效地对你进行销售？观点选择：年龄细分或行为细分。

第二节　识别目标市场

所谓目标市场，就是企业决定要进入的市场。企业在对整体市场进行细分之后，要对各细分市场进行评估，然后根据细分市场的市场潜力、竞争状况、本企业资源条件等多种因素决定把哪一个或哪几个细分市场作为目标市场。

如果说市场细分显示了企业所面临的市场机会，目标市场选择则是企业通过评价各种市场机会，决定为多少个细分市场服务的重要营销策略。

一、评估细分市场

评估细分市场是进行目标市场选择的基础。一个企业可以从以下三个方面对细分市场进行评估。

1. 细分市场的规模和发展潜力

企业进入某一市场是期望能在此有利可图。如果市场规模狭小或者趋于萎缩状态，企业进入后将难以获得发展，这种情况下，企业应审慎考虑，不宜轻易进入。当然，企业也不宜以市场吸引力作为唯一的取舍标准，特别是应避免“多数谬误”，即与竞争企业遵循同一思维逻辑，将规模最大、吸引力最大的市场作为目标市场。大家共同争夺同一个顾客群的结果是造成过度竞争和社会资源的浪费，同时使消费者一些本应得到满足的需求遭受冷落和忽视。

2. 细分市场结构的吸引力

细分市场能否给企业带来适当的利润是极为重要的，企业经营的目的最终落实在利润上，只有获得利润，企业才能生存和发展。细分市场可能具备理想的规模和发展特征，然而从盈利的观点来看，它未必有吸引力。根据第二章所述迈克尔·波特确定了决定整个市场或其中任何一个细分市场的长期内在吸引力的五种力量：同行业竞争者、潜在的竞争者、替代产品、购买者和供应商。例如，如果一个细分市场已经拥有了许多强大和激进的竞争对手，或是新的市场竞争者能够很容易地进入该细分市场，那么这个细分市场就显得不那么有吸引力了。许多现存或者潜在的替代品的存在，可能会限制产品价格和可从细分市场中赢得的利润。相关购买者的议价能力也同样影响着细分市场的吸引力，如果购买者相对于销售商具备更强的议价能力，那么购买者就会迫使价格降低、要求更多的服务，引发同行间更激烈的竞争——这些都将导致销售商利润的降低。最后，如果细分市场具有可以控制价格及降低企业订单的数量和质量的强势供应商，其吸引力也会降低。

3. 企业目标和资源

某些细分市场虽然有较大吸引力，但不能推动企业实现发展目标，甚至分散了企业的精力，使之无法完成其主要目标，对于这样的市场，企业应考虑放弃。另外，还应考虑企业的资源条件是否适合在某一细分市场经营。只有选择那些企业有条件进入、能充分发挥资源优势的市场作为目标市场，企业才能立于不败之地。

实例 4－7　瑞幸咖啡

2018 年，咖啡成为一个不大不小的热点。这跟赛道中一个明星公司的突进相关——瑞幸在一年内完成了 3 轮融资、累计超过 4 亿美元（约合 27 亿元人民币）。

你几乎无法忽视一个新零售的样本，这家公司一直试图使品牌故事与星巴克对标，甚至还想跑得更快——在烧钱补贴的模式下，它的开店速度远超星巴克，营销上也摆出了更灵活的姿态——努力把自己包装成高性价比版的“星巴克”。

然而，瑞幸真正的对手，可能并不是星巴克，而是便利店。

先对比价格。2018 年瑞幸一直在做价格补贴，“买二赠一，买五赠五”是常态——购买一杯瑞幸咖啡的价格区间在 14～18 元，而星巴克的价格是 28～40 元。相差 1 倍的价格差意味着：依然在星巴克喝咖啡的人，跟瑞幸定位的并不是同一人群。

再看消费场景和体验。星巴克销售的是一种体验，它早已让“第三空间”的概念深入人心，咖啡馆不止有咖啡，还是工作、学习、社交、谈事情的场所。

相比之下，瑞幸虽然也有主打“咖啡＋社交”的旗舰店，然而目前占绝对数量优势的门店类型依然是“自取店”——公开数据显示，截至 2018 年底，在瑞幸 2 073 家直营门店中，快取店和悠享店占比超过 90%，共 1 897 家。这些“自取店”以外带为主，用户自提比例占 61%。

这意味着，星巴克卖的不只是咖啡，还有空间和体验感，因此能带来高溢价。而瑞幸目前更多的是打“便捷”的心智定位，售卖平价咖啡——跟过去号称与星巴克竞争的历任廉价咖啡并无差别。

在瑞幸下沉的同时，星巴克却在“升级”。2018 年星巴克动作频频，售卖部分业务给雀巢，开始试水更高端的咖啡业务：上海开出 2 700 平方米的星巴克烘焙工坊，成为上海的商业和文化新地标；一线城市相继开了臻选店（Reserve），定位高端咖啡品牌的旗舰店，售价在 40～70 元，远高于普通星巴克门店。并且，臻选店提供品质更优的咖啡豆，店内是经过严格训练和考试认证的咖啡制作师，消费者还能直观体验制作过程，目前臻选店在中国的数量已经超过 100 家。可以看出，当咖啡市场的用户人群越来越细分后，星巴克在大中华地区的策略也不仅限于持续开店，星巴克想要通过店铺的升级抓住这批高端、深度的咖啡用户，强化公司在消费者心中的品牌感和档次。另外，臻选店除了提供咖啡，还提供茶饮和酒精类饮料，可见星巴克试水新业务，进军新产品类型的野心。所以，星巴克也已经不再坚持曾经的“奶茶铺”策略了。

便利店用户才是瑞幸咖啡的潜在顾客。

从价格看，瑞幸咖啡要争夺的是这样一群用户：他们可能不是重度的咖啡爱好者，更像是咖啡新用户，以学生和工作的白领为主。

从咖啡的消费场景来看，瑞幸咖啡以到店自提和外带居多，咖啡饮用更多是在办公室。这些用户对咖啡的需求更偏重功能性，即“提神”，他们对价格的敏感度更高。

而便利店咖啡的价格在 8～14 元，加上便利店会员体系等优惠，还常常有满减、赠券的活动，因此在价格上倾向于年轻用户，这和瑞幸试图补贴的用户，画像高度重合。

第三方平台的用户数据监测也证明了这一点。根据极光大数据监测平台的数据，截至 2018 年 12 月，瑞幸咖啡的消费者以 35 岁以下的年轻用户为主（超过 90%），其中 25 岁以下用户高达 46.6%，26～35 岁的用户占 45.3%。这正是罗森或便利蜂这样的便利店重点盯住的人群。

实际上，在选址、场景、风味和品类上，瑞幸咖啡和便利店都有非常多的相似之处。从瑞幸咖啡的 App 端看，瑞幸咖啡的快取店数量和分布占有绝对的优势。选取的点位通常以写字楼、商圈、社区等人流密集的地方为主，不一定在非常显眼的位置（写字楼的边角），能尽量覆盖周边的外卖和自提需求。便利店的选址也是同样的逻辑，以写字楼、CBD、社区等人流密集的区域为主。

从场景来看，瑞幸咖啡以外卖和自提业务为主，晨间和午后是高峰时段。咖啡之外，瑞幸还增加了早餐、轻食、午餐等品类，补充了产品线。同样，对于便利店来说，晨间也是咖啡销售的高峰时段，早餐或午餐搭配一杯咖啡，是极其自然的消费习惯。

餐饮产品通常很难从口味上做过多判断，假如换成原料来判断，那么全家的咖啡也不难喝，因为它和瑞幸、星巴克采用的都是阿拉比卡豆——这种豆占据全球咖啡豆产量的 70% 左右，是最常见的商业咖啡豆品种。

（图文来源：首席品牌官、财经网，有删改）

思考：你认为瑞幸咖啡的目标市场是否合理？能否获得较大的市场份额？

学以致用

以中国消费者为例，讨论追逐高端和低端这两个共存的倾向，然后回答：如何紧跟这两种不同的消费者趋势？

二、选择目标市场营销方式

评估了细分市场之后，接下来企业要决定是应该进入一个大的细分市场还是专注于满足一个或多个较小细分市场的需求，有四种基本的目标市场营销方式：无差异营销、差异化营销、集中营销以及定制化营销（如图 4－3 所示）。

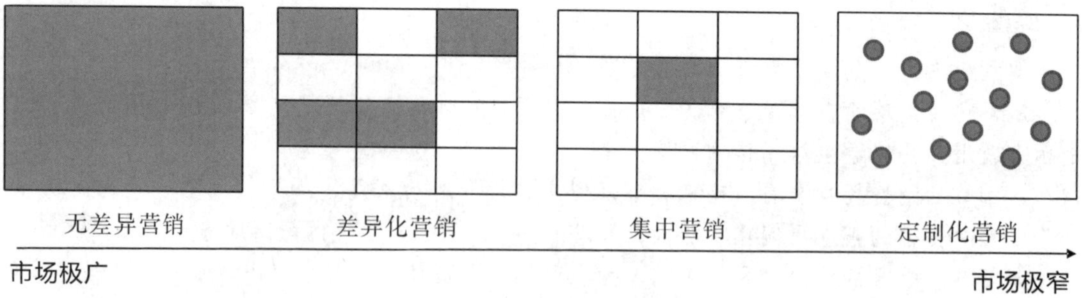

图4－3　选择目标市场方式

1. 无差异营销

无差异营销本质上是单一市场战略，有时也被称为未细分的大众市场。如果成功，这种运作方式很有效率，因为生产、调研和促销成本都可以受益于规模经济效应。比起选择多个目标市场定位及开发不同的产品和营销信息，无差异营销开发一种产品或广告活动要便宜得多。但是企业必须明确知道人们都有类似的需求，这样同种产品和信息才能够吸引大量客户。沃尔玛等公司选择的无差异营销，建立在其内部成本优势之上，进而把价格优势传递给大众市场，满足大范围人群的需求。但是大多数公司没有这种用于维护该种营销方法的成本优势，不得不依靠除价格外的差异化来源。

2. 差异化营销

选择差异化营销的企业，会为拥有不同需求的每一个客户群体开发一种或多种产品。可能的差异化来源有很多，包括创新研发产品质量，服务领先、雇员、便利性，品牌形象、技术，公司社会责任及其他。采用差异化营销作为核心营销战略，一个很大的挑战就是会不断地有竞争者进入到市场中来，而且他们带来的差异来源比现行的更为有效，可能一夜之间竞争者的技术创新或其他战略转变就会使得公司现在的差异来源毫无价值。

实例4－8　宝洁公司的差异化营销

宝洁是全球最大的日用消费品公司之一，2018 财年宝洁公司的全球营收为668 亿美元，换算成人民币为4 561 亿元，较2017 财年的651 亿美元增长3%。宝洁公司在全球80 多个国家设有工厂及分公司，所经营的300 多个品牌的产品畅销160 多个国家和地区，其中包括织物及家居护理、美发美容、婴儿及家庭护理、健康护理、食品及饮料等。

宝洁公司的洗衣粉就有11 个品牌，国内妇孺皆知的有强力去污的“碧浪”，价格较高；去污亦强但价格适中的“汰渍”等。洗发水则有6 个品牌：潘婷、飘柔、海飞丝、沙宣、伊卡璐等。此外，它还有8 个香皂品牌，4 个洗涤液品牌，4 个牙膏品牌，3 个清洁剂品牌，3 个卫生纸品牌等。

这头“巨兽”最令人难以望其项背的，恐怕是其无孔不入的品牌触达能力以及庞大的渠道体系。不管是世界一线城市还是五线开外的乡村小镇，几乎都听过海飞丝、飘柔、舒肤佳等品牌的名字。

顶级品牌	SK－II
二线品牌	Olay（玉兰油）、Illume（伊奈美）、Always、Zest
男士品牌	Boss Skin
彩妆品牌	Cover girl（封面女郎）、ANNA SUI（安娜苏）
香水品牌	Hugo Boss、LOCASTE、ANNA SUI（安娜苏）、Escada（艾斯卡达）、Dunhill（登喜路）、Valention、Lanvin（朗万）、Paul Smith（保罗·史密斯）
洗护品牌	飘柔、海飞丝、激爽（已淘汰）、潘婷、润妍、沙宣、伊卡璐（Clairol）、舒肤佳、Wella（威娜）
其他品牌	碧浪、佳洁士、护舒宝、汰渍等

思考：宝洁公司选择的目标市场营销方式有什么特点？适用于哪类企业？

3. 集中营销

又称聚焦战略，或者利基战略。当一家企业集中自己的资源，仅针对一个细分市场提供一种或多种产品时，它就是使用集中目标市场战略。那些没有足够的资源来服务于所有人群的企业或小企业通常使用集中战略，通过集中于某个小众市场，可以实现成本及运行效率，并在盈利上胜过许多一开始就采用差异化营销的公司。

实例 4－9 江小白的集中营销

江小白是典型的“目标精准”产品，是个小众品牌，不是大众白酒。它瞄准的不是所有喝酒的人，甚至瞄准的不是全部 90 后，而是 90 后中的“四小场景”：小聚、小饮、小时刻、小心情。这些场景下的人，不是传统的白酒消费者。

记得 5 年前，曾经有人预言“90 后不喝白酒”，那是因为他们不习惯传统白酒：一是白酒的品类形象老化，是个时尚问题。在年轻人心里，白酒是不时髦的甚至粗俗的，喝法不时尚，喝的人不时尚，喝的场景不时尚，无法满足自己标榜个性、品位的需求。二是口味问题，不习惯味道。大多数人都是迫于社交、商务应酬等某种功利需要而喝白酒，因此对白酒带来的审美的愉悦感是比较麻木的。提到白酒，便会与“辣、冲、烈”等刺激、凌厉的感受画等号，白酒的重口味将年轻人拒之门外。

《消费者去哪儿》有一个调查，90 后“从不喝酒”占21%，“喝啤酒”占64%，“喝白酒”占5%。有人开玩笑说，江小白“抢了啤酒的生意”，造成啤酒销量下滑。

现在白酒的消费主力拥有“60后的品味，70后的酒量”，他们已经习惯了传统白酒，偶尔喝一次江小白，感到不习惯也很正常，但没有必要因此否定江小白。

记得江小白创始人陶石泉说过，“我只关心江小白的目标消费者对产品的评价，只要他们不离不弃，不在乎其他非目标人群的判断”。现在已经进入了“小众时代”，没有必要以大众的标准要求所有产品。互联网的一个好处就是：哪怕你只是小众，也能站在舞台的中央。所以，很多小众产品的影响力超越了它们的销量，这将是未来的常态。

（图文来源：黑马智库、刘春雄《误读江小白多少人?》，有删改）

思考：1. 根据材料分析集中营销的特点？
2. 结合案例，为什么说互联网时代哪怕你只是小众也能站在舞台中央？

4. 定制化营销

理想的情况是营销者极精确地定义细分市场，使企业能够提供准确满足每个人或每个企业的独特需求的产品。随着计算机技术的提高，以及与消费者建立稳固关系的重要性的提高，管理人员开始关注设计新的方法，为单个消费者设计产品并提供产品信息，因此一些具有前瞻性、以消费者为中心的企业正在向大规模定制化方向转变。他们对基本产品和服务加以调整来满足个人的需求。

实例4－10　天猫定制家电

在2015年9月22日至24日，天猫、聚划算通过包下14个品牌生产线、规模定制的方式，首发16款天猫定制小家电新品，其中9款是智能小家电。

天猫定制与以往定制最大的不同是采用了天猫的大数据，分析顾客喜欢的功能、颜色来辅助决策。以柏翠智能云食谱面包机为例，连上WiFi就可一键完成“云食谱”提供的各种烘焙模式、时间和温度等数据的设置，实现了面包机、手机和消费者的有效互联，让“菜鸟”也能做出专业面包。又比如，天猫定制款美的智能WiFi浓香电压力锅，除了云食谱等功能外，针对排气易烫伤人的缺点，增加了远程排气功能，利用手机App即可远程操作电压力锅排气，安全又方便。而夏普空气净化器，应用阿里智能空气云方案，成为带“大脑”的空气净化器，90天自动学习后，会基于用户使用习惯、所处环境空气质量等数据提供自动净化模式，真正成为家庭里的空气环境管家。沁园智能净水器则提供了远程遥控、滤芯更换提醒，并且打通了在阿里电商购买滤芯的渠道，方便用户喝到最干净的水。

在2017年的“双11”，洗碗机品类前3名单品中前2名均为天猫定制产品。其中第一单品天猫定制款美的X3－T洗碗机，单日销售金额超3 000万元，达到同类非定制款洗碗机的1.5倍。通过天猫大数据发现，消费者对洗碗机有腔体防返潮和杀菌的需求十分普遍，美的X3－T洗碗机进行了热风全烘干升级，搭载了黑钢面板，同时接入阿里小智智能操作系统，实现洗碗计时提醒等功能，一举成为爆品。奥克斯从2015年开始就依据天猫大数据单独开模研发奥克斯1.5匹变频空调，多次拿下行业年销售冠军，2017年天猫定制商品数量同比增长75%。

（资料来源：搜狐猎云网《由“制造”到“智造”，百款天猫定制家电集中发布》，有修改）

思考：1. 根据材料分析为什么定制化家电产品受消费者热捧？
2. 根据材料分析是什么因素推动了家电企业向定制化家电发展？

第三节 定 位

在决定选择哪个目标细分市场之后，企业也必须选定一个价值主张——企业如何为目标细分市场创造差异化价值，以及企业想要在这些细分市场中占据什么位置。定位是在一些重要属性上，消费者对某一特定产品的定义，即特定产品在消费者心目中相对于竞争产品的位置。产品是在工厂中创造的，而品牌则是在人们的心中建立的。

一、市场定位的含义与作用

市场定位是根据竞争者产品在企业所选目标市场上所处的位置，针对消费者或用户对该种产品某种特征或属性的重视程度，强有力地塑造出本企业产品与众不同的、给人印象鲜明的个性或形象，并把这种形象生动地传递给顾客，从而使该产品在市场上确定适当的位置。换句话说，市场定位就是，通过营销活动的策划与开展，为企业产品创造出一种明显区别于竞争者的特色性差异，并把这种差异形象生动地展示给顾客，使企业产品在顾客心目中形成一种独特的、深刻的、鲜明的印象，从而形成目标市场上企业独一无二、不可替代的竞争优势。定位的结果就是成功创造聚焦消费者的价值主张，即目标市场之所以购买该产品的有说服力的理由。这个位置一旦确立起来，就会使人们在需要解决某一特定消费或其他问题时，首先考虑某个定位于此的事物。例如，提到去头屑，人们马上想到海飞丝；提到可乐，人们首先想到可口可乐；提到肚子胀不消化，人们首先想到江中健胃消食片；这些都是企业定位成功、宣传到位的例证。

定位是现代营销理论中的重要概念，并得到广泛重视和应用：

1. 有助于明确市场营销组合的目标和方向

市场营销组合是一个企业满足目标市场的基本手段，即产品、价格、渠道和促销等的整合与使用，必须聚焦于所选择的定位。一般来说，目标市场选择是界定企业的服务对象和顾客范围；定位则是进一步明确了企业的竞争对手，以及如何与之竞争。各种市场营销手段只有根据定位进行组合才能够明确努力的方向，形成有战略意义的价值。

2. 有利于建立企业及其品牌的战略特色

消费者接触到了过量的产品和服务的信息，他们不可能在每次做购买决定的时候都重新评估产品。为了简化购买过程，消费者把产品服务和企业在心中进行分类和定位。一个产品的定位是相对于竞争产品而言的，消费者对该产品的一系列复杂的感知、印象和感觉的组合。无论有无营销人员的推介，消费者都会对产品做出定位，但是营销人员并不想让运气来决定其产品定位。因此，他们必须筹划能让自己在选定目标市场上获取最大优势的定位，并设计营销组合来打造计划中的定位。为了获得稳定的市场地位和销量，营销人员需要从各方面为企业、品牌、产品和服务树立一定的特色，建设不一样的市场形象，以期在顾客中形成特殊的偏好，提升不可替代性。

有效的市场定位，可以使产品在顾客心目中得到适当位置并留下深刻印象，可以塑造一个成功的企业品牌形象，扩大销售，获得更高的市场份额以及更好的竞争优势；而失败的市场定位会导致产品或者品牌的失败。因此，企业应当努力使得企业及其品牌的形象在消费者心目中占据特定的位置，并且树立良好的品牌形象。

实例 4－11　云南白药创可贴与邦迪创可贴的不同定位

在以邦迪主导的创可贴市场竞争中，邦迪和创可贴几乎成为捆绑。在消费者的心目中，创可贴就是邦迪，邦迪和创可贴紧密联系在一起。

作为市场的新进入者，云南白药很快发现，在消费者的认知领域中，邦迪创可贴实际上等于一条胶布。云南白药以此为契机，进行认知的切割和概念再造：云南白药创可贴是"含药"的创可贴。这样，就在整个行业里建立了一个新的认知规范。当这种认知范式建立之后，云南白药创可贴的产品定位马上就提炼出来了。

邦迪创可贴的确有其致命"死穴"，严格说来，它不是药，仅仅是一块应急的小胶布。而白药是药，胶布和药的界限相当清晰、泾渭分明，这恰恰为云南白药抗衡邦迪提供了一个机会：为"胶布加点白药""从无药到有药"，将"含药"作为市场突破点，对产品进行差异化定位，云南白药创可贴与邦迪创可贴的核心差异立刻显现出来。产品差异化定位，这个历久弥新的钻石法则为云南白药创可贴带来了显著的竞争优势。

（资料来源：根据搜狐健康资料整理）

思考：邦迪创可贴和云南白药创可贴的产品定位分别是什么？

二、市场定位的过程与方法

企业必须通过创造对该细分市场的重要群体有足够吸引力的独特利益组合来实现自己的差异化。最重要的是，品牌的定位，必须要满足目标市场的需求和偏好。比如，尽管星巴克和瑞幸咖啡都是咖啡店，它们却瞄准了完全不同的顾客群体，这些顾客想从它们那里得到的体验也完全不同。星巴克瞄准了高消费的专业群体，将自己定位成一种高雅的家和办公室之外的"第三场所"，拥有沙发、有所选择的音乐以及有艺术感的空间。瑞幸咖啡瞄准消费次数更为频繁的群体，果断选择了低端一些、更平民化的定位，其目前更多是打"便捷"的心智定位。每个品牌的成功都是因为它为其独特的顾客组合创造了正确的价值主张。

企业市场定位的全过程可以通过以下四个步骤完成（如图 4－4 所示）：

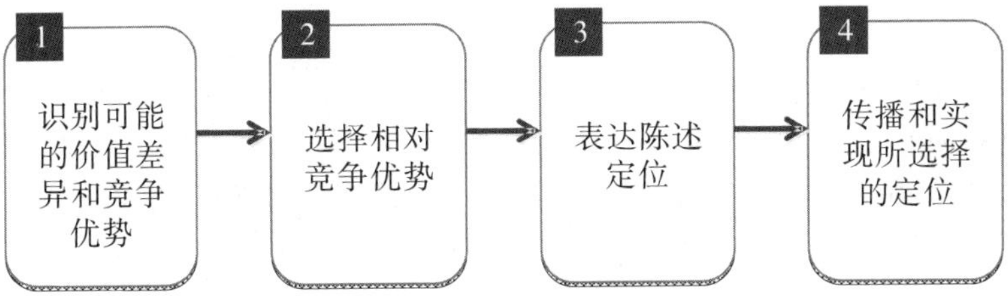

图 4-4 市场定位的过程

1. 识别可能的价值差异和竞争优势

为了与目标客户建立营利性的关系，营销人员必须比竞争对手更了解顾客的需求，并能够向顾客提供更多的价值，如果企业能够通过提供专业的顾客价值，实现差异化和定位，那么企业就获得了竞争优势。为了找到差异点，营销人员必须考虑顾客与企业产品或服务进行接触的整个过程。一家聪明的企业可以在与顾客的每一个接触点上实现差异化。企业可以采用怎样的方式来使自己或自己的产品区别于竞争对手呢？概括地说，可以在产品、服务、员工、渠道或品牌形象方面进行差异化（如表 4-5 所示）。

表 4-5 差异化的变量

变量	元素
产品	样式、属性、质量一致性、耐久性、可靠性、可维修性、风格、设计、品质
服务	订购的难易程度、产品投递、安装、顾客培训、顾客咨询、维修和修理
员工	能力、礼貌、可信、可靠、响应能力、沟通能力
渠道	覆盖率、专业、绩效
品牌形象	符号、颜色、标语、氛围、事件、品牌接触

（1）产品。

产品差异可以从产品的样式、属性、质量一致性、耐久性、可靠性、可维修性、风格、设计、品质等方面体现。即使是标准化的产品，同样可以进行差异化以与竞争者区别，如食盐、纯净水、轮胎等。而大多数企业提供的是高度差异化产品，如汽车、家居用品、食品饮料等。比如，饮料“七喜”的定位是“非可乐”，以不含咖啡因区别于“两乐”而拥有一批爱好者。总之，企业可以在产品差异化上确定营销方式，如产品质量是否比竞争者更优越，产品是否更能满足顾客的审美要求，产品是否使用更方便、更舒适，价格是否像产品本身一样吸引顾客等。

（2）服务。

在产品差异与品牌差异难以让消费者取舍时，消费者往往根据预期得到的服务作为选购的标准。根据对美国最杰出的 43 家公司的调查后发现，无论这些公司是机械制造业，还是高科技工业，或是食品业，它们一个共同的特点就是，以服务业自居。由此可见，服务差异是企业赢得消费者和市场的关键。服务差异化包括许多行之有效的方法，如订购货物的难易程度、产品投递、安装、客户培训、客户咨询、维护和修理。例如，海尔承诺买空调后保证 24 小时内送货、安装、调试；当顾客打电话要求维修时，保证当天上门，事后跟踪，直到顾客满意为止。

（3）员工。

公司也可以通过训练有素的员工来获得竞争优势。训练有素的员工具有能力（知识和技能）、礼貌（尊重和体贴）、可信（值得信赖）、可靠（一贯性和准确的表现）、响应能力强（行动迅速）和良好的沟通能力（愿意了解顾客并能清楚地沟通）。例如新加坡航空公司的声誉主要归功于空中小姐的出色工作。

（4）渠道。

公司还可以根据对自己分销渠道的设计来获得竞争优势，如提高渠道的覆盖率、专业性和效益。例如娃哈哈成功的一个重要因素来自于其遍布全国城乡、无以匹敌的强势销售网络；可以说为消费者提供便利是娃哈哈品牌竞争制胜的关键之所在。

（5）品牌形象。

购买者对不同公司和品牌形象有不同的反应。品牌识别是公司用来区别或者定位自身或其产品的方法，而形象是指顾客对公司或其产品的感知。有效的形象能够体现产品的特点和价值主张，能够以显著的方式传达这种特点，并且能够在心理形象的基础上，传递情感力量。要树立有效的形象，公司必须通过所有有效的沟通工具和品牌接触传递一致的信息，包括标识、媒体和特殊事件。比如麦当劳的金色拱门、华为的红色莲花、耐克的对钩等。

2. 选择相对竞争优势

相对竞争优势表明企业能够胜过竞争者的能力，这种优势可以是现有的，也可以是潜在的。简而言之，就是能比竞争对手更好地满足潜在顾客的一种本领。准确地选择相对竞争优势就是一个企业各方面实力与竞争者的实力相比较的过程。例如，在同等条件下，可以比竞争者提供价格更低的产品，或者能够以更多的特色满足用户特定的需要。

推广哪些差异点。并非所有的品牌差异点都是有意义或者有价值的，每个差异点都可能给企业带来成本和利益。一个差异点的价值在于它能多大程度上满足下列标准（如表 4－6 所示）。

表 4－6 差异点的重要标准

重要性	对目标消费者而言，该差异非常有价值
区别性	其他竞争者不能提供这种差异或企业可以用更为与众不同的方式提供该差异
优越性	该差异明显优于顾客达成相同利益可采用的其他方式
可沟通性	对于购买者而言，该差异是可沟通和可见的
领先性	竞争者很难模仿该差异
可支付性	消费者可以承担购买该差异
营利性	企业可以通过该差异获利

许多企业曾经推广过不符合上述一个或多个原则的差异点，例如新加坡的 Westin Stamford 酒店曾经宣传自己是世界上最高的酒店，然而对于大多数游客而言，这并不重要，事实上正是由于企业的这一定位导致了许多顾客绕道而行。因此选择可供产品和服务定位的竞争优势可能会很困难，但这些选择却关乎企业成败，选择合适的差异点可以帮助一个品牌从众多竞争者中脱颖而出。

那如何选择差异点？许多涉及定位的市场调研是从焦点小组访谈的参与者叙述其使用某产品的经历开始的。通过焦点小组访谈，企业可以得出供进一步分析的一系列产品属性。产品属性代表顾客评价产品时考虑的重要方面。

通常，在一系列焦点小访谈的基础上，企业发展或确认了消费者需要的产品属性，定位研究就应该继续调查消费者评价每项属性的重要程度，以及企业和竞争对手在这些消费者看重的属性上的表现。例如麦当劳可能就餐馆的洁净程度、服务的速度、菜单上食品的多样性、健康的食品选择、服务员的礼貌等方面做调查，询问顾客认为每一项的重要性，然后询问他们麦当劳、汉堡王和肯德基在这些属性上各自表现如何。可以采用差距法分析调查结果，差距分析不仅可以反映各属性的重要性以及属性表现方面的情况，而且可以反映各竞争企业实际的属性表现及差别。上述分析可能会揭示麦当劳在健康食品选择和餐馆清洁度上有优势，而汉堡王在菜单上食品的多样性和价格上有优势，如果真是那样，那投资者都应该考虑是继续投资于这些有优势的属性还是投资其他相对较弱的属性。汉堡王曾故意投资宣传自己“不健康菜单”的定位，公司公然在广告里宣称相对于麦当劳它的食品分量更足，更加美味，当然脂肪和卡路里含量会更高。

实例 4 – 12　海底捞“变态”服务故事集锦

“这里的服务很‘变态’。在这里等位，有人会来给擦皮鞋、美甲，还提供水果拼盘和饮料，还能上网、打扑克、下象棋，全都免费！”

“这里跟别的餐厅不一样：吃火锅眼镜容易有雾气，他们给你绒布；头发长的女生，就给你皮筋，还是粉色的；手机放在桌上，吃火锅容易脏，还给你专门包手机的塑料套。”

“我第二次去服务员就能叫出我的名字，第三次去就知道我喜欢吃什么。服务员看出我感冒了，竟然悄悄跑去给我买药。感觉像在家里一样。”

“一次在海底捞吃完饭，要赶火车却打不到的士。门口的服务员看到我带着行李箱，问了情况后转身就走。结果紧接着海底捞的店长把自己的越野车开出来，说赶紧上车吧时间不多了。”

“周六去吃火锅，朋友不小心把丝袜给挂了，她饭后还有别的活动，正郁闷得不得了，结账时服务员居然递上了全新的丝袜，还是3双！我一下就怔住了。此时，那位服务员微笑着对我们说，‘所有海底捞门店都常年订有丝袜和棉袜，随时给袜子挂坏或者弄脏了的客人更换’。”

（图文来源：中国零售网、海底捞官网，有删改）

思考：1. 结合案例分析海底捞选择的相对竞争优势是什么？

2. 海底捞为什么要选择这一竞争优势作为其定位，以及为什么能选择这一竞争优势作为其定位？

3. 表达陈述定位

品牌的价值主张是指品牌的完整定位，即作为定位基础的全部利益组合。它会回答这一问题："为什么顾客要购买你的品牌的产品？"宝马"驾驶的乐趣"的价值主张强调其性能，但与此同时也包含了豪华性和风格性，这让其高于平均水平的价格看上去是符合其利益组合的。

企业和品牌的价值主张都应该被总结在一份定位陈述中，定位陈述阐明了目标市场细分及其需要、定位理念和差异点的独特之处。定位陈述应该遵循下面的形式：（对目标市场和需求）而言，我们的（品牌）是具有（独特之处）的（定位概念）。例如，白加黑感冒药的定位陈述："白天服白片不瞌睡，晚上服黑片睡得香。"将其与市面上的其他感冒药区隔开来，同时抓住用户的痛点（白天吃感冒药头晕嗜睡），将自己的独特处（白天服白片不瞌睡）清晰地展现出来。加多宝的定位陈述："怕上火喝加多宝。"开创了预防上火的凉茶饮料的新品类，消费者在遇到可能会上火的场景比如炎炎夏日、吃火锅、吃烧烤、吃油炸食品、熬夜等就会想到购买加多宝来预防上火。

那什么才是好的定位陈述？

①清晰，通俗易懂。

②清晰传达用户通过购买和使用你的产品或/和服务能得到的具体结果。

③清晰表达与竞争对手的不同或先进之处。

④避免炒作（如"从未见过的神奇产品"）、绝对（如"最好的"）和商业术语（如"增值互动"）。

⑤确保受众可以在5秒内读懂。

4. 传播和实现所选择的定位

企业一旦确定了自己的定位，就必须通过强有力的措施来传播和实施这个目标客户想要的定位，企业的所有营销努力都必须支持这个定位策略。

企业定位需要确定具体的行动，不能只是说说而已。如果企业决定根据更高的质量和服务进行定位，他就必须首先实现这一定位。设计营销组合（产品、价格、渠道和促销）意味着制定出定位策略的具体战术措施。因此一个采取高价格高利益策略的企业要清楚它必须生产高质量产品，收取高价格，通过高质量的经销商进行分销，并要在高质量的媒体上做广告。他必须雇佣和培训更多的服务人员，与在服务方面有良好声誉的零售商合作，并设计能够宣传其卓越服务的销售和广告信息。只有这样才能建立一致可信的高价格、高利益定位，从而把企业的定位观念准确地传播给目标市场，在目标市场心目中形成独特的、印象鲜明的形象。

建立和改变一个定位通常需要更长的时间，不过花很长时间建立起来的定位却可以很快被摧毁。一旦企业建立了希望得到的定位，它必须通过一致的表现和宣传，精心维护这种定位，企业必须随着时间的推移，根据消费者需求和竞争战略来密切监控和调整其定位。不过企业应该避免可能会让消费者困惑的定位突变。一个产品的定位应该在适应不断变化的市场环境的过程中逐步演化。

实例 4－13　养元六个核桃

一个濒临破产，年销售只有 300 万元的小厂，在 10 年后竟做到产品年销售额 150 亿元！这个产品，所达到的业绩，在快消界堪称与加多宝凉茶、娃哈哈营养快线、红牛等并列的超级大单品，它就是——养元六个核桃。

在养元早期的经营中，虽然年销售只有 300 万元，却做了很多款产品，当然也都是跟风产品，看市场上什么卖得好，就卖什么。基本上市场主流饮料品类都有介入，如碳酸类、果汁类、含乳类等，产品品种竟达 15 个之多。2005 年，在姚奎章带领下的管理团队买下该集团，并进行改制后，进行的反思就是，再也不能走过去的老路子了，简单的模仿、跟随没有未来，一定要有个自己独特的“亮点”，才能够撬动市场。于是，公司高层在研讨发展规划时，面对种类繁多的饮料市场，果断砍掉了原有的多个跟风市场的项目，聚焦核桃饮料。

虽然之前有过大寨核桃露，但是由于企业操作的原因，无论市场影响力还是销售业绩，都不够强势，没有创造大的奇迹，也没有形成众多产品跟风，给市场留下了很大的机会，还有很大的空间可做。而六个核桃与其他饮料相比，其主要成分“核桃”，具有很强的特色优势。核桃被称为四大干果（核桃、杏仁、腰果、榛子）之王，具有很高的营养价值，民间对“核桃具有补脑功效”有高度的认同，这让六个核桃与其他饮品相比，具有很强的特色价值——高营养、补脑功效好。

在前期的调研和运作中，六个核桃对另一个植物蛋白饮料品牌露露杏仁露做过研究，对对手的渠道的认真研究，这个长期奔走于一线的团队发现了一个规律：露露主要在两种情况下被购买：一是礼品，多在流通渠道卖。二是作为女士、儿童饮料，在饭店卖。于是，六个核桃团队将这两个消费场景作为重点研究对象。

开始时，六个核桃可不如今天这样，广告多、赞助综艺节目，频频亮相，那时六个核桃主要就靠渠道，做好渠道，通过渠道让量走起来！不过，六个核桃一开始并没有先进攻流通渠道，而是先借助酒的销售渠道进行铺货，因为六个核桃团队有过做酒水渠道的经验和资源，前期集中在餐饮业做推广，在餐馆、酒店进行破局（既出于资金考虑，也出于过去资源优势、能够快速动销、资金回流快的考虑）。结果产品在饭店卖得非常好，河北当地的销售很可观。在饭店尝过六个核桃的消费者就又到批发部、超市去购买，反向拉动了渠道商进货，实现了流通渠道的进货和动销。于是，渠道开始逐渐滚动起来，销量也逐渐增多，然后聚焦几个市场开始步步推进。

2006 年，养元六个核桃实现了 3 000 万元的业绩，让企业一改过去濒临破产的命运，这既证明了聚焦单品路线的正确，同时也积累了一定的渠道资源。中后期，渠道做得更精、更细。随着渠道动销起来，六个核桃团队又开始注重渠道的做透、做细。同时，六个核桃为经销商提供“星级助销”服务模式，厂商价值协同、辅助进行铺货、客户维护、终端生动化建设等工作，加上高额的返点率，极大带动了经销商的积极性。这一系列工作，不仅构建了立体网络，而且大大提高了网点质量，从而打造了强势渠道网络体系，保证了销量产出。

在经过渠道的精耕细作、已经具备一定基础之后，六个核桃团队雄心更大了，决定更大的运作、进行央视广告投放。2010 年 9 月，由陈鲁豫代言的六个核桃电视广告登陆央视《新闻联播》后的黄金时段。这次央视投放，对于六个核桃而言，具有举足轻重的意义：奠定了六个核桃在品类中的领导地位。随着央视广告的投放，六个核桃的销售额进入爆炸式增长。2010 年达到 15 亿元，2011 年就达到惊人的近 30 亿元。2012 年近 60 亿元，2013 年突破百亿元。要知道，在 2009 年，六个核桃的销售额是 10 亿元，2006 年是 3 000 万元，用了 4 年时间，从 0.3 亿元做到了 10 亿元，而在 2010—2013 年进行高空投放后，同样 4 年时间，业绩就增长了近 90 亿元。在六个核桃的广告中，除了代言人选择极其到位——一位颇具影响力的主持人。同时，六个核桃的诉求极其到位。六个核桃抓住“补脑”的功效，以“经常用脑，多喝六个核桃”的传播诉求，将这一功能放大，针对经常用脑的人群进行聚焦式传播，如针对家长宣传经常用脑的孩子需要多喝，再就是商务人群。

今天，传统电视媒体收视率和影响力与以往相比有所下滑，但是黄金时段节目，无论是热门电视剧，还是热门综艺节目的传播效果依然惊人，特别是后者，六个核桃赞助了大型益智节目《最强大脑》，在热门综艺节目上也抢了一个席位。之后，它又陆续与央视《挑战不可能》、湖南卫视《好好学吧》、山东卫视《我是先生》等节目签约。

2017 年底，六个核桃成功签约 2018 年“CCTV 国家品牌计划”，跻身“CCTV 国家品牌计划——行业领跑者”榜单之列，成为唯一获此殊荣的大型核桃饮品企业。在 2018 年，伴随跻身 CCTV 国家品牌计划，六个核桃的品牌形象、销售额都再次大幅提升。

（图文来源：《食品工业科技》、好妞妞食品招商网，有修改）

思考： 1. 分析养元六个核桃选择的目标市场。
2. 分析养元六个核桃定位的四个步骤。
3. 你认为养元六个核桃在传播其定位上有什么值得借鉴的地方？或者还有什么可以改进的地方，给出你的建议。

学以致用

分组分享你们印象深刻的定位陈述，并讨论企业是如何传播这一定位的？

测试你掌握的知识

1. 什么是市场细分？有哪几种划分标准？

2. 细分市场评估应该从哪些方面进行？
3. 目标市场营销方式主要有哪些方式？有何特点？
4. 什么是市场定位？市场定位的步骤包括哪些？

实训模块 4　目标市场选择与定位

结合各自团队研究的企业或创业的企业，分析其选择的目标市场、营销方式、定位及如何传播其定位。

扩展资源 4

第五章　创造价值——产品开发与管理

营销不是以精明的方式去兜售自己的产品或服务，而是一门创造真正客户价值的艺术。

——菲利普·科特勒

【学习目标】

1. 掌握产品整体概念，针对其五个层次进行举例分析。
2. 了解新产品的定义、分类及开发程序。
3. 掌握产品组合概念，灵活运用产品组合策略。
4. 辨识产品生命周期的不同阶段，学会运用相应的营销策略。

【思维导图】

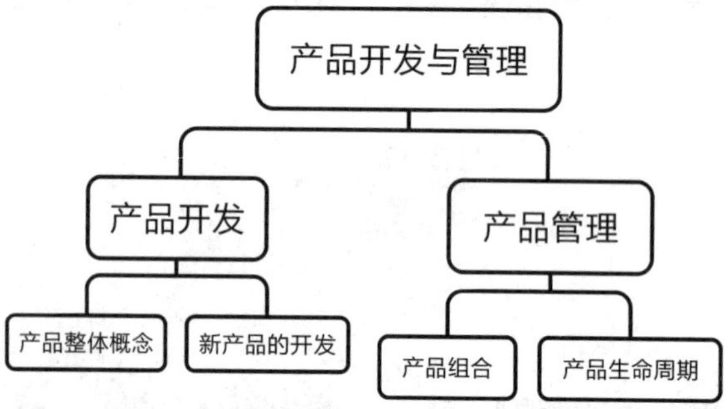

【营销实战】

会“吃”美金的“芭比”

“芭比”是美国玩具市场上的一种洋娃娃，每只售价仅10美元95美分。有位父亲买下价廉物美的芭比娃娃送给女儿作为生日礼物，并很快就忘了此事。直到有一天，女儿对父亲说：“芭比需要新衣服。”原来，附在包装盒里的商品供应单提醒小主人芭比应当有自己的一些衣服。于是父亲又去买了“芭比系列装”。后来，女儿又说女孩在同伴中的地位取决于她的芭比身份的高低。于是，父亲为了满足女儿不算太过分的虚荣心，又掏钱买了空姐制服、护士装、舞蹈演员装等行头。不久，女儿又说她的芭比喜欢上了“凯恩”。于是，父亲买回凯恩娃娃与芭比成双结对。凯恩“进门”，同样附有一张商品供应单，提醒小主人别忘了给凯恩添置衣服、浴袍、电动剃须刀等物品。紧接着女儿又在家中宣布芭比和凯恩准备“结婚”，父亲又为娃娃的婚礼“大操大办”。谁知事情还没结束，女儿又收到了商品供应单，说她的芭比和凯恩有了爱情的结晶——米琪娃娃。又冒出个会吃美金的“第二代”芭比！

（资料来源：新浪网，有修改）

思考： 1. 真正“吃”美金的是什么？该案例中产品的设计有何特色？
2. 该案例在产品开发设计时考虑了哪些因素？

第一节　产品开发

一、产品整体概念

市场营销学所讲述的产品概念是一个整体的概念，它是指商品交换活动中，企业为消费者提供的能满足消费者需求的所有有形或无形因素的总和。近年来，菲利普·科特勒等学者进一步认为，产品整体概念可以概括为五个层次：核心产品层、形式产品层、期望产品层、附加产品层和潜在产品层（如图5－1所示）。

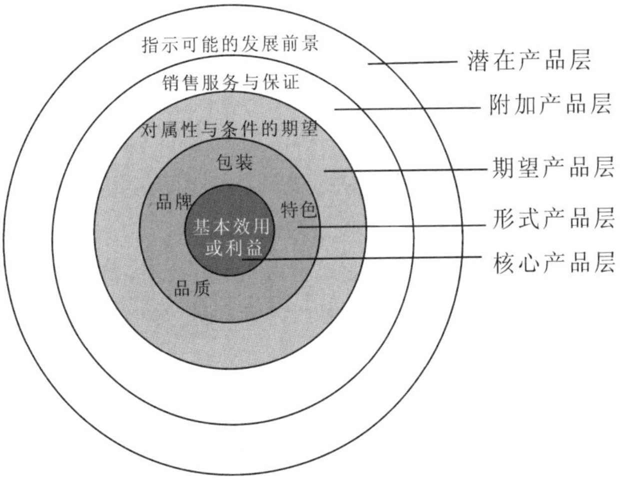

图5－1　产品整体概念层次关系

产品整体概念的提出，十分清楚地体现了以顾客需求为中心的现代市场营销观念，这一概念的内涵和外延都是以顾客需求为准则，由顾客的需求来决定。就产品本身而言，企业既可以分层次、分内容、分重点地开展与竞争者的竞争，也可以从整体上突出产品的优势。

1. *核心产品层*

产品最基本的层次是核心利益，即向消费者提供产品的基本效用和利益，也是消费者真正要购买的利益和服务。消费者购买某种产品并非为了拥有该产品的实体，而是为了获得能满足自身某种需要的效用和利益（如图5－2所示）。

图5－2　对核心产品的理解

讨论5－1：手机的核心产品是什么？

2. 形式产品层

产品核心利益需要依附一定的实体来实现，产品实体称为形式产品，即产品所展现在消费者面前的基本形式。对于实体产品，它主要由产品的品质（也称质量、材质）、特色、款式（也称式样）、品牌、包装五大因素构成。对于服务类产品，则由服务的程序、服务人员、地点、时间和品牌五大因素构成。

讨论5－2：一家旅馆的形式产品有哪些？

3. 期望产品层

期望产品是消费者购买产品时期望获得的与产品密切相关的一整套属性和条件。公众的期望产品得不到满足时，会影响消费者对产品的满意程度、购后评价和重复购买率。例如人们购买鲜花，核心产品是一种情感表达，形式产品是鲜花的品质、特色和包装等，而期望产品可能是舒适的购物环境、良好的服务态度和便利的支付等。

讨论5－3：一家旅馆可以为顾客提供的期望产品有哪些？

4. 附加产品层

附加产品是产品包含的全部附加服务和利益，主要包括运送、安装、调试、维修、产品保证、零配件供应、技术人员培训等。附加产品来源于对消费者需求的综合性和多层次性的深入研究，要求营销人员必须正视消费者的整体消费体系；但同时必须注意，消费者是否愿意承担因附加产品的增加而增加的成本等问题。

讨论5－4：冰箱的基本性能是冷藏，在满足这一基本性能的基础上，企业可以考虑添加哪些附加性能与产品设计结合起来一并销售？

5. 潜在产品层

潜在产品包括产品在未来可能进行的所有改进和变革。它是在核心产品、形式产品、期望产品、附加产品之外，能满足消费者潜在需求的、尚未被消费者意识到或者已经被意识到但尚未被消费者重视或消费者不敢奢望的一些产品。潜在产品是产品概念中的最高层次，谁能把握住潜在产品的发展方向谁就能取得市场先机，形成绝对竞争优势。但提供潜在产品应根据经济条件和竞争条件采取适当措施，否则就有可能对未来产品特点预测失败而丧失市场。例如，胶卷业的柯达对未来的摄影行业发展预测失误，拱手把大片摄影市场留给了数码业公司，损失惨重。因此企业应加大研发力度，不断推陈出新，走在行业的前端，以长远的眼光和超强的预测能力实现企业的可持续发展。

讨论5－5：伴随着技术的发展，未来的手机会是什么样子的？

实例5－1　星巴克与您，不止于咖啡

据相关媒体报道，美国咖啡连锁巨头星巴克在全世界已经拥有了2万多家分店，遍布全球37个国家和地区。星巴克为满足顾客需求，精心调制出各色口味：甜酸果味的“女神天韵口味”；醇度饱满、口感厚重的“纳瑞诺咖啡”；香味诱人的“维罗娜咖啡”。此外，星巴克请专门的设计师来设计咖啡店的店面，为顾客提供舒适优雅的消费环境。如果顾客对咖啡豆的选择、冲泡、烘焙等有任何问题，咖啡师傅都会耐心细致地向其讲解，使顾客在找到最适合自己口味的咖啡的同时，体味到星巴克所宣扬的咖啡文化。

星巴克，一个属于你的第三空间。
在这里，邂逅你自己

（图文来源：星巴克中国官网）

思考：请用产品整体概念来分析星巴克卖的是什么。

学以致用

根据团队选取的创业想法或创业项目，结合相关的环境分析和调研信息，试着从产品整体概念分析其产品（或服务）对应的五个概念层次内容。

二、新产品的开发

新产品开发在保持企业利润增长、淘汰落后产品、满足消费者喜新厌旧的心理等方面都发挥着极其重要的作用。宝洁产品之所以能维持居高不下的市场占有率，就在于它能不断地开发出新产品，宝洁每年在新产品研发上大约投入 13 亿美元，全球有超过 7 000 位科学家投入新产品的研发中。

1. 新产品的含义与分类

市场营销学中所说的新产品是从市场和企业两个角度来认识的，它与因科学技术在某一领域的重大发展所产生的新产品不完全相同。从企业营销的角度来说，新产品是指在某个市场上首次出现的或者是企业首次生产销售的整体产品。产品整体概念中任何一部分的创新、革新和改良，都可称为新产品。具体而言，新产品可以分为全新产品、换代新产品、改进新产品以及仿制新产品四个类型（如表 5－1 所示）。

表 5－1　各类新产品的特点比较

新产品的类型	特点	实例
全新产品	指应用新的技术、新的材料研制出的具有全新功能的产品。新产品的出现一般都是由重大的科学技术突破带来的，具有全新的功能，能够满足消费者新的需求	例如智能手机、谷歌眼镜、无人机、无人驾驶汽车等产品的问世
换代新产品	指在原有产品的基础上，采用或部分采用新技术、新材料、新工艺研制出来的新产品	例如手机和电脑等电子产品的更新换代
改进新产品	是指在原有老产品的基础上进行改进，使产品在结构、功能、品质、花色、款式或包装上具有新的特点，产生新的突破。改进后的新产品，其结构更加合理，功能更加齐全，品质更加优质，能更多地满足消费者不断变化的需要	例如产品包装的改版，或一些商品针对其“普通款”推出的“增强款”“升级款”等
仿制新产品	指对国际或国内市场上已经出现的产品进行引进或模仿、研制生产出的产品。开发这种产品不需要太多的资金和尖端的技术，因此比研制全新产品要容易得多	例如微波炉、电冰箱等电器，经常是厂家之间相互模仿。但企业应注意对原有产品的某些缺陷和不足加以改造，而不应全盘照抄

讨论 5－6： 你在生活中了解或使用过哪些新产品？它们分别是从哪些方面进行创新的？

实例 5－2　“走路自行车”的诞生

在汽车日益流行的今天，单车再度成为人们关注的焦点。荷兰一位60后机械工程师，把跑步机和单车合二为一，做出一款走路自行车，立刻刷爆社交网络！这款单车的名字叫作“Lopifit”，车上共有3档速度可供调节，最快行驶速度可达成人行走速度的4倍，时速在27公里左右。而一次充电最多可行驶50公里。这款“走路自行车”首批300辆在网上售卖，一个星期之内便已销售一空。

现在，Lopifit已经在全世界的社交媒体中刷屏了，不但有十多个国家的电视台对其进行了报道，而且包括Live-Science、TechCrunch等科技网站都对其大加赞赏。在You-Tube上面，关于Lopifit的宣传视频拥有超过2 500万的点击量。现在，发明者Bruin已经创立了自己的公司，并开始在电商网站上售卖他的发明。这款Lopifit，基本款要价1 699欧元，折合人民币12 346元。

（图文来源：根据腾讯视频整理）

思考：请分析“走路自行车”是如何进行产品创新的。

2. 新产品的开发程序

为了提高新产品开发的成功率，必须建立科学的新产品开发管理程序。不同行业的生产条件和产品项目不同，管理程序也有所差异。新产品开发的程序大致经过如下六个阶段（如图5－3所示）。

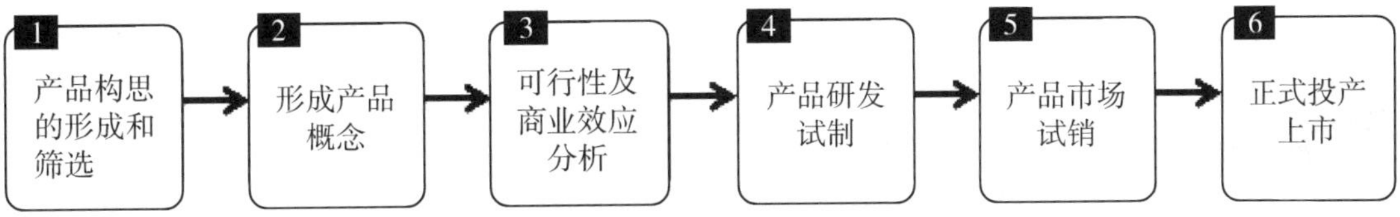

图5－3　新产品的开发程序

（1）产品构思的形成和筛选。新产品的构思也被称为创意，新产品开发过程始于寻找创意。新产品的创意来源有很多，主要来自产品研发人员、消费者、竞争对手、渠道成员、公司员工、高级管理层等。

产品创意初步形成后，还需要对其进行筛选，即运用一系列评价标准，对各种创意进行比较判断，从中找出最有希望成功的创意。进行筛选的主要目的是权衡各创新项目的费用、潜在效益与风险，选出那些符合本公司发展目标和长远利益，并与公司的资源相协调的产品创意，放弃那些可行性较低的产品创意。筛选的标准包括：①新产品能否满足特定的需求？②是否提供更高的客户价值？③新产品能否达到期望的销售额和销售利润？④产品创意取得成功的整体概率。

（2）形成产品概念。经过筛选后保留下来的产品构思还要进一步发展成为产品概念。所谓产品概念，是指企业从消费者的角度对产品构思进行详尽的描述，即将新产品创意具体化，描述出产品的性能、具体用途、形状、优点、价格、名称、提供给消费者的利益等，让消费者能一目了然地识别出新产品的特征。

确定最佳产品概念，进行产品和品牌的市场定位后，就应当对产品概念进行试验。所谓产品概念试验，就是用文字、图画描述或者用实物将产品概念展示于一群目标顾客面前，观察他们的反应。优选最佳的产品概念，选择的依据是未来市场的潜在容量、投资收益率、销售成长率、生产能力以及对公司设备、资源的充分利用等。

实例5－3　帮宝适的产品概念

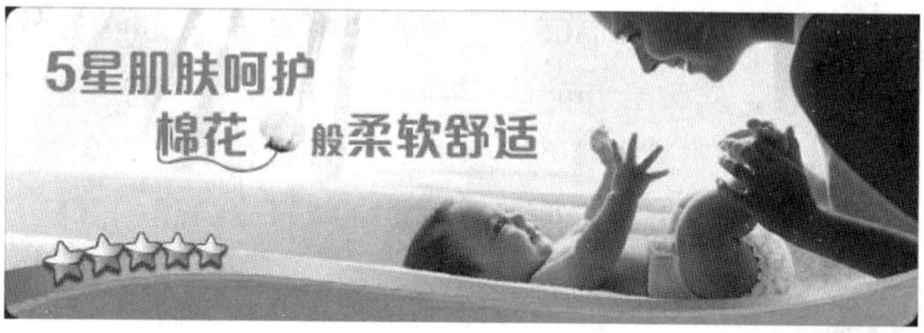

享誉全球的纸尿裤“帮宝适”在测试市场中发现了在产品概念方面存在很大的偏差，从而避免了失败的命运。“帮宝适”纸尿裤最初的创意来源于妈妈们照顾小孩的需求——方便。洗尿布、换尿布一直是妈妈们最烦恼的事情之一，纸尿布的诞生很好地解决了这一问题。但就在打着“方便妈妈”的旗号投入市场时，“帮宝适”却吃了个闭门羹。“方便妈妈”的概念使购买“帮宝适”的妈妈们联想到“懒惰的妈妈”“不疼爱孩子的妈妈”……

因此，产品虽然满足了需求，但并不受消费者青睐。发现这一问题后，宝洁公司迅速改变产品定位，从卖“妈妈的方便”到卖“宝宝的舒适”。时至今日，帮宝适始终以宝宝的感受为主线，舒适、快乐、更好地探险、更好地游戏……从而使产品真正满足了“妈妈们的方便”这一需求。

（图文来源：《销售与市场》、帮宝适官网）

思考：结合案例分析将产品创意转变成产品概念时要注意什么问题。

（3）可行性及商业效应分析。新产品开发的可行性分析，主要是针对新产品开发的生产条件、技术、资金、市场环境、市场需求、社会评价等方面进行分析，其主要目的在于避免企业盲目开始新产品的开发，在保证新产品成功开发上发挥着较大的作用。

商业效应分析则包括对预期销售量、成本和利润预算等方面进行分析，以确定是否满足公司的目标。如果符合目标，那么产品概念就能进入产品开发阶段；反之，则被淘汰。

（4）产品研发试制。主要是将通过商业分析的新产品概念交送研究开发部门和技术部门试制成为实体产品模型及样品，进行品牌的包装研制和品牌的设计。应当强调，新产品研究和制造必须使模型及样品具有产品概念所规定的所有特征。在此之前，新产品仅是一种语言与符号描述，其评价成本是比较小的。但在本阶段，研制过程中有时要投入大量的资金。研制的过程可能需要数日，也可能长达几个月甚至几年。

（5）产品市场试销。消费者试用新产品，感到满意后，企业通常要制造少量正式产品，投入一定范围的市场进行试销。在这一阶段要重点考核两个指标：“试购率”和“再购率”。“试购率”即第一次购买试销品的比率；“再购率”即第二次重复购买的比率。测试形式一般有三种（如图5－4所示）。

图5－4 产品市场测试的选择

（6）正式投产上市。新产品经市场试销，如果从收集到的资料分析证明是成功的，就应大批量生产，并择机投放市场。为了慎重地投放新产品，企业通常要做出以下四个方面的策划（如表5－2所示）。

表5－2 新产品上市策划

新产品上市策划	说明
投放时间	新产品进入市场的时间要适当，通常可考虑新产品进入市场的最佳时间
投放地区	在一般情况下，新产品是先在主要地区的市场上集中进行广告宣传，待其在这些市场上占有相当的份额，取得了立足点后，再扩大到更为广阔的市场
目标市场	企业应根据新产品的特点，选择最有潜力的消费者群，作为自己新产品销售的目标市场
营销策略	由于新产品首次大规模投向市场需耗费大量的费用，因此企业要拟订新产品在每一市场首次推出的营销策略，分配营销组合策略（特别是促销组合）中各因素的费用预算，有计划地进行各种营销活动

实例5－4 90后CEO死磕出一款畅销的“有时”蓝莓果酒

李泓江是一名90后CEO，在国外长大，曾从事房地产工作。高薪的同时承受巨大压力，他通过与朋友聚餐喝酒纾压。在这过程中，他萌生了想要做出一款健康的、度数低、适用群

体广的酒的想法，于是他与另外两位朋友开启了创业之路。创业之初他们就遇到困难——喝酒伤身，要把酒变成健康食物，并不容易。不久他们发现果酒度数较低，同时考虑到当今大部分人经常与电脑为伴，蓝莓饱含花青素，具有明目护眼的功效，于是决定在果酒里加入蓝莓。

加拿大的蓝莓果实丰富，多汁香醇，李泓江几经努力终于谈下了与加拿大一家酒庄的合作。为了方便更多人群饮用，他们将这款果酒的度数降到 11 度，每瓶 125 毫升的果酒就蕴含约 300 颗加拿大优选蓝莓。微醺恰到好处，既可以让男性在商务聊天时思路清晰，也可以让不胜酒力的女性享受片刻的放松。

他们同时打造了一款专属的瓶身设计，瓶口内径为 15 毫米，保证了每一口喝下去都刚刚好，饮酒的过程从容不迫。专属的 5 毫米防漏台，保证每次拿起、放下，都不会有酒液顺着瓶壁流下。纯木质的 T 型塞，最大限度地保持美观和密封的平衡，可以让人在轻松开启之余，享受那清脆的“砰”声带来的心动。在外壳包装上，他们选择与曾为 YSL、兰蔻、宝马巴黎等国际品牌设计产品的独立设计师 Liza 合作。因为蓝莓在西方国家也叫作星星果，所以 Liza 将蓝莓与星辰结合，把广阔星海印在外包装上，洒在了透明的玻璃瓶上。当你饮用时，喝下的不仅是酒，更是这群年轻人想要带给你的健康与好心情。

他们将该款酒命名为——有时，出自《瓦尔登湖》：“有时，我们只需要一颗静下来的心。”在都市快节奏生活的重压下，人人都需要在生活中有那么一刻短暂的停顿，喘一口气才能继续跑下去。这款酒情人节一上市，就被火速疯抢，一时卖断货。

（图文来源：首席品牌官、淘宝网，有删改）

思考：请分析“有时”蓝莓果酒产品开发的过程以及该产品在哪些方面进行了创新设计。

学以致用

根据团队选取的创业想法或创业项目，在现有产品（或服务）的基础上，围绕产品整体概念的五个层次，组织开发人员进行新产品构思。小组成员根据对新产品的构思进行筛选与评判，用文字、图像、模型等将构思转化为新产品概念，选择最有潜力的产品概念。

第二节　产品管理

一、产品组合

1. 产品组合的概念

企业在营销活动中经常会遇到这样的问题：向市场提供什么商品？提供多少种商品？营销学把企业所经营的全部商品的整体构成，称为“产品项目”。那些在使用价值、原材料、销售渠道、销售对象等方面比较接近的产品项目，组成了一个产品类别，我们把它称为“产品线”或“产品系列”。

产品组合是指一个企业生产经营各种不同类型产品之间质的组合和量的比例，它可以通过广度、长度、深度和关联度四个参数反映出来（如图 5 – 5 所示）。

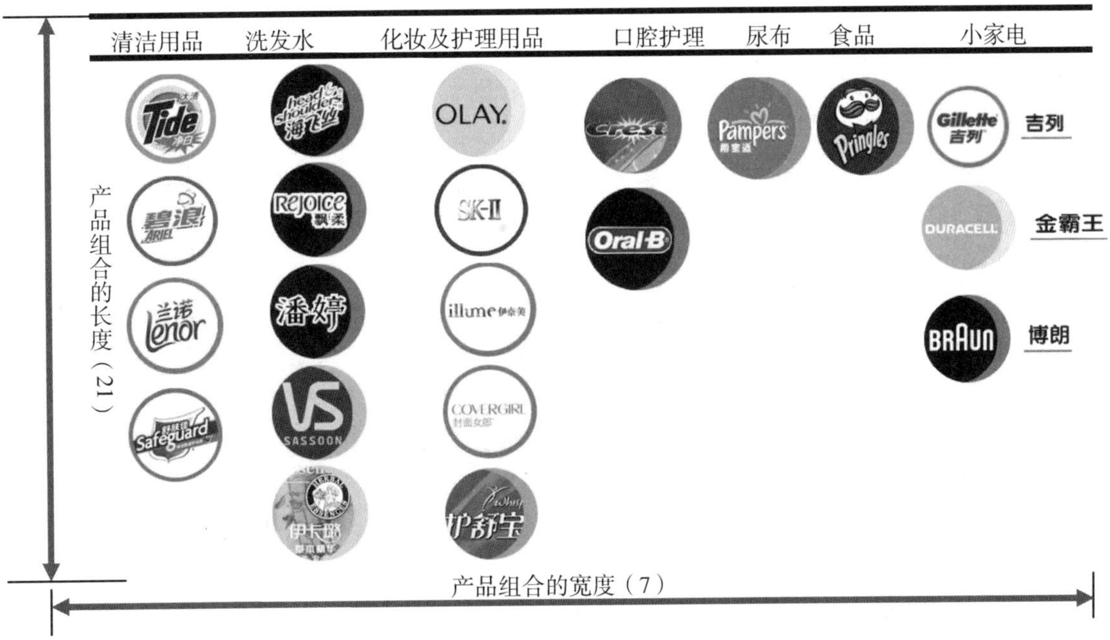

图 5 – 5　宝洁公司（中国）产品组合示意图

（1）产品组合的宽度。又称为广度，是指一个企业所拥有的产品线数目的多少。

产品组合的广度（宽度）=产品大类（产品线）的数目

例如，图 5 – 5 中宝洁公司共经营 7 大类产品，即有 7 条产品线，分别是清洁用品、洗发水、化妆及护理用品、口腔护理、尿布、食品、小家电，因此其产品组合宽度为7。产品线越多，产品组合就越宽，反之就越窄。拓宽产品组合的宽度，可以分散企业的投资风险，有利于扩展企业的经营领域，但同时需要投入更多的资金和技术支持其发展。

（2）产品组合的长度。是企业产品组合中包含在各条产品线中的所有产品项目的总数。

产品组合的长度=所有产品项目总数

例如，图5-5中宝洁公司经营的7大类产品中，共有21个具体产品项目，因此其产品组合长度为21。产品项目内容多则称之为长，少则称之为短。增加产品组合的长度，可以使产品线更丰富、充裕。

（3）产品组合的深度。指产品线中每一产品项目有多少品种，所含不同花色、规格、质量产品数目的多少。

例如，飘柔洗发水有5种不同的系列（焗油护理、滋润去屑、人参滋养、橄榄油莹润、持久洁净家庭护理系列），3种规格（200毫升、400毫升、750毫升），则产品深度为$5\times3=15$。增加产品组合的深度，可以占领同类产品的更多细分市场，满足更广泛的市场需求，扩大总的销售量。

（4）产品组合的关联度。指产品线之间的关联程度，即在最终用途、生产条件、销售渠道等方面的相关程度。

一条产品线的产品与另一条产品线的产品，它们的最终用途、生产条件、技术要领、分配路线越接近，互相联系越紧密，产品组合的关联度就越大，反之就越小。例如，图5-5中宝洁公司1、2、3、4产品线关联度就比较大，但5、6、7产品线关联度就比较小。加强产品组合的关联度，可以提高企业在某一地区或某一行业的声誉，有利于企业发挥相关专业上的经营能力，也有利于各种产品之间在产销方面的相互促进。

2. 产品组合的优化调整

企业在调整和优化产品组合时，根据企业自身资源条件、市场状况和竞争态势对产品组合的广度、长度、深度进行不同的组合，可选择的策略如下：

（1）扩大产品组合策略。该策略也称“全线全面型策略”，即拓展产品组合的宽度和增加产品组合的深度。前者是在原产品组合中增加产品线，扩大产品经营范围；后者是在原有产品大类中增加新的产品项目。扩大产品组合有利于综合利用企业资源，扩大生产和经营规模，降低生产经营成本，提高企业竞争力；有利于满足顾客的多种需求，进入和占领多个细分市场。

实例5-5　阿里巴巴集团缔造的商业神话

阿里巴巴是全球电子商务（B2B）企业中的著名品牌，是目前全球最大的网上交易市场和商务交流社区。

阿里巴巴集团成立于1995年，是中国第一家互联网商业信息发布站“中国黄页”；2000年，阿里巴巴推出“中国供应商”服务，为中国中小企业提供外贸电子商务服务；2003年，个人电子商务淘宝网正式诞生，其商品类型从服装、日用品等传统零售商品到电影业务、移动餐饮服务，再到房地产业务，无所不有；2007年1月，以互联网为平台的商

务管理软件公司阿里软件成立；2011 年 1 月，阿里巴巴集团宣布将在中国打造一个仓储网络体系，并与伙伴携手大力投资中国物流业；2014 年 9 月 19 日晚，阿里巴巴登陆纽交所，正式上市；2016 年 11 月 12 日，阿里方面提供的数据显示，在“双 11”当天，阿里巴巴旗下各平台总交易额达到 1 207 亿元，其中无线占比达到 81.87%。

2018 年，正值“双 11”网购节十周年之际，天猫“双 11”全球狂欢节全天成交额突破 2 000 亿元人民币大关，达到 2 135 亿元，相比于 2009 年的 0.5 亿元成交额，增长超过 4 200 倍。同时，天猫“双 11”全天物流订单量达到 10.42 亿，再创新纪录，进入 1 天 10 亿包裹的时代。

（图文来源：腾讯科技网、腾讯科技网，有修改）

思考：1. 采用扩大产品组合策略，对企业而言需要具备哪些条件？
2. 采用这种策略应该注意哪些问题？

（2）缩减产品组合策略。该策略也被称为“市场专业型策略”，指删除一些产品系列或产品项目，集中力量生产经营一个系列的产品或少数产品项目，实现高度专业化，减少资金占用，提高产品质量，降低消耗，实施具有针对性的广告促销，集中拓展有效的分销渠道，提高营销效率。

讨论 5－7：在什么情况下企业应当考虑减少产品项目？采用这种策略，对企业存在什么风险？

（3）产品线延伸策略。每一企业的产品线只占所属行业整体范围的一部分，每一产品都有特定的市场定位。当一个企业把自己的产品线长度延伸到超过现有范围时，我们称之为产品线延伸。产品延伸策略具体有向下延伸、向上延伸和双向延伸三种实现方式。

①向下延伸。向下延伸是在高档产品线中增加低档产品项目，即高档（中高档）→中档（中低档），如：五粮液→五粮醇→五粮春→金六福→京酒等。采用该策略可作为反击竞争对手的手段，弥补高档产品减销的损失，及时填补市场空缺，防止竞争对手乘虚而入。

实例 5－6　飘柔洗发水的向下延伸

飘柔是宝洁洗发水产品销量最高的品牌，有着最广大的消费者支持。飘柔正式推出 9.9 元超低价位新飘柔产品，标志着飘柔新战略的开始。飘柔的新超低价格意味着宝洁要将飘柔产品线向下延伸，向广大的中端市场渗透。飘柔不是采用传统的品牌向下延伸策略，将原有

产品直接降价出售，而是在一个品牌里做两档产品：一档飘柔精华护理，一档飘柔家庭护理。两档产品都处在中端，一个是中端里的高端，一个是中端里的低端。研究统计显示两档的销量都在不停上涨。

（图文来源：新浪网、宝洁公司官网）

思考：分析飘柔品牌的向下延伸策略成功的原因，并指出使用该策略有何利弊。

②向上延伸。向上延伸是在原有的产品线上增加高档产品项目，即中档（中低档）→高档（中高档）。实行这一策略的主要目的是：高档产品市场具有较大的潜在市场增长率和较高利润率的吸引；企业的技术设备和营销能力已具备加入高档产品市场的条件，能够应付竞争对手的对抗与反击，企业要重新进行产品线定位。

③双向延伸。双向延伸是原定位于中档产品市场的企业掌握了市场优势后，决定向产品线的上、下两个方向同时延伸，扩大市场阵地。

实例5－7 娃哈哈的双向延伸策略

杭州娃哈哈集团有限公司创建于1987年，在创始人宗庆后的领导下，现已发展成为一家集产品研发、生产、销售于一体的大型食品饮料生产集团，是中国最大的饮料生产企业，产量位居世界前列。娃哈哈在中国29个省、市、自治区建有70多个生产基地、170多家子公司，拥有员工3万名、总资产402亿元。

娃哈哈推出了中国第一支儿童营养液——娃哈哈儿童营养液，在其稳稳地占领了儿童市场后，娃哈哈又瞄准了青年市场，继而推出娃哈哈包装饮用水：娃哈哈矿泉水、娃哈哈桶装水以及娃哈哈纯净水等。目前，公司产品涉及含乳饮料、瓶装水、碳酸饮料、茶饮料、果汁饮料、罐头食品、医药保健品、休闲食品、婴儿奶粉、童装、白酒11大类150多个品种，其中瓶装水、含乳饮料、八宝粥罐头多年来产销量一直位居全国第一。娃哈哈正通过产品线延伸，不断扩大市场的占有份额。

（资料来源：杭州娃哈哈集团官方网站）

思考：实施双向延伸策略应如何把握好延伸的度？

（4）产品线号召决策。指在产品线中有重点地选择一个或少数几个产品项目进行特别号召，以满足企业的特定营销目标，即利用“畅”销的产品带动“滞”销产品。这种策略一般来说对企业产品的促销有一定的效果，比如统一老坛酸菜牛肉面的销售策略。

（5）产品线现代化决策。产品的科技现代化是为了“引诱”顾客转入较高价格的升级换代型产品，改进产品最佳时机的选择也是企业的重大决策之一。过早转换会使企业现有产品线的销售受到不良影响，过迟则会错失良机。为此，很多现代企业都采取“四代”，即生产一代、储备一代、研究一代、构思一代的做法：当老产品进入成熟期时，第二代产品应开始投放市场，进入导入期；当老产品进入衰退期时，第二代产品应进入成长期，同时企业要着手研制第三代产品，并构思第四代产品。

学以致用

根据团队选取的创业想法或创业项目，在现有产品（或服务）的基础上进行产品组合分析。

二、产品生命周期

1. 产品生命周期的概念

产品的“生命周期”(Product Life Cycle）理论，又称“商品循环”理论（简称为“PLC 理论”)，是市场营销实践的结果。任何生物体都有一个从产生、发展到衰亡的过程，产品在市场上同样经历着这一过程，因此称之为产品的“市场生命”。

产品生命周期是指某产品从进入市场到被淘汰退出市场的全部运动过程和经历的全部时间。企业通过分析预测产品的生命周期可以更好地掌握自己企业所经营的产品的特点，及时进行产品的更新换代工作。

在营销学中，产品生命周期指的是市场寿命，它与其他几个概念的区别如下（如表 5 - 3 所示）。

表 5 - 3　产品生命周期相关概念的比较

区别	说明
产品生命周期≠商品的使用寿命	商品的使用寿命是指商品的耐用程度。有的商品使用寿命短，但市场寿命长（如食盐）；有的商品使用寿命长，但市场寿命短（如流行服装）
产品生命周期≠行业产品生命周期	行业产品生命周期是指某产品在某个行业（或整个市场）范围内的生命周期。如汽车在交通工具行业中旺盛的寿命期，但产品的款式、型号经常被淘汰，寿命期短
产品生命周期≠牌号生命周期	两者之间的生命周期虽有不同，但又有密切的联系。如汽车这种产品的生命周期由市场需求及技术决定，周期较长，“××牌汽车”是具体牌号，周期较短

讨论5－8：讨论影响产品生命周期的因素有哪些。

2. 产品生命周期各阶段的特点及营销策略

产品在投入市场后依次经过引入期、成长期、成熟期和衰退期四个阶段，这一过程的典型形式可以用产品生命周期曲线图来表示（如图5－6所示）。

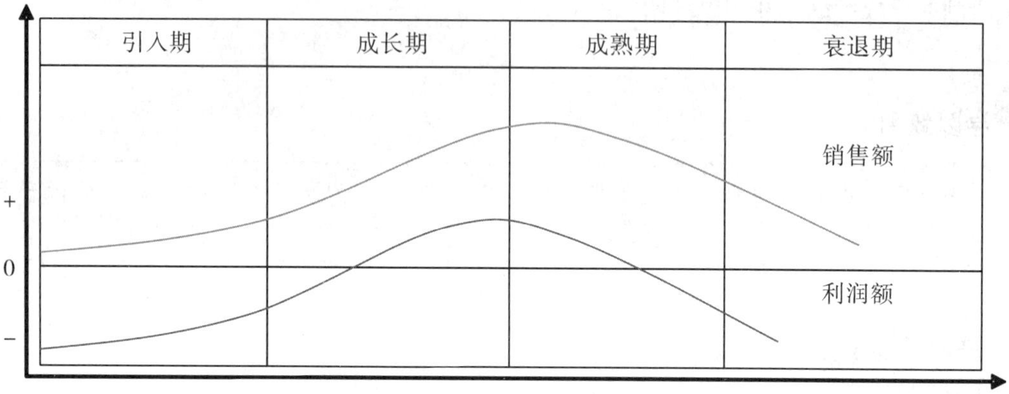

图5－6　典型产品生命周期形态

研究产品的生命周期规律，就是要针对生命周期各阶段的市场特点，采用相应的市场对策，以获得理想的营销效果。产品处在生命周期的不同阶段，在销量及其增长、成本、利润以及竞争情况等方面具有不同的特征（如表5－4所示）。

表5－4　产品生命周期各阶段的特征和营销目标

	导入期	成长期	成熟期	衰退期
销售量	低	剧增	最大	衰退
销售速度	缓慢	快速	减慢	负增长
成本	高	一般	低	回升
价格	高	回落	稳定	回升
利润	亏损	提升	最大	减少
目标顾客	创新者	早期使用者	多数使用者	落伍者
竞争者	很少	增多	稳中有降	减少
营销目标	建立知名度，鼓励试用	最大限度地占有市场	保护市场，争取最大利润	压缩开支，榨取最后价值

（1）导入期的营销策略。新产品初上市，由于顾客对它还不熟悉，销售量增长缓慢。在此阶段，为了建立产品的知名度，需要大力促销、广泛宣传，吸引潜在顾客的注意和试用，争取打通分销渠道，占领市场。公司销售的重点是那些更容易使用新产品的购买者。如果把价格与促销两个营销因素结合起来考虑，各设高低两档，则可有四种营销策略供企业选

择（如图5－7所示）。

价格水平＼促销水平	高	低
高	快速撇脂战略 （高价、高促销）	缓慢撇脂战略 （高价、低促销）
低	快速渗透战略 （低价、高促销）	缓慢渗透战略 （低价、低促销）

图5－7　导入期价格促销组合策略

实例5－8　瑞幸咖啡的低价补贴策略

2018年1月才开始试营业的瑞幸咖啡，在全国范围内快速扩张，不到一年时间，用户已过百万。预计到2019年底，其门店总数将达到4 500家，发展速度惊人。瑞幸咖啡的发展模式和以往的传统餐饮模式不同，在同行业内首次采用线上线下相结合的新零售模式，将实体店、外卖以及无人零售相结合，并进行咖啡连锁品牌营销。

为了引流，瑞幸咖啡不断投入资金补贴消费者，以低价吸引消费者和培养消费者App线上下单的消费习惯，通过大面积覆盖，强势进入消费者生活。

据报道，持续的补贴投入已造成瑞幸咖啡巨额亏损。不少人认为，瑞幸咖啡开不长久，可能将会步ofo小黄车的后尘。但瑞幸咖啡方面却对财务亏损一点都不意外，并表示称，“瑞幸既定的战略，就是通过补贴迅速占领市场，亏损完全符合原先预期”。瑞幸咖啡之所以有这样的底气，是因为背后资金实力雄厚，瑞幸目前已和腾讯达成战略合作关系。

（图文来源：从东南财富对瑞幸咖啡的报道中整理得出）

思考：你如何看待瑞幸咖啡在进入市场初期所采取的低价补贴策略？你看好瑞幸咖啡吗？

（2）成长期的营销策略。成长期是指该产品已经在市场上被消费者接受、销售额迅速上升的阶段。在购买群体增加的同时，受利润机会的吸引，新的竞争对手将进入市场，“成长期”即为“竞争期”。成长期是产品生命周期当中衔接导入期与成熟期的关键一环。企业为了尽可能长地维持市场成长，一般会采取下列几种营销策略（如表5－5所示）。

表5－5　成长期营销策略

成长期营销策略	说明	目的
产品策略	提高产品质量；增加产品的性能或者改进产品外观；增加新式样和辅助产品；进入新的细分市场	提高产品的竞争能力，吸引更多的顾客，使产品保持更长久的成长期
价格策略	选择适当的时机降低产品价格	可以争取那些对价格比较敏感的顾客，还可以对竞争对手形成冲击力
促销策略	在成长期，促销重点是宣传产品的特色，运用产品定位策略，树立产品形象，建立品牌偏好	维系老顾客，吸引和发展新顾客
渠道策略	在原有的销售渠道的基础上开拓新的销售渠道，增设销售网点和经销代理机构	扩大产品的销售面，加强产品的销售服务工作，提高市场占有率

讨论5－9：请分析产品处于成长期的市场特点。

（3）成熟期的营销策略。成熟期是指大多数购买者已经接受了该产品，但市场销售额缓慢增长或下降的阶段。成熟期是四个阶段中持续时间最长的时期，同时也是企业获利的最佳时期。大多数产品都处于生命周期的成熟阶段，因此，大部分营销管理者处理的正是这些成熟产品面临的问题。成熟阶段可以采取三种策略（如表5－6所示）。

表5－6　成熟期营销策略

成熟期营销策略	具体改良策略
市场改良策略	进入新的细分市场→刺激更多消费者更多地购买→重新定位，吸引新顾客
产品改良策略	提高产品质量→增加产品功能→改进产品款式
营销组合改良策略	降价→加强促销，多种形式相结合→改进渠道，扩大附加利益

实例5－9　华为手机在智能手机行业中的崛起

从2016年首次挤进全球手机三巨头行列至今，华为手机一直稳坐中国第一、全球前三。2018年第二季度，华为手机销量更是赶超了苹果手机。华为手机是如何在近几年智能手机竞争日益激烈的行业背景下突出重围，一跃成为中国手机领军品牌的呢？

首先，华为在几年前短时间内完成的三个突破起了重要作用：①用荣耀产品实现运营推广演练，成功完成B2B向B2C传播推广的转型；②用华为P6成功打开中端市场，拉开与国

内中低端手机品牌的距离；③用华为 Mate7 成功打开中高端市场，再次拉开与小米等国内其他知名手机品牌的距离，从而完成了产品线的突破，成功实现对中低端、中端、中高端市场的全面覆盖。

其次，华为长期形成的产品技术与服务优势，助力华为构建领先的科技形象，占领行业制高点。在华为 Mate10 发布会上，华为消费者业务大中华区总裁朱平接受采访，总结了华为手机成功的三个关键点：①创新者的进攻优势。巨额的研发投入和持续创新让华为赢得了市场，而市场上曾经的创新者也因为创新乏力在失去市场。②不以产品品质为保障的创新是无根之木。正如好文章会获得更多转发一样，高品质的好产品自带传播性，如果产品质量不达标，再好的创新也会令消费者失望，这时再强调创新只会令消费者反感，正如受到其他厂商跟风模仿的手机拍照打水印功能，对华为而言，打上去的不仅是水印，还有品质。③服务全面跟进让用户享受到创新。朱平特别强调华为的零售、销售、线上线下，无论哪个渠道，每一次销售就是一次服务，每一次体验也是一次服务，华为致力于把每一个环节的服务面向消费者实现全面提升。围绕用户的巨额创新投入，配合高品质的产品和完善贴心的服务，让华为具备了冲击国际一线品牌的实力，其实中国市场远比国际市场竞争激励，拿下中国市场，方能笑傲全球市场。

（图文来源：从百度文库、搜狐网资料中整理得出，华为手机官网）

思考：1. 智能手机市场进入成熟期，结合该案例分析成熟期阶段的特点。
2. 结合该案例谈谈华为在智能手机成熟期的营销策略。

（4）衰退期的营销策略。产品衰退期是指产品销售量急剧下降，产品开始逐渐被市场淘汰的阶段。销售下降的原因很多，其中包括技术进步、消费者偏好的改变、国内外竞争的加剧。所有这些因素都会导致生产能力过剩、产品降价和利润侵蚀等情况。衰退阶段可选择的营销策略如表 5－7 所示。

表 5－7　衰退期营销策略

衰退期营销策略	说明	目的
增加策略	增加公司的投资，重新定位	使自己处于市场主导地位或加强竞争地位，开发新的细分市场
持续策略	仍按照原来的细分市场，使用相同的分销渠道、定价和促销方式，直到这种产品完全退出市场	由于此时众多企业已退出市场，企业可以获取部分落伍者的利润
集中策略	集中公司能力和资源，放在最有利的细分市场和分销渠道上，从中获利	有利于缩短产品退出市场的时间，同时又能为公司创造更多的利润

（续上表）

衰退期营销策略	说明	目的
榨取策略	抛弃无希望的顾客群体，大幅度降低促销水平，尽量减少促销费用，以增加目前的利润	这样可能导致产品在市场上的衰退加剧，但也能从忠实于这种产品的顾客中获取利润
放弃策略	对于衰退比较迅速的产品，应该当机立断，放弃经营	将资源转向其他产品

实例 5－10　“恐龙产品”如何重获新生

电动剃须刀的发明，给手动剃须刀产业以重大打击，很多剃须刀片企业纷纷消失，但吉列反而因祸得福。吉列是如何保住手动剃须刀产品的市场价值的呢？

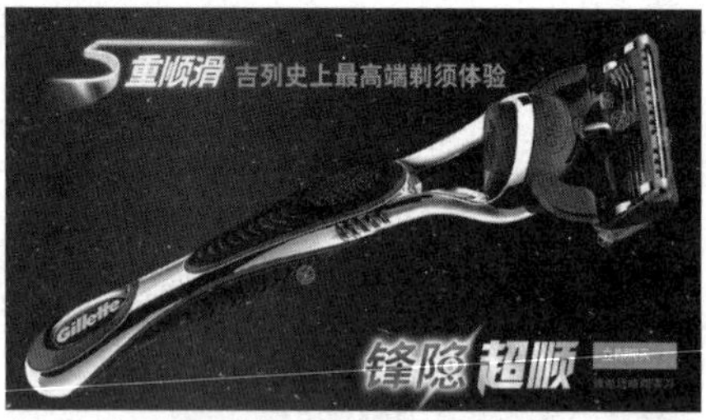

电动剃须刀在便捷性上是手动剃须刀无法比拟的，吉列开始在“体验性”上下功夫：将更干净地剃须与光彩照人对接；将手动剃须与注重生活细节、社交形象等个人气质衔接。经过这种策略转化，吉列成为“男人的选择”，赋予“吉列男人”更丰富的人格内涵。这个产品营销策略的创新，击中了电动剃须刀的软肋：方便但未必干净。由于将吉列剃须刀从基础性需求（快速干净）转移到升级性需求（光彩照人、剃须体验），吉列开始成为品质人生、品位人士的选择。

吉列对产品的使用体验也进行了升级，如刀片设计从单层到双层再到多层，手柄从简单的“直筒形”变为手感更好的“S”形。近期的新产品——锋速3、锋隐等，手柄的造型及色彩融入工业设计风格的造型与色彩，产品的高端形象由此愈加明确，吉列成功地“再造”了手动剃须刀产品的市场价值。

（图文来源：第一营销网、吉列官网）

思考：吉列剃须刀是如何在市场衰退期实现重生的？对其他企业有何启示？

测试你掌握的知识

1. 观察生活中的某一件用品，举例说明其产品整体概念的五个层次。
2. 结合生活中某一件你感兴趣的产品，从产品整体概念的五个层次寻找灵感，进行相关的产品创新运用。
3. 结合创业项目选取的产品（或服务），进行产品组合分析并绘制产品组合示意图。
4. 结合创业项目选取的产品（或服务），进行产品生命周期策略分析。

实训模块 5　产品创新训练

结合创业项目选取的产品（或服务），从产品整体概念的五个层次找灵感，小组团队成员通过头脑风暴法，进行新产品构思，可以通过创意构想、图片制作、模型设计、功能创新等转换成产品创新概念，选择最有潜力的产品概念。

扩展资源 5

第六章　建立价值——品牌决策

品牌是一种错综复杂的象征——它是产品属性、名称、包装、价格、历史声誉、广告方式的无形总和，品牌同时也因消费者对其使用的印象以及自身的经验而有所界定。

——大卫·奥格威

【学习目标】

1. 掌握品牌的概念及品牌的种类。
2. 掌握与品牌相关的术语。
3. 认识品牌识别系统。
4. 学会评估品牌资产。
5. 掌握品牌决策的相关过程。
6. 掌握品牌设计的指导原则。

【思维导图】

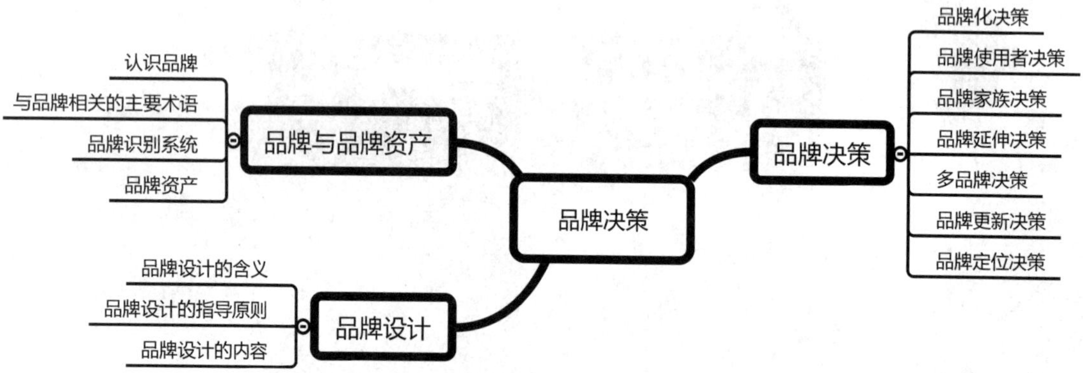

【营销实战】

麦当劳改名“金拱门”？

2017 年 10 月 25 日，一则信息在网上疯狂流传，麦当劳更名为“金拱门”。一时间，无论网上还是网下，大家都议论纷纷，麦当劳怎么改名了？还改了一个那么土的名字。要知道，“麦当劳”这三个字，家喻户晓，品牌知名度极高，具有很大的品牌价值。据 BrandZ 全球最佳价值品牌榜单分析，麦当劳的品牌价值达到 886.54 亿美元。这么值钱的品牌，怎么就不要了？要知道，品牌资产包含了麦当劳的知名度、顾客对其信任度，经营多年之后，在全球范围内都有其内涵和价值，是一个很大的无形资产。即便麦当劳在中国已经是一个知名的品牌，但轻易更换品牌依然会对消费者的认知造成影响，更不用说由此带来的经济损失了。更重要的是，如果更换了品牌名，商标等是不是也要更换？就在人们还在为麦当劳的前途担忧时，麦当劳的相关负责人站出来并回应了网友的担忧。这一次更名，是麦当劳中国总部的企业名称变更为“金拱门（中国）有限公司”。这一变更主要在证照层面，日常的业务不会受到任何影响，麦当劳餐厅名称、食品安全标准、营运流程等保持不变。而以“金拱门”命名，主要是麦当劳的 LOGO 的英文名称为“Golden Arches”，直译过来就是“金拱门”，且形状也似金色拱门。

企业名称和商标名称其实是两个不同的东西，商标由国家工商总局商标局统一审查、注册。企业名称则是经特定区域或全国工商部门核准登记。商标受《中华人民共和国商标法》管理，企业名称受《企业名称登记管理规定》调整，两者的保护是并行的，互不交叉。

也就是说，你不用担心楼下的麦当劳突然变成“金拱门”了，也不用担心新名字叫不惯。企业更名和品牌更名是两码事。

（资料来源：搜狐网，有修改）

思考： 1. 为什么麦当劳更名“金拱门”会造成那么大的影响？

2. 你如何理解品牌名称背后所带来的巨大的无形资产？

第一节　品牌与品牌资产

一、认识品牌

1. 品牌的定义

品牌的英文单词是 Brand，源自古挪威语 Brandr，意思是“烧灼”，古时人们用这种方式来标记家畜等需要与其他人相区别的私有财产。到了中世纪的欧洲，手工匠们用这种打烙印的方法在自己的手工艺品上打下烙印，以便顾客识别自己的手工艺品，这就产生了最初的商标，同时也向消费者提出了承诺与法律保护。16 世纪早期，蒸馏威士忌的生产商将威士忌装入烙有生产商名字的木桶中，以防他人偷梁换柱。到了 1835 年，苏格兰的酿酒者使用了“Old Smuggler”这一品牌，以维护采用特殊蒸馏程序酿制的酒的质量声誉。所以，最早的品牌主要是用来标识所有权以及证明品质。

但随着时间的推移和商品市场竞争环境的变化，品牌所承载的含义也越来越丰富，已然成为一门品牌学。

对品牌的定义，近几十年来，中外学者表述各异，具有代表性的有四种（如表 6－1所示）。

表 6－1　不同学者或机构对品牌所下的定义

学者或机构	定义
大卫·奥格威（英国）	品牌是产品名称、符号、历史、文化、声誉、属性等综合体，以及使用者的消费体验在传播途径上的认知和传播方式留下的心理感受
大卫·艾克（美国）	品牌就是产品、符号、人、企业与消费者之间的联结和沟通。也就是说，品牌是一个全方位的架构，牵涉到消费者与品牌沟通的方方面面，并且品牌更多地被视为一种“体验”，一种消费者能亲身参与的更深层次的关系，一种与消费者进行理性和感性互动的总和，若不能与消费者结成亲密关系，产品就从根本上丧失了被称为品牌的资格
美国市场营销协会（AMA）	品牌是一种名称、术语、标记、符号或设计，或是它们的组合运用，其目的是借以辨认某个销售者或某群销售者的产品或服务，并使之同竞争对手的产品或服务区分开来
菲利普·科特勒（美国）	品牌是一种名称、术语、标记、符号或图案，或是他们的相互组合，用以识别企业提供给某个或某群消费者的产品或服务，并使之与竞争对手的产品或服务相区别

上述关于品牌定义的几种表述，各有特点。参照各位专家的论述，笔者认为，品牌的定义可以表述为：所谓品牌就是公众对某种产品或服务区别于其他竞争对手的产品或服务的一系列认知，这些认知包括对产品或服务的外观、内涵、传递的价值、文化等方面的感觉和知觉的总和。根据这个定义，品牌具有以下特征：

（1）品牌是无形的。品牌不具有物质载体，但可以通过一系列的物质载体、行为载体来体现。直接的物质载体有标识、图形、文字、声音，间接的物质载体有产品的质量、价格、功能、服务、市场占有率、知名度、美誉度、亲近度等；行为载体有组织的员工行为、管理者行为、研发设计行为等。

（2）品牌是独特的。品牌是产品的一种辨识器。企业通过符号、单词、概念色彩、图案等设计品牌，与其他品牌区分开来，代表企业的特点，作为区别于其他企业品牌的标识，从而吸引公众特别是消费者的注意，使之容易识别。同样，人们可以通过品牌认知产品，并依据品牌来选择购买。例如人们购买汽车时有几种品牌：大众、奔驰、宝马、丰田、本田，每一种品牌代表了不同的文化背景、不同的设计理念、不同的产品特性，消费者可以根据自身的需要来进行选择。

（3）品牌是企业的无形资产。品牌是一种资产，其所代表的意义、个性、品质和特征能产生品牌价值。这种价值虽然看不到、摸不到，但却能为企业创造利润。比如，据 Interbrand（国际品牌集团）发布的 2015 年度报告显示，苹果连续四年获得全球最有价值品牌称号，其品牌价值高达 1 780 亿美元，较去年增长 5%，领先谷歌、微软和三星等公司。

（4）品牌可以提升企业的竞争优势。在买方市场的今天，消费者选择的空间也更大，对产品的要求也更加多元化。企业要想在众多的产品中脱颖而出，就应该有过人之处。而品牌就是他们进入市场的通行证。品牌代表了一个企业在市场中的地位和形象，因此，从这种意义上来说，品牌是企业在市场竞争中获胜的法宝。特别在产品功能趋同的今天，人们在选择的时候可能会更多地去看品牌：谁的品牌过硬，谁就能获胜。比如买空调，在同等价格之下，人们会首选格力；买电饭锅，会首选苏泊尔；买豆浆机，会首选九阳。

（5）品牌是动态变化的。品牌不可能一成不变，在市场屹立不倒。随着顾客的需求变化，品牌也应相应地有所调整。此外，品牌的潜在价值虽然大，但它只是给企业带来附加价值，一旦企业的产品或服务出现问题，处理不当，品牌也会迅速贬值。所以，品牌具有一定的风险性和不确定性。

讨论6－1：用自己的话描述你所理解的品牌包括哪些内容。

2. 品牌的种类

品牌可以依据不同的标准划分为不同的种类，如下所示：

（1）根据品牌的知名度和辐射区域划分，可以将品牌分为地区品牌、国内品牌和国际品牌三种。地区品牌是指在某一个地区具有一定知名度和美誉度的品牌，产品辐射范围不大，如烟台啤酒，在山东省内的市场占有率很高，但在全国范围内就不知名。国内品牌是指在国内具有比较高知名度和美誉度的品牌，产品辐射全国，如青岛啤酒。国际品牌是指在国际市场具有较高知名度和美誉度的品牌，产品辐射全球，如联想电脑、海尔冰箱、肯德基、麦当劳等。

（2）根据产品生产经营的所属环节划分，可以将品牌分为制造商品牌和销售商品牌。制造商品牌是指制造商自己为生产制造的产品进行设计的品牌，如海尔、联想等。销售商品牌是指产品销售商根据目标市场的特点，结合产品的功能和特点，为产品设计的品牌，如阿迪达斯等。此外还包括销售商根据自己独特的经营管理、销售、服务而创立的品牌，如沃尔玛、大润发等品牌。

（3）根据品牌的来源划分，可以将品牌分为自主品牌、外来品牌和嫁接品牌。自主品牌是企业根据自身需要创立的，如海尔、诺基亚、丰田等。外来品牌是指企业通过特许经营、并购或其他形式获得的品牌，如联合利华收购的北京“京华”牌。嫁接品牌是指通过合作、合资方式形成的带有双方品牌的新产品，如琴岛—利勃海尔冰箱。

（4）根据品牌产品的所属行业划分，可以将品牌分为家电业品牌、食用饮料业品牌、日用化工业品牌、汽车机械业品牌、商业品牌、服务业品牌、网络信息业品牌等几大类。

（5）根据品牌与消费者的关系划分，可以将品牌分为功能型品牌、个性型品牌、开拓型品牌、社区品牌和标志型品牌。功能型品牌主要突出产品自身的功效，比如霸王洗发水主要突出其防脱发；个性品牌主要指赋予品牌人的特征，比如万宝路香烟突出其粗犷的西部牛仔形象；开拓型品牌以动力来推动品牌，如耐克的女性运动鞋；社区品牌主要突出人类的归属需求，如小米的粉丝经济；标志型品牌是当人们想起某种东西时，自然而然会想起这个品牌，这是品牌的最高境界，如商务手机，人们可能会先想起金立商务手机。

讨论6－2：根据以上品牌的分类，对苹果手机、珠江啤酒、奇瑞汽车、飘柔洗发水、立白洗衣粉等进行归类，并说明原因。

二、理解与品牌相关的主要术语

为了更好地理解和掌握品牌的含义，需要弄清楚下面七个概念：

1. 品牌名

品牌名是品牌中可以读出的部分——词语、字母、数字或词组等的组合。如海尔、红双喜1999、TCL等。

2. 品牌标志

品牌标志是品牌中不能发声的部分——包括符号、图案、明显的色彩或字体。如耐克的一勾造型、可口可乐的红色经典瓶子、小天鹅的天鹅造型、IBM的字体和深蓝色的标准色等。

3. 品牌角色

品牌角色是用人或拟人化的标识来代表品牌的方式，如海尔兄弟、麦当劳的小丑、肯德基爷爷、米老鼠、康师傅等。

4. 品牌商标

品牌商标是一种法律用语，是受到法律保护的整个品牌、品牌标志、品牌角色或者各要素的组合。当商标使用时，要用“R”或“注”明示，意指注册商标。商标注册人具有商标使用权。

5. 品牌符号

品牌符号是区别其他产品或服务的基本手段，包括名称、标志、基本色、口号、图案、象征物、代言人、包装等。它是形成品牌概念的基础，成功的品牌符号是公司的重要资产，在品牌与消费者的互动中发挥作用。

6. 品牌识别

品牌识别是品牌营销人员希望创造和保持的，能引起人们对品牌的美好联想物。这些联想物暗示着对消费者的某种承诺。比如海尔通过多年的经营，特别是当年张瑞敏怒砸冰箱的故事广泛流传，使得消费者想起海尔，就会联想起“高品质”。

7. 品牌形象

品牌形象是指品牌在社会公众中留下来的印象总和，体现公众特别是消费者对品牌的评价与认知。品牌形象与品牌不可分割，形象是品牌表现出来的特征，反映了品牌的实力与本质。品牌形象包括品名、标志、图案广告、包装、形象代言人等。

讨论6－3：品牌形象和品牌识别有何联系与区别？

实例6－1　南方黑芝麻糊的成功密码

1984年，注定是一个非凡的年份。这一年不仅仅是邓小平发表第一次南方谈话之年，也是著名的“中国公司元年”。享誉世界的中国企业品牌——万科、海尔、联想、TCL、娃哈哈以及曾经如日中天创造无数辉煌的健力宝，无不是诞生在这个散发着独特气息的年份。这一年，韦清文、李汉荣、李汉朝三个创始人倾尽所有，以 3 万元资本，与 13 位洗脚上田的“泥腿子”，在广西容县城郊一个叫荔枝根的地方，在一座只有 100 多平方米的土坯房子里，办起了南方儿童食品厂，这就是南方黑芝麻集团的前身。

为什么要从儿童食品转向黑芝麻糊？在韦清文看来，虽然南方的儿童食品已经在市场上广受欢迎，也占据了一定的市场份额，但此时的儿童食品如雨后春笋般在全国遍地开花，产品同质化越来越严重。随着居民收入的增加，奶制品取代营养品已大势所趋，所以转型迫在眉睫。1988 年，当散发着沁人心脾的芝麻浓香的黑芝麻糊新产品上市后，一时好评如潮，但市场却难以形成突破。

韦清文抓住了 1990 年第十一届北京亚运会举办的契机，黑芝麻糊成为亚运会指定产品，由亚运会这个全民关注的热点事件做背书，南方黑芝麻糊一下子声名鹊起。“亚运会的契机很重要，这是第一个小高潮。”韦广贤说，“市场需求明显增加，我们当时新增了一条生产线。”

“南方黑芝麻糊为全国人民所熟知，主要是因为《渴望》贴片广告的播出。”韦广贤说道。借助全国热播剧《渴望》，“一股浓香，一缕温暖”的南方黑芝麻糊品牌形象传遍了全中国，特别是黑芝麻糊广告中叫卖和吃黑芝麻糊的中年女性及儿童形象更是深入人心，这个品牌形象一直沿用至今。

“我当时对广告的要求就一点，跳出‘自卖自夸’的思维做广告创意。‘叫卖篇’广告之所以引起如此大的反响，是因为在那个特定的年代，我们做了第一个情感诉求的广告，创造了第一。”韦清文回忆道。

“1991 年，‘叫卖篇’广告推出时，正值中国第一部长篇电视连续剧《渴望》在全国热播，韦清文察觉到这波热潮的影响力，立即决策，把‘叫卖篇’广告作为这部剧的贴片广告播出。”集团品牌总监韦广贤回忆道，“大概 25 万元的广告费用投入，却把南方品牌带给了全国人民。从中央电视台到各省级电视台差不多都播出了这部剧，我们的贴片广告也就被带了出来，一个贴片广告能带来如此大的影响力，这是我们未曾想到的”。这则情境交融、令人顿发思古幽情的广告，与南方儿童食品厂的黑芝麻糊一道，迅速传遍全国各地的城市乡村，走进千家万户，勾起了无数人的购买欲。

多年来，南方黑芝麻对黑芝麻糊的产品质量和品质一直坚守，使其在消费市场中建立了良好的产品口碑。面对劣质仿冒品的围剿，韦清文没有加入价格战，而是打出了一手好牌：改进工艺以及生产流程，进一步提升黑芝麻糊的产品品质，以高品质打击杂牌军和冒牌货。同时，通过司法途径及加强与销售终端店的联系，形成从法律和市场两个层面对假冒伪劣产品的围剿之势，直至它们“缴械投降”。

（资料来源：《销售与市场》，有删改）

思考：南方黑芝麻糊的品牌标志、包装、广告等如何体现品牌核心？

三、品牌识别系统

品牌识别系统（Brand Identity System，BIS）有助于消费者去辨认一个企业的品牌形象，是企业进行品牌构建时重要的借鉴模式。品牌识别系统，由 VI（视觉识别 Visual Identity）、BI（行为识别 Behavior Identity）、MI（理念识别 Mind Identity）三方面组成。

1. 视觉识别系统（VI）

视觉识别系统是指运用系统的、统一的视觉符号系统，对外传达品牌的经营理念与形象信息，是品牌识别系统中最具传播力和感染力的要素。视觉识别是以品牌标志、标准字体、标准色彩为核心展开的完整的、系统的视觉传达体系。

视觉识别系统分为基本要素系统和应用要素系统两个方面。基本要素系统主要包括品牌名称、品牌标识、标准字、标准色、象征图案、宣传口语等。应用系统主要包括办公用品、办公环境、办公场所的设计、产品包装、广告媒体、交通工具、衣着制服、招牌、标识牌、橱窗、陈列展厅等。

2. 行为识别系统（BI）

行为识别系统是指在理念识别基础上所形成的、用以规范品牌内部行为，并达到对外统一化（活动统一化）的一系列行为规范和准则。行为识别是非视觉化动态的识别方式，对内负责组织管理，包括工作环境、生产设备、研究发展、生产福利及员工教育（仪态仪表、员工言行）等；对外开展各项活动，包括市场调查、促销活动、公共关系、产品开发等。

3. 理念识别系统（MI）

理念识别系统是指品牌从事一切经营活动的哲学、思想、价值观等。品牌理念包括形象定位、品牌使命、经营理念、价值观、品牌精神、服务理念、管理观以及对外传播的广告语等（如表 6－2 所示）。

表 6－2　品牌理念识别系统的构成要素

要素	解释	举例（以海尔为例）
形象定位	品牌定位的外显，形象塑造的目标，形象传播的导向	蓝色的海尔，突出海尔的创新、智慧、充满朝气和拥有无限美好的未来
品牌使命	品牌的外向价值，品牌在社会生存环境中的地位、作用和责任感	致力于成为行业主导，用户首选的拥有第一竞争力的美好住居生活解决方案服务商
经营理念	品牌的经营哲学、经营方针，品牌追求的经营境界	人人都是自己的 CEO
价值观	为公司、员工、客户、经销商、股东、社会等共享的价值理念	是非观——永远以用户为是，以自己为非；发展观——创业精神和创新精神；利益观——人单合一双赢
品牌精神	全体成员的群体意识，振奋士气的精神口号	创造资源，美誉全球

（续上表）

要素	解释	举例（以海尔为例）
服务理念	以服务为导向的品牌行为理念，开展令顾客满意活动的动力	一切以用户为中心
管理观	优化品牌管理的管理思想，与人才使用相关的管理观念	人人是人才，赛马不相马
广告语	经营理念、品牌理念、服务理念等的对外传播口号	一个世界一个家，真诚到永远

讨论 6－4： 除了依靠品牌识别系统去识别一个企业的品牌外，还可以通过哪些方式去识别品牌？

四、品牌资产

1. 品牌资产的定义

品牌资产是 20 世纪 80 年代在营销研究和实践领域出现的一个重要概念。20 世纪 90 年代后，特别是美国先知品牌战略咨询公司的副总裁大卫·艾克出版著作《管理品牌资产》（1991）后，品牌资产就成为营销研究的热点问题。

品牌资产（Brand Equity）也称品牌权益，是指品牌才能产生的市场效益，往往与品牌名称、品牌标识、品牌形象等相联系。简单来说，就是一个企业的产品在有品牌时与无品牌时的市场效益之差。

品牌资产具有四个特点：

（1）品牌资产是无形的。品牌资产看不见，不具有物质载体。

（2）品牌资产以品牌名称为核心。

（3）品牌资产会对消费者的行为产生影响。因此，品牌资产的维持或提升，需要营销宣传或营销活动的支持。

（4）品牌资产的价值来自消费者的认可，而非产品。为此，品牌资产会因消费者的品牌经验或品牌认可而变化。

2. 品牌资产的“五星”模型

大卫·艾克在《管理品牌资产》一书中，综合前人的基础，提炼出品牌资产的“五星”模型，即认为品牌资产是由品牌知名度（Brand Awareness）、品牌认知度（Perceived Brand Quality）、品牌联想度（Brand Association）、品牌忠诚度（Brand Loyalty）和其他品牌专有资产五部分所组成。

（1）品牌知名度。品牌知名度是品牌为消费者所知晓的程度，也称为品牌知晓度。品牌知名度反映的是一个品牌的影响范围和广度。品牌知名度可分为无知名度、提示知名度、第一未提示知名度和第一提示知名度四阶段。当一个新产品上市之初，品牌在消费者心目中无知名度；通过一段时间的广告宣传和促销活动等，品牌在部分消费者心中留下了模糊印象，通过提示可以记起来，即到了提示知名度阶段；下一阶段，在无提示的情况下，消费者能主动记起该品牌；当品牌成长壮大，处于市场“领头羊”位置时，消费者会提起或在购买同类产品时会最先想到该品牌，这时品牌就到了知名度的顶峰。

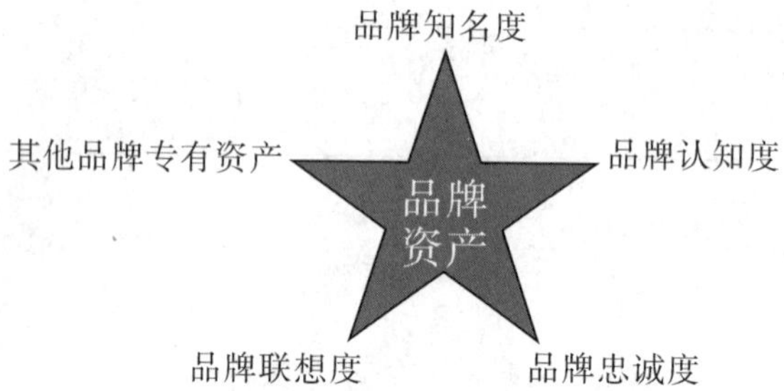

图6－1　品牌资产“五星”概念模型

（2）品牌认知度。品牌认知度是指消费者对某一品牌的内涵和价值认识和理解的程度。品牌认知度关系到消费者体验的深度，是消费者在长期接受品牌传播，并使用品牌的产品和服务之后，逐渐形成的对品牌的认识。

（3）品牌联想度。品牌联想度是指透过品牌而产生的所有联想，是对产品特征、消费者利益、使用场合、产地、人物、个性等的人格化描述。这些联想往往能组合出一些意义，从而形成品牌形象。它提供了购买的理由和品牌延伸的依据，比如香飘飘奶茶，会让人联想到“暖暖的”，这就是香飘飘奶茶长期品牌营销传播的结果。

（4）品牌忠诚度。品牌忠诚度是在购买决策中多次表现出来的对某个品牌有偏向性的（而非随意的）行为反应，也是消费者对某种品牌的心理决策和评估过程。它由五级构成：无品牌忠诚者、习惯购买者、满意购买者、情感购买者和承诺购买者。品牌忠诚度是品牌资产的核心，如果没有品牌消费者的忠诚，品牌不过是一个几乎没有价值的商标或符号。像苹果公司的粉丝经济，其实利用的就是品牌忠诚度。

（5）其他品牌专有资产。其他品牌专有资产是指品牌注册的商标、专利等知识产权，以及品牌所拥有的能带来经济利益的资源，比如客户资源、销售渠道、生产网络、管理制度、企业文化、品牌等。

大卫·艾克认为品牌权益的五项内涵中，品牌认知度、品牌知名度、品牌联想度、其他品牌专有资产有助于品牌忠诚度的建立，其中品牌知名度、品牌认知度、品牌联想度代表顾客对于品牌的知觉和反应，而忠诚度则是以顾客为基础的忠诚度。大卫·艾克指出品牌权益的核心是品牌认知度和品牌联想度。

实例6－2　云南白药——老字号的跨界颠覆

历史上，云南白药有很多传奇故事。但在总裁王明辉看来，那时中国处在内乱当中，青霉素还没有普及使用，一个人受伤之后只要有药可以消炎止血愈伤，大家都会奉为“神药”。所以当时的云南白药，一瓶可以卖到24块大洋，因为它可以救命。不过，随着社会的发展和医疗条件的不断改善，这种产品的重要性却在降低。

如果意识不到传统产品本身的时代背景和其使用场景的局限性，躺在历史上吃老本，终究有一天会进入困境。20 世纪 90 年代后期，伤药的市场份额突然开始急剧整体缩水，云南白药的销量也遭遇了断崖式下跌。这时候，具有丰富销售背景的王明辉临危受命，就任云南白药总经理。他走马上任的第一项工作，就是给云南白药做了一份市场调查。结果显示：云南白药这些年间积攒下来的品牌声誉正在渐渐消失，在 30 岁以下的消费者中，品牌知名度已然跌过 50% 的红线。

王明辉决定，必须拿回属于云南白药小伤口护理当中的市场地位和产品满意度。他们对原有的产品，进行了大规模的改进。年轻消费人群更容易接受的气雾剂，被当成了重点改造对象。2000 年，云南白药对气雾剂进行二次研发；2001 年，推出双瓶双效气雾剂，起用年轻运动员代言，选择中央电视台为主要广告投放媒体，力图为品牌注入年轻活力。

之后，云南白药又将触手伸向了创可贴市场、牙膏市场。通过打造“泛白药效应”，经过品牌策划、推广、维护，云南白药从药品品牌延伸到大健康品牌（牙膏、洗护产品）、服务品牌（大药房、电商服务平台），实现了从传统中药品牌向现代健康消费品牌的跨越。

而“传承”一词也在云南白药身上，玩出了全新的境界。

创新多来自于两个维度。第一是广度：跟随材料科学的进步，云南白药与各种新型材料进行了融合，成为胶囊、创可贴、膏药、气雾剂，甚至还成为牙膏、洗发水。第二是深度：在药品的使用上，随着创新研究逐步深化，云南白药也已经出现在了更多的之前不可能出现的医疗和生活场景中。不管怎么创新，都不离开云南白药一百多年来形成的品牌内核。

云南白药牙膏和云南白药的老品牌口碑高度契合，只需告诉消费者云南白药出牙膏了，是止血的就可以了！老百姓不会怀疑，因为白药就是止血的。品牌的认同度是品牌最为重要的属性，云南白药牙膏完全承接了母品牌在认同度上的品牌资产——将止血这一功效，随着广告轻松地送进了消费者的心里。

相较之下，昔日曾经占据国产牙膏领军地位的两面针，其衰落则让人十分唏嘘。当云南白药开始售卖其第一支牙膏的时候，两面针牙膏已经功成名就，并成功上市。但其品牌后来衰落的原因非常简单，就是在多元化的过程中没有把持住自己的“宗”，盲目地陷入多元化发展的误区。

2017 年，云南白药实现营业收入 243.15 亿元，较 2016 年同期的 224.11 亿元净增 19.04 亿元，增幅 8.50%；实现利润总额 36.22 亿元，较 2016 年同期的 33.98 亿元净增 2.24 亿元，增幅 6.60%。

（资料来源：中国财经，有修改）

思考：请用品牌资产的“五星”模型分析云南白药的品牌资产。

学以致用

营销，不仅仅营销产品，更重要的是营销个人品牌。如果把你自己当作一个品牌来对待，你将如何来进行设计和营销？

第二节 品牌决策

品牌决策是品牌管理的基础。品牌决策是指决定企业是否使用品牌、采用哪种类型的品牌，以及使用什么形式的品牌等一系列决策的过程。品牌决策的内容包括：品牌化决策、品牌使用者决策、品牌家族决策、品牌名称决策、品牌延伸决策、品牌再定位决策、品牌更新。

一、品牌化决策

所谓品牌化，就是企业给其销售的产品确定相应的品牌。是否需要创立品牌，是企业首先需要考虑的问题。在历史上大多数产品是没有品牌的，但在商品经济发达的今天，实行品牌化，是企业在激烈的市场竞争中增强竞争力的一种重要手段。

那么企业在什么时候进行品牌化比较合适呢？主要考虑以下几点：

（1）产品所在领域是新兴的还是成熟的。如果产品所在的领域是新兴的，可以暂时不用进行品牌化，当然如果你想快速打开市场，方便消费者记忆和传播，可以进行品牌命名。如果产品所在的领域是成熟的，市场上品牌林立，为了区别于其他产品，最好对产品进行命名。

（2）目标顾客的消费习惯及消费行为。如果目标顾客仅仅只在意能满足最低的使用需求，希望能以较低的价格购买到产品，可以暂时不进行品牌化。但是如果目标顾客希望产品除了满足最低的生理需求外，还希望购买的产品能满足其情感需求或者地位需求，最好进行品牌化。

（3）产品特性。虽然目前很多产品都广泛品牌化，但并非所有的产品都必须使用品牌。产品是否适合使用品牌，还应该根据产品的特性而定。比如下列情况可以不使用品牌：一是当产品的同质性较好时，如煤炭、钢铁、自来水、石油等，一般都无须实行品牌化；二是需要加工的原材料，如矿砂、棉花、大豆、花生，大多是作为原材料加工用的，不需要用品牌；三是消费者已经习惯不使用品牌的产品，比如大米、面粉、食用油、盐等；四是某些生产比较简单，选择性不大的小商品；五是临时一次性出售的商品，如一次性手套、碗碟等。

（4）企业在市场中的相对地位以及自身实力。当企业在市场中的相对地位比较高，自身实力很强时，可以不用品牌化。

（5）品牌营销能力。如果企业不具备一定的品牌营销能力，那么可以暂时不需要考虑进行品牌化。

讨论6－5：在我们的日常生活当中，哪些产品是无须品牌化的？

二、品牌使用者决策

品牌使用者决策是考虑采用谁的品牌的问题。一般来说，会面临三种品牌所有权选择：

一是制造商自己的品牌；二是经销商的品牌；三是混和品牌。不管使用哪种品牌，关键在于是否有利。

1. 制造商品牌

大多数制造商都创立了自己的品牌，比如苹果手机、奔驰汽车等，并使用自己的品牌组织产品销售。如果使用制造商自己的品牌，由于制造商对产品的设计理念、功能、价值内涵等都了解得比较清楚，更加方便进行品牌设计和品牌宣传，可以省去不少品牌建设和推广费用，在价格上面更具有优势。当然，如果制造商自己生产、自己销售，那么进行品牌化，可能会增加成本。

2. 经销商品牌

经销商品牌是指制造商将生产的产品卖给经销商，经销商利用自己的品牌将产品转卖出去，又称私人品牌。比如说大润发面巾纸、沃尔玛面巾纸、希尔斯小商品等。经销商品牌具有的好处是中间商可以加强对价格的控制，并在一定程度上控制提供产品的生产商。此外，经销商自设品牌也存在一些问题，比如增加了品牌的营销费用，以及因为经销商自己不生产而向生产者订货，可能会导致资金的大量占用，从而增加了财务风险。

3. 混合品牌

制造商可以决定部分产品采用自己的品牌，而有些产品则采用中间商的品牌。混合使用品牌有三种情况。

（1）制造商部分产品使用自己的品牌，部分卖给中间商而使用中间商品牌。这样既保持了本企业品牌特色，又扩大了销路。

（2）为进入新市场，先使用中间商品牌，取得一定市场地位后改用自己的制造商品牌。

（3）两种并用。即一种制造商品牌与一种中间商品牌或另一种制造商品牌，同时用于一种产品，以收获两种品牌单独使用的优点，或说明某些不同的特点。

讨论6－6：在“互联网＋”的今天，还可以采用哪种品牌使用者策略？

三、品牌家族决策

如果制造商决定使用自己的品牌，那么，还面临着进一步的品牌策略选择，即家族品牌策略。所谓家族品牌策略就是选择品牌名称的决策，企业所生产的各种不同种类、不同规格质量的产品，是全部用一种品牌，还是分别用不同的品牌，一般有以下几种品牌名称策略可供选择。

（1）统一品牌策略。即企业对其全部产品使用同一个品牌，如“康师傅”“长城”“海尔”等公司。这种策略的好处是推出新产品时，免去了命名的麻烦，可以尽快建立品牌信誉，有利于新产品开拓市场，在统一品牌下的各种产品可以相互声援、扩大销售，并且可以节约广告宣传费用。但也存在一定的风险，如果其中有某一种产品营销失败，可能会影响整个企业的声誉，波及其他产品的营销，比如三鹿奶粉。因此，使用统一品牌的企业，必须对所有产品的质量实行严格控制。

（2）个别品牌策略。是指一个企业的各种产品分别采用不同的品牌名称，比如联合利华公司的产品品牌有清扬、金纺、多芬、夏士莲、立顿、旁氏、中华、凡士林、舒耐、和路雪等，不仔细看都不知道原来这些产品品牌都来自同一家公司。这种策略可以分散产品营销的市场风险，可以把个别产品的成败同企业的声誉分开，不至于因个别产品的失败而败坏整个企业的形象，同时也有利于企业发展不同档次的产品，满足不同层次消费者的需要。但个别品牌策略企业要增加品牌设计和品牌销售方面的投入，开支较大。个别品牌策略也可以是不同的产品大类采用不同的品牌，即一类产品使用一个品牌。

（3）统一品牌和个别品牌并行。采用这种策略的出发点是企图兼顾两者的优点。

（4）公司名称加产品品牌策略。即在每一品牌名称之前均冠以公司名称，以公司名称表明产品出处，以品牌名称表明产品的特点。这样做可以降低对每个品牌的市场促销费用，可以利用企业的形象和声誉来对新产品品牌进行促销，还可以有效防止因某个品牌出了问题而对其他的产品项目发生连带影响。一些市场形象较好、知名度较高的企业都采用这种品牌策略，如日本的丰田、尼桑公司，美国的通用汽车公司，均在其不同品牌的汽车产品上，标上企业的名称。对于有些企业来说，这样做还有一个明显的好处：利用已经知名的品牌来树立企业良好的形象或宣传企业本身。

讨论6－7：请分别从手机行业、汽车行业、房地产行业中找一家企业，讨论其采用哪一种品牌家族策略。

四、品牌延伸决策

品牌延伸决策也称为品牌扩展决策，是指利用企业在市场上具有一定影响力的某一成功品牌来推出改良产品或新产品的决策。品牌延伸分为纵向延伸和横向延伸两种。

进行品牌延伸有利也有弊，且具有比较大的风险，需要谨慎决策。其好处是知名的品牌可以使新产品容易被识别，从而得到消费者的认同，加快消费者的接受程度，企业还可以节省有关新产品的促销费用。如“阿玛尼”不仅有服装，还扩展到香水、配饰、钢笔等，再如“娃哈哈”从儿童营养液开始，然后扩展到果奶、果汁、可乐等领域。但这种策略也有一定的风险，容易因新产品的失败而损害原有品牌在消费者心目中的形象。

表6－3　品牌纵向延伸和横向延伸

类型	解释	举例
品牌纵向延伸	把现有的品牌名称使用到相同类别的新产品上，推陈出新，从而推出新款式、新口味、新色彩、新配方、新包装的产品	娃哈哈的营养快线系列有幸福牵线、营养快线升级版等
品牌横向延伸	把现有的品牌名称运用到一个不同类别的新产品上或一个新的领域上	本田汽车、本田摩托车、本田割草机

实例6－3　做“小”品牌

过去10年，大约有4 000多家小公司获得了170亿美元的风险投资，新生品牌如雨后春笋，快速崛起。

与之对应的则是陷入困境的大品牌，康师傅、统一、娃哈哈、汇源……这些曾经辉煌无比的大品牌，最近几年都经历了业绩持续下滑或徘徊不前，就连曾经居于主导地位的品牌和渠道操作方式也面临质疑。

以娃哈哈为例，在全国工商联发布的《2017中国企业500强》中显示，娃哈哈集团营业收入排名第327位，比上年下降56位。业绩上更加明显，2013—2016年，娃哈哈的营业收入分别为782.8亿元、720亿元、494亿元、529亿元，2017年营收则缩减至456亿元，5年营收缩水超过300亿元。

到底哪里出了问题？其实，统一茶饮料业务的尝试倒更能说明问题。

2014年统一茶饮料收入同比下滑10.05%，而2016年，则实现逆势增长，将市场占有率由2015年的24.8%提升至27.8%，这其中就与统一新推出的“小茗同学”等网红品牌的贡献密不可分。

这些大品牌过去基本都采取“公司品牌＋产品品类”的方式，并强调公司品牌的主导地位，像康师傅的老坛酸菜面、娃哈哈的营养快线，然后通过铺天盖地的媒体投入，掌握了话语权，在品牌认知、渠道拓展、市场覆盖及销量上都取得了良好的表现。但进入互联网时代，营销环境和消费行为都发生了很大的变化，这种方式的效率和效果也受到了挑战。

统一推出的“小茗同学”，则一改“大品牌”策略，力图建立“好喝又好玩”的更加鲜明、更加独立的品牌形象。品牌操作上，以95后族群为目标用户，以“认真搞笑”为品牌主轴，极力进行娱乐社交营销尝试，与QQfamily、爱奇艺、秒拍等网络媒体深度绑定，并基于核心诉求在内容上持续创新，像“搞笑剧场32幕”漫画系列、“666牛牛牛”主题活动，以及“五官消失，只留下脸部轮廓”的恶搞包装，号召用户模仿小茗同学的鬼畜表情和动作，上传到秒拍……一系列的创意，充分渗透年轻消费者的语境，产生了很好的互动和共鸣，不断提升品牌黏度。品牌一面市，就创下5个月销售额5亿元的行业奇迹。

可以看出，用户选择不再满足于品牌知名度这一基本品牌要素，传统的从品牌知名度到品牌忠诚度的“品牌认知理论”，是从品牌出发，而不是用户。现在的用户更加关注品牌的价值观及品牌与自我的关系，尤其是年轻一代的崛起，他们正在从消费某一品牌从而归属某一群体，向哪个品牌能够彰显我的个性就选哪个品牌发展，甚至拒绝大众化的品牌，因为在他们看来，大众就是“随大流”。

所以，为了满足更加多样化的需求，品牌也必将更加多样化，这也是更多小品牌崛起的原因，即使高端强势品牌也面临这一困境。2017年，Coach连续收购Kate Spade和Stuart Weitzman两个品牌，从之前的单品牌转变为多品牌运营，其中Kate Spade一改Coach高端稳重形象，定位轻奢，追求简洁灵动的造型、鲜亮大胆的颜色以及活泼有趣的生活态度，以更好地覆盖年轻用户。

（资料来源：品牌联盟网）

思考：“小”品牌的出现，对大品牌的产品延伸来说有哪些可借鉴之处？

五、多品牌决策

多品牌决策是指决定对企业内的同一类的产品是否采用不同品牌，即是否根据不同的目标市场采用不同的品牌。多品牌策略是由美国 P&G（宝洁）公司首创的。该公司在其经营的三种清洁剂上同时使用了八个品牌进行经销。欧莱雅也是多品牌战略的赢家，旗下的高端化妆品品牌有赫莲娜、兰蔻、欧碧泉、羽西，中端化妆品品牌有薇姿、理肤泉、卡诗，低端化妆品品牌有巴黎欧莱雅、美宝莲、卡尼尔、小护士等。

采用多品牌的好处在于：一是可以抢占更多的货架面积。经销商在经销产品时，一般是以不同的品牌为单位，而不是以制造商为单位来分配产品的货架面积的。因此，同一个产品项目使用多个品牌，其获得的货架面积的总和就比使用单个品牌的要大。二是多品牌可使企业多争取不同消费级别的消费者。即使各品牌之间的差别不大，也能各自吸引一群消费者。三是可以多争取“品牌转换者”。许多消费者都是品牌转换者，有求新求奇的心理，喜好试用新产品，抓住这类消费者的最好办法就是多推出几个品牌。四是多品牌可把竞争机制引入企业内部，使各品牌之间相互竞争，有利于提高产品质量和经济效益。

此外，在国际营销中，由于国家、民族、宗教信仰等的不同，为了避免品牌命名不当而引起的市场抵触，适应不同市场的消费习惯，多品牌也是一种适用策略。当然多品牌策略也会造成一定的问题，即品牌之间的竞争可能在企业的同一个产品项目之间发生，而不是在与竞争对手之间发生。所以，企业需要进行分析，使用多品牌后由于单个品牌的销量减少，总的销量是否增加。只要总的销量增加，单个品牌的销量少也是值得做的，否则就是得不偿失。

讨论 6－8：除了上面举的例子，还有哪些公司是采用了多品牌策略的？

实例 6－4　铂涛酒店集团的多品牌之路

2013 年铂涛集团私有化退市之后，就将发展路线定位为“轻资产＋多品牌＋全球化”。其副总裁胡隽言说“我们希望能成为一家轻资产、多品牌、全球化的公司，拥有高端、中端、经济型多层级的酒店品牌体系”。铂涛酒店集团是以品牌先导为核心的公司。他解释说：“我们先通过挖掘消费者的特性，找到消费者的价值主张，了解消费者精神需求，再创建一个酒店品牌，用这些东西来推导出我们的产品和服务，这样一脉相承，而不是闭门造车。要检验我们的想法是否适合消费者，就应该首先和消费者互动，挖掘出消费者内心深处对酒店消费价值的主张，再去做产品。通过品牌来驱动整个公司的运营，这是我们和传统酒店最大的不同。”

按照此战略路线，铂涛集团走品牌精细化道路，2015 年其旗下的酒店品牌覆盖了高中端三个层次的 20 多个品牌。经济型品牌（低端品牌）包括 7 天酒店、7 天优品、派、IU 酒店、窝趣轻社区等；中高端品牌有丽枫酒店、喆·啡酒店、ZMAX 潮漫酒店、非繁·城品酒店、希岸酒店、巴塞罗、铂涛菲诺酒店、希尔顿欢朋酒店等品牌。每一个品牌的主题都不一样。如铂涛菲诺是全国首个高于五星级酒店水准、致力打造超级客房产品及服务的高端酒店品牌，为精英人群在旅程中提供如铂金般高贵、精致、舒适的私密专属领地；喆·啡是将咖啡馆文化与酒店相结合的全新酒店品类；丽枫是以天然香气为特色、舒适睡眠为主题的精品中端酒店品牌；ZMAX 潮漫是致力于为商旅客人及城中潮人提供社交氛围和互动空间的中端品牌。

但参考由观研天下发布的《2018 年旅游中国酒店市场分析报告——市场深度调研与投资前景预测》可看到，铂涛品牌数量合计达到 15 个，其中 5 个品牌已成规模，10 个品牌还处于培育期。较 2015 年，品牌数从 20 个下降到了 15 个，且成熟的只有 5 个，可见其多品牌发展之路并非一帆风顺。

（图文来源：赢商网、百度百科，有删改）

思考：铂涛酒店集团的多品牌策略有哪些成功之处？其多品牌之路不顺畅，又给中国的酒店业发展带来哪些启示？

六、品牌更新决策

由于原品牌出现了问题，毁坏了声誉，品牌难以翻身；或者消费者的需求发生改变，品牌偏好转移，原品牌陈旧过时，与产品的新特点或者市场的变化不相符；抑或是原品牌在市场竞争中遇到了强有力的对手，节节败退。在这些时候，企业不得不去做决策，对品牌进行更新，对品牌再进行重新定位。

针对上述情况，品牌更新通常有两种选择：一是全部更新，即企业重新设计全新的品牌，抛弃原品牌，这种方法能充分显示企业的新特色，但耗费及风险均较大。二是部分更新，即在原品牌基础上进行部分的改进，这样既可以保留原品牌的影响力，又能纠正原品牌设计上的不足。许多企业在保留品牌名称的基础上对品牌标记、商标设计等进行改进，既保持了品牌名称的一致性，又使新的标记更引人入胜，取得了良好的营销效果。

实例 6－5　李宁的品牌重塑之路

2010 年 6 月 30 日，李宁在新闻发布会上高调宣布更换新标识和口号，新的标识更抽象化，运用了“人”形创意，耳熟能详的“一切皆有可能”也变成了英文“Make the change”。李宁公司除发布全新的标识和口号之外，更对品牌 DNA、目标人群、产品定位、品牌内涵及开发体系等做了相应调整。李宁公司品牌负责人解释称："鼓励每个人透过运动表达自我、实现自我。新的标识线条更利落，廓形更硬朗，更富动感和力量感。"李宁成为"90后的李宁"。但市场反响并不好。2012—2014年公司连续亏损三年，总亏损达30亿元。2014年底，没能逆转李宁局势的职业经理人金珍君黯然退任，创始人李宁回归，担任CEO。李宁回归后，将公司口号由"让改变发生"改回"一切皆有可能"，确立"提供李宁品牌体验价值"的目标，公司由体育装备提供商转型为"互联网+运动生活体验提供商"；开通微博，与消费者密切互动，加强了用户黏性；重启多品牌战略，获得Danskin在中国大陆和澳门地区的独家经营权，推出自营品牌李宁YOUNG，并与小米合作推出新一代智能跑鞋。总之，李宁回归后公司向"互联网+运动生活体验提供商"转型：以产品、渠道、零售运营能力为三大支柱，辅以多维度的营销策略，致力于提供与数字化结合的李宁体验式价值。产品方面，如2018年6月21日，以"中国李宁"为主题，李宁公司在巴黎办了场大秀，距离上一次纽约亮相国际，仅仅过去4个月。显然，从纽约的"悟道"，到本季的"中国李宁"，两次成功的走秀，昭示这个历经28年风雨的体育品牌，正以一种全新的气质回归年轻人视野。两次走秀的成功，部分归于李宁"年轻化"战略的实施。比如，产品设计前卫而富有现代感，街头感十足的廓形和有冲击力的撞色设计。李宁个人也借助社交媒体与年轻消费者互动，在微博上，55岁的他自称"李叔"，曾晒出20多年前拿着"大哥大"的照片称："二十多年前也号称潮人。"

李宁品牌的重组崛起同样在财报中有所体现。财报显示，2017年，李宁归属于母公司股东的净利润为5.15亿元人民币。公司表示，核心品牌李宁牌的收入占公司总收入的99%，达88.19亿元人民币，较去年同比增长11%。就销售渠道而言，李宁电商业务持续扩展，收入占总收入的比重持续上升，其中，李宁品牌收入占比达19%。从2018年的上半年财务报表显示，上半年收入同比增长17.9%至47.13亿元；净利润同比增长42%至2.69亿元人民币，净利率由4.7%上升至5.7%。

（资料来源：凤凰网，有删改）

思考：李宁的品牌重塑给了我们哪些启示？

七、品牌定位决策

品牌定位就是确定企业某品牌产品在目标消费者心目中的形象，使品牌具有自己的特色，并能帮助消费者将其与其他品牌区分开来。在进行品牌定位决策时，可以考虑以下问题再做决定：品牌识别中哪些元素应该成为定位的元素？哪些部分可以引起消费者的共鸣，同时将该品牌与竞争对手区分？谁是主要的目标对象？谁是次要的目标对象？传播的目标是什么？目前的形象需要被放大、强化、开发，还是应该被缓和或者消除？什么是优势点？

品牌定位策略可以归结为以下几种：

1. 独一性定位

独一性是广告诉求的方式，可以作为品牌长期坚持的定位。这实际是从品牌的产品性能、效果出发寻找这种定位主张的支点。比如飘柔“护理头发”、海飞丝“去头屑”、潘婷“滋养头发”、霸王“不掉发”等。再比如劳斯莱斯汽车具有车窗除霜开关，它控制着1 360条看不见的热线网，开关一开，玻璃内的热线网发热，达到除霜目的，此种定位塑造了品牌特色形象。

2. 使用者定位

可以根据使用者的性别、年龄、收入、职业等标准划分不同的消费群体；按性格又可以分为坚强与懦弱、外向与内向、独立与依赖等。从使用者角度出发确定品牌的定位，能给予使用者一种关怀，使其对品牌产生归属感。如“金利来，男人的世界”，弗吉尼亚“苗条”香烟是“女人抽的香烟”。

3. 使用形态定位

消费者在不同的生活情景或时间段有不同的商品需求，从而会形成不同的使用形态。如果消费者在某个生活情景下想起该品牌的产品，那么这个品牌就是成功的。如库尔斯啤酒“夏天喝的啤酒”，米勒啤酒“米勒好时光（周末）”。

4. 比附定位

即当你的品牌与其他品牌相比，没有特殊的优势时，可以依附于市场的领导品牌来定位自己。这样可以避免硬碰硬，也能增加自己的知名度。经典案例如“我们是老二，我们更努力”的艾维斯租车行。

5. 反类别定位

若一些品牌已广泛为消费者所接受和习惯时，你仍以相同的品类形象出现，那么就会被淹没在众多品牌之中。这时你就应该反其道而行，喊出不同的声音，这样往往比较能有效刺激消费者的听觉枢纽。如在可口可乐、百事可乐垄断市场的情况下，七喜汽水提出饮料有“可乐型”与“非可乐型”之分，对“可乐型”饮料不满意的消费者便会尝试着喝“非可乐型”的七喜，这种定位提出了新产品分类的新概念，使本品牌处于创新的领先地位，同时又能借助老产品的声誉扩大影响。

6. 价格定位

对某些产品来讲，价格可以表明使用者的身份，成为地位的代表，如水井坊是中国“最贵的酒”。长期坚持，价格也可凸显差异性，如沃尔玛“天天平价”。

讨论6－9：请分别从手机、空调、化妆品、汽车等领域列举一些成功品牌定位的例子，讨论它们分别是按照哪些方式进行定位的。

实例6－6　拼多多的品牌定位

拼多多成立于2015年9月，是一家专注于C2B拼团的第三方社交电商平台。用户通过发起和朋友、家人、邻居等的拼团，可以用更低的价格，拼团购买商品。通过分享拼团的社交理念，拼多多打造了独特的新社交电商模式。这种新社交电商模式帮助拼多多实现了用户的快速增长，其品牌口号也从“1亿人都在拼的购物App”改成“3亿人都在拼的购物App”。“拼多多，拼着买，更便宜。”快速崛起的拼多多无疑是社交电商领域的一匹强势黑马。那么，拼多多究竟是如何实现让3亿人都在拼的？

拼多多 多实惠 多乐趣

随着流量红利的消失，电商行业几乎已经成为阿里、京东这些巨头的天下。拼多多在夹缝中生存，却表现出了长江后浪推前浪的气势。这其中很大一个原因在于拼多多瞄准了阿里、京东们看不上的“下沉人群”，定位到差异化的消费市场。“拼多多关注的是中国最广大的群体，好比30年前你去深圳，干什么都能赚钱，不是因为别的，只是你选对了方向。”拼多多CEO黄峥说。

拼多多的成功在于抓住了移动互联网第三波人口红利，也就是三四线小城市及广大农村的消费者，这些人有微信但没有淘宝账户，其线上购物需求需要拼多多满足。据极光大数据显示，拼多多的用户70%为女性，65%来自三四线城市。拼多多的用户中，25～35岁年龄段的用户占比超过了57%，这部分用户多为已婚妇女，对生活精打细算，在碎片化的时间里她们完成了一次又一次的拼团。由此不难发现，这部分人恰好是目前电商市场中不可忽视的消费人群。拼多多巧妙利用微信分享这种最简单直接的方式满足了这部分人群的需求。在家里长辈活跃的微信群中，几乎随处可见拼多多的分享拼团链接，这部分人热衷于获取性价比较高的或者便宜的商品。

拼多多瞄准的是中国最广大的消费人群，这也决定了其平台的定位和商品的价格，这部分人在购物方面追求的一大要素是价格便宜。有人或许认为，现在消费升级带动了人们生活品质的提高，商品的价格不再是影响消费者的必要因素。但如果真的从实际购买来看，一位家电行业的业内人士告诉《新营销》记者，价格相对较低的产品依然是家电行业销量相对较好的产品。所以，尽管在消费升级的大势之下，低价策略依然行得通。打开拼多多App，琳琅满目的产品出现在消费者的眼前：8.9元10条内裤、39元的羽绒服、3元的抹胸、9.9元的打底裤……这些低价产品不仅仅是简单的售卖，它更重要的功能是引流。

在拼多多中，往往有些商品价格低得离谱，这被称为“引流款”。在朋友圈里总会看见有人分享这样的信息：“进口车厘子2元一件”“红心火龙果19.9元一件”“5.2元团四周鲜花”……甚至七大姑八大姨还会给你发送此类团购链接，生怕你错过了“优惠”。这种看似划算的低价“拼团”，实际上是一种低成本拉新的诱导行为。拼多多利用微信朋友圈转发各种“0元拼团”“签到红包”“抽奖活动”等一些带有价格、利益诱惑性的文字，利用消费者的心态，在微信中形成自发传播，吸引更多低价商品青睐者的分享与参与，一环接一环的拼团分享，形成裂变式传播，使拼多多的用户实现了疾速增长。

2018 年 7 月 26 日，拼多多正式登陆纳斯达克，上市首日，拼多多股价暴涨 40%，以 305.31 亿美元的估值成为仅次于阿里和京东的电商平台。

（图文来源：品牌联盟网、拼多多官网，有修改）

思考：拼多多是采取了哪种类型的品牌定位？其品牌成功定位有哪些值得借鉴之处？

学以致用

目前无论是在国外还是在国内，人们购买商品的眼光越来越挑剔，对名牌的追求持续狂热。试讨论，在大家习惯消费国外名牌的今天，中国的企业品牌应如何发展成名牌？

第三节　品牌设计

品牌是企业无形资产的重要组成部分，是企业所拥有的无可替代的竞争力。拥有品牌就拥有市场。当我们看到可口可乐、百事可乐、肯德基以迅雷不及掩耳之势席卷全球市场时，我们都惊叹品牌之威力。甚至有人说“如果可口可乐全世界的工厂一夜之间被大火烧掉，世界上各大银行都会争相给它贷款”，而这一切，都基于它们完美的品牌设计。

一、品牌设计的含义

关于品牌设计，“仁者见仁，智者见智”，有广义和狭义之分。广义的品牌设计包括战略设计（如品牌理念、品牌核心价值、品牌个性）、产品设计、形象设计、企业形象设计等。狭义的品牌设计是指对品牌名称、品牌标识、品牌形象、包装、平面广告等方面结合品牌的属性、理念、文化、表现进行的设计。简而言之，品牌设计就是指利用品牌元素或元素组合形成风格、表达品牌主题从而进行品牌塑造的过程。

二、品牌设计的指导原则

1. 整体性原则

企业采用品牌战略，会关系到企业的方方面面，甚至会威胁到品牌的生存。因此，品牌设计必须从企业的内外部环境、内容结构、组织实施、组织管理、传播媒介、企业历史、产品结构等方面综合考虑，以利于全面地贯彻落实。具体而言，就是说品牌设计要适应企业内外环境，符合企业的长远发展战略；在实施时，具体措施要配套合理，以免因为某一环节的失误而影响到全局。

2. 以消费者为中心的原则

品牌设计的目的是勾画品牌形象，以方便消费者接受和认可。因此，成功的品牌设计必须能得到目标顾客的接受和认可，否则，即使吹得天花乱坠也没有任何意义。以消费者为中心就要做到：

（1）对目标市场进行调查和了解。通过有效的市场分析进行准确的市场定位，否则品牌设计就是“无的放矢”。

（2）以满足消费者的需要为核心。消费者的需要是企业一切活动包括品牌设计的出发点和归宿。海尔成功的最大奥秘即在于其一切以顾客为中心的企业理念。

（3）尽量尊重消费者的习俗。习俗是一种约定俗成的东西，很难改变。进行品牌设计时应该对习俗给予尊重。利用得当，就是一种机会。

（4）正确引导消费者的观念。以消费者为中心并不表明一切都要迎合消费者的需要，企业坚持自我原则，科学合理地引导也是品牌设计的一大功能。

3. 实事求是的原则

品牌设计应立足于企业的现实条件，依据品牌定位的目标市场和品牌形象的传播要求来进行。要记住，品牌设计不是空中建楼阁。品牌设计需要突出企业的竞争优势和产品优势，但绝非杜撰或编排子虚乌有的故事。坚持实事求是的原则，做到不过分夸张，也不隐瞒问题和回避矛盾，做到扬长避短，努力突出企业的独特优势，并将其真实地展现给公众。

4. 求异创新的原则

求异创新就是要塑造个性鲜明的品牌形象和独特的品牌文化。为此，进行品牌设计时需要充分了解竞争对手的品牌情况，全面深入地了解企业的历史和现状，挖掘企业独特的文化观念，设计与众不同的视觉标识，采用新颖别致的传播手段。当年纯净水刚开始盛行时，所有纯净水品牌的广告都说自己的纯净水纯净。消费者不知道哪个品牌的水是真的纯净或者更纯净的时候，乐百氏纯净水在各种媒介推出卖点统一的广告，突出乐百氏纯净水经过 27 层净化，对其纯净水的纯净提出了一个有力的支持点。这个系列广告在众多同类产品的广告中迅速脱颖而出，乐百氏纯净水的纯净给受众留下了深刻印象，“乐百氏纯净水经过 27 层净化”很快家喻户晓。“27 层净化”给消费者一种“很纯净，可以信赖”的印象。

5. 两个效益兼顾的原则

在进行品牌设计时，要做到经济效益和社会效益两者兼顾。虽然很多人认为，追求社会效益会有损企业的经济效益，是“花钱买名声”。其实从长远来看，企业在追求经济效益的同时，也努力追求良好的社会效益，反而不会有损经济效益，而是走得更远，所谓“不以赚钱为目的的企业最后都赚得盆满钵满”。企业在追逐利润的同时要注意环境的保护、生存的平衡；在发展生产的同时注意提高员工的生活水平和综合素质，维护社会稳定，在品牌理念设计中体现社会公德、职业道德，坚持一定的道德准则。

讨论 6－10：品牌设计除了遵循以上原则外，还要注意哪些问题？

三、品牌设计的内容

品牌设计的内容很多，包括品牌名称设计、品牌标识设计、品牌平面设计、品牌广告设计等。下面主要介绍品牌名称设计和品牌标识设计。

1. 品牌名称设计

对于品牌而言，好的名称等于成功了一半。据调查，在美国，只有12%的品牌名称对销售有帮助；36%的品牌名称对销售有阻碍；而对销售谈不上贡献者，则高达52%。品牌名称作为品牌的核心要素，会直接导致一个品牌的兴衰。品牌大师艾·里斯说："实际上被灌输到顾客心目中的根本不是产品，而只是产品名称，它成了潜在顾客亲近产品的挂钩。"

好名称的特征是：①一定要体现出与定位相关，如飘柔。②易记、易传播，如娃哈哈、小米、苹果。③有好的寓意，符合目标消费群的心理特征。如日本三菱汽车公司在欧洲销售的Pajero（帕杰罗）越野车，由于该名称十分接近西班牙语中的"鸟"字，有"卑鄙"的含义，经历数月的麻烦后，只好改名为Montero（圆猎帽）。④朗朗上口，如可口可乐。

常用的命名方法有十种（如表6-4所示）。

表6-4　常用的品牌名称命名方法

类型	解释	举例
企业名称法	将企业名称作为产品品牌来命名	菲利浦电器、索尼电器、三洋电器、海尔
地域法	以产品生产地的地名来命名	青岛啤酒、贵州茅台、蒙牛、宁夏红
时间法	以与产品相关的历史时间命名	道光廿五、国窖1573
人名法	以名人、明星或企业首创人的名字命名	李宁、阿玛尼、福特汽车、乔丹运动鞋
目标法	将品牌与目标客户联系起来命名	太太乐鸡精、太子奶、商务通、好孩子
数字法	用数字来给品牌命名	三九药业、7-11、三星电子、555香烟
功效法	用产品功效为品牌命名	飘柔、六必治、快易通、泻立停、脑黄金
价值法	凝结企业的愿景或追求来命名	盛大网络、远大企业、兴业银行、同仁堂
形象法	运用动物、植物和自然景观来为品牌命名	七匹狼、宝马、圣象、牡丹香烟、小天鹅
中外法	运用中文和字母或两者结合来命名	TCL、雅戈尔、海信、宝马（BMW）

讨论6-11：企业在给产品品牌命名时，还要注意哪些问题？

2. 品牌标识设计

品牌标识能引发人们对品牌的联想，尤其能使消费者产生有关的联想，便于企业进行宣传。因此，品牌标识设计就显得尤为重要。

品牌标识可以是纯文字的，也可以是图形的，还可以是图形加文字的，如表6-5所示。

表 6－5　品牌标识的种类

类型	解释	举例		
纯文字类型	纯粹以文字来作为 Logo	SONY	SAMSUNG	lenovo
纯图案类型	纯粹以图案形式来体现			
文字图案兼具型	文字和图案巧妙兼具	BMW	Bai du 百度	LittleSwan

品牌标识设计原则：

（1）简洁富有创意。品牌标识设计须简洁、新颖、独特、一目了然，给消费者强烈的视觉冲击。苹果（Apple）电脑是全球五十大驰名商标之一，其“被咬了一口的苹果”标识非常简单，却让人过目不忘。创业者当时以苹果为标识，是为纪念自己在大学读书时，一边研究电脑技术，一边在苹果园打工的生活，但这个无意中得来的标识恰恰非常有趣，让人过目难忘。苹果电脑作为最早进入个人电脑市场的品牌之一，一经面市便大获成功，这与其简洁明了、过目不忘的标识设计密不可分。

（2）准确表达品牌特征。从营销的视角来看，品牌标识的设计要以产品特质为基础，准确传递产品信息，彰显品牌利益，体现品牌价值和理念，传递品牌形象。“M”只是个非常普通的字母，但是在许多小孩子的眼里，它不只是一个字母，它代表着麦当劳，代表着美味、干净、舒适。同样是以“M”为标识，与麦当劳（McDonald's）圆润的棱角、柔和的色调不一样，摩托罗拉（Motorola）的“M”标识棱角分明、双峰突出，以充分表达品牌的高科技属性。

（3）设计布局合理，富有美感。品牌标识设计在线条和色彩搭配上应遵循布局合理、对比鲜明、清晰简化、隐喻象征恰当的原则。百事可乐的圆球标识是成功设计的典范，圆球上半部分是红色，下半部分是蓝色，中间是一根白色的飘带，视觉效果极佳，白色的飘带好像一直在流动着，使人产生一种欲飞的感觉，这与喝了百事可乐后舒畅、飞扬的感官享受相一致。

（4）设计要通俗易懂，符合消费者的认知习惯。品牌标识在图案和色彩上的运用要做到简洁明了、通俗易懂、鲜明醒目、容易记忆，并符合消费者的风俗习惯和审美价值。

在字体方面，首先要体现产品特征，例如食品品牌字体多为明快流畅，以表现食品带给人的美味与快乐；化妆品品牌字体多为纤细秀丽，以体现女性的秀美；高科技品牌字体多为锐利、庄重，以体现其技术与实力；男人用品字体多为粗犷、雄厚，以表达男性特征。其次，要容易辨认，不能让消费者去猜，否则不利于传播。最后，要体现个性，与同类品牌形成区别。

在色彩的运用上，一方面要明白不同的色彩会有不同的含义，给人不同的联想，适用于不同的产品。当然，作为个体的人，对于色彩的感觉有时会差异很大，由于人们的生活经历不同，红色可以让人联想到暴力和恐怖，白色也可以让人联想到生病、死亡等。另一方面，相同的颜色也会因为地区、文化、风俗习惯的差异而产生不同的联想。因此，进入不同的国家和地区，有时需要对色彩进行调整。

满足情感诉求。设计时要考虑人们的情感诉求，给人们美好的感受。比如具有浓郁的现代气息，极强的感染力，给人以美的享受或使人产生丰富美好的联想。

在品牌设计中，色彩的选择需考虑商品、对象、季节、文化和时代等特点。

实例 6－7　卖情怀的“江小白”

江小白，诞生于2012年，是重庆江小白酒业有限公司旗下江记酒庄酿造生产的一种自然发酵并蒸馏的高粱酒品牌。江小白的灵感来源于2011年大红的电视剧《男人帮》。放荡不羁的顾小白、理性谨慎的罗书全、才貌双全的左永邦，三个老大不小的“男闺蜜”加上一群千姿百态的女人，赵宝刚导演的这部都市情感大戏《男人帮》在2011年下半年红遍了中国的大江南北。当时豆瓣小组发起了一个帖子，标题叫作“普通青年、文艺青年和2B青年的区别”，并对所有男性青年盖棺定论——“这个世界上，青年人分成三种：普通青年、文艺青年和2B青年”，一夜之间引爆网络，而《男人帮》中的三位男主角，就被认为是这三种青年的典型代表。此时的陶石泉，正在为江小白筹措启动资金，招兵买马组建团队。“半大不小的年龄，在一个半老不老的行业，以半高不低的起点，做着一瓶青春小酒的白日梦。”受到文艺青年和顾小白角色的启发，陶石泉想要创造一个“屌丝型、文艺心”的青年形象。他大笔一挥，一身休闲装，小短发、大众脸，架着黑框眼镜，系着英伦黑白格子围巾的小男生，成为江小白最初的品牌形象，还有一句常挂嘴边的口号“我是江小白，生活很简单”。于是，江小白正式诞生了。小白的第一层含义是“小白痴”，寓意涉世不深、不懂得权威真谛，具体表现为不守礼节、不守秩序、不会自我规范，常常以自我为中心，对他人随意开炮、提意见。“小白”有时也指智商情商低或理解能力差的人。

现在，“小白”已经成为一个中性词，更多地指新手的意思，是当代新青年群体向往简单生活、做人做事追求纯粹、标榜“我就是我”、自信自谦的一种表现。这个世界原本简单，复杂的只是我们自己。“我是江小白，生活很简单！”是江小白追求的生活态度，也是肆意青春真我性情的一种表达。

为此，江小白1.0版语录版面世。1.0语录版是江小白单向给予消费者的，是以江小白的身份，将都市青年生活的忙碌、落寞、无助，讲给消费者听，说对了就产生共鸣，互动具有局限性。“吃着火锅唱着歌，喝着小白划着拳，我是文艺小青年。”20元一瓶的小酒，江小白选择投放到重庆人民最爱的消费场景——吃火锅中，定位为好友相聚时小酌小饮的好搭档。江小白已初步建立起80后、90后情绪化酒精饮料的品牌形象。

（图文来源：360文库、百度百科，有修改）

思考： 1. 请从以下四个方面对江小白的商标进行分析：商标是否表情化，表情是否欲望化，欲望是否品牌化，品牌是否资本化？

2. 2016年以来，江小白的销售一直备受热议，很多人认为江小白的销量对不起江小白品牌的热度。请对此做出解释。如果是你，你会买江小白吗？

学以致用

从日常生活中寻找一个品牌，对该公司的品牌名称、品牌Logo、品牌形象、品牌文化等方面的设计进行调查与评价，并提出自己的建议。

测试你掌握的知识

1. 简单解释什么是品牌。
2. 举例说明品牌的种类。
3. 从日常生活中的某一品牌来解释品牌的识别体系。
4. 什么是品牌资产？品牌资产的“五星”模型中，哪个要素是最重要的？
5. 品牌决策有哪些方面的决策？
6. 列出并解释品牌定位的方法。
7. 怎样来进行品牌命名？需要注意哪些问题？
8. 品牌标识设计需要注意哪些问题？

实训模块 6　设计品牌名称及 Logo

结合本团队研究的企业或创业的企业，设计品牌名称及 Logo；编写品牌故事，描述品牌个性及品牌的核心价值。

扩展资源 6

第七章　量化价值——定价策略

不是用价格去销售，而是要销售价格。

——菲利普·科特勒

【学习目标】

1. 掌握企业定价的流程和方法。
2. 掌握企业定价的策略。
3. 掌握企业价格调整策略。

【思维导图】

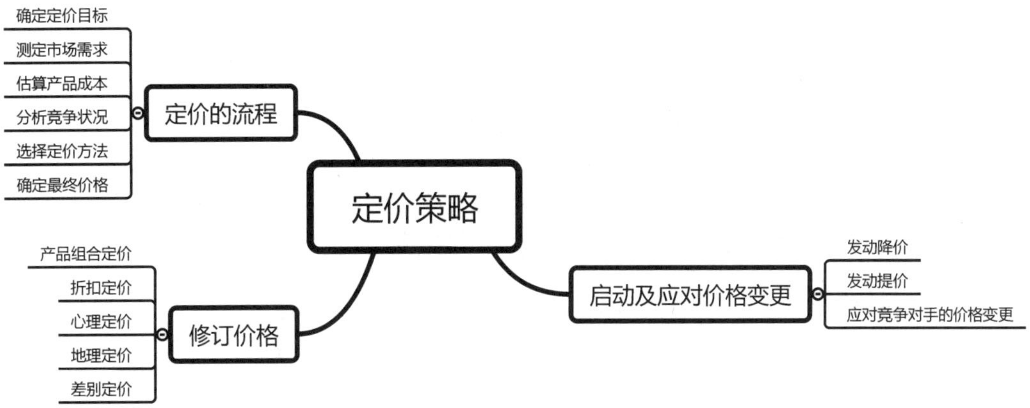

【营销实战】

苹果手机为何敢卖 12 999 元

在看完苹果2018年的发布会之后，很多人都有两个感受：第一，新一代苹果手机，没什么让人眼前一亮的创新，就是屏幕大了一点；第二，这个新手机真贵啊，最贵的居然卖到一万多块钱，最便宜的也要6 000多元，所以很多人表示不满。那么苹果公司发布的新品在没有什么亮点的情况下，竟然还如此大胆和肆意地提高价格，这底气从哪里来呢？

仔细想一想，苹果不是一般的公司，目前它是世界上市值最高的公司，苹果公司采用的手段是以高价销售主产品，免费或者低价提供服务。比如你买一个苹果手机，或者苹果电脑，里面的很多软件已经装好，比如办公软件，而且是免费的，体验也很好。问题是你想进这个门，那就得买苹果的硬件。苹果的这个选择很奇怪，用高高的价格门槛，把大量用户挡在外面。只有进来的人，才能享受苹果的免费的优质服务。

（资料来源：简书，有删改）

思考：不断提高硬件产品的价格，这样做有可持续性吗？苹果为什么不把硬件降价，先建立用户群众基础，让更多的人买得起，然后再去挣他们的钱呢？

在营销组合中，价格是带来收入的唯一要素，其他要素只产生成本。价格可以非常迅速地变化，还可以向市场传递企业所期望的价值定位。然而，定价决策是很复杂的过程，需要考虑一系列的因素：企业及其营销策略、目标市场和定位、顾客、竞争和营销环境。有效地设计和实施定价策略不仅要求理解消费者的定价心理，还要求掌握制定、调整和改变价格的系统方法。

第一节　定价的流程

企业制定价格的流程一般可以分为六个步骤（如图7-1所示）。

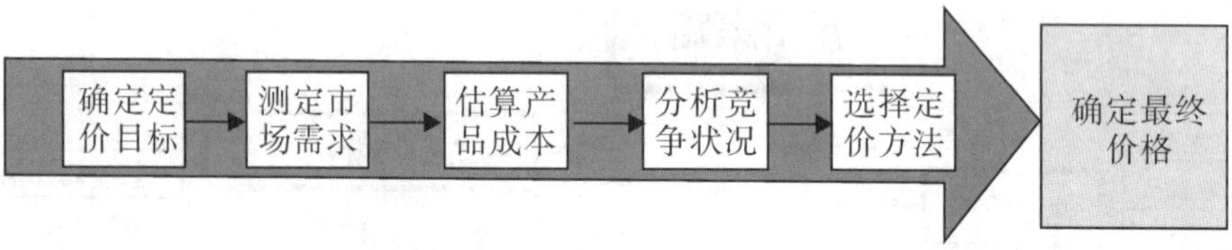

图7-1　定价的流程

一、确定定价目标

企业价格的制定是一种有计划、有步骤的活动，是实现企业营销目标和总战略的具体工作。利润、竞争、投资收益率等都是企业常见的定价目标，值得注意的是，每种目标都有其适用的状况，企业应视自己所处的情况与条件来选择恰当的定价目标（如表7-1所示），以便在定价的过程中能有所依据，且在整体环境有所变化时能机动地运用，而非静观其变、错失良机。

表 7－1　企业定价目标

企业目标	说明
生存目标	当企业受到生产能力过剩、竞争激烈和顾客需求变化困扰时，往往会把生存作为主要的追求目标。此时生存比利润更重要，只要他们的价格能补偿变动成本和部分固定成本，他们就可以继续生产经营，以等到情况改变或其他问题得到克服后再求发展
投资收益率目标	企业在估算费用和期望利润的基础上，计算出毛利（或纯利）标准，加在产品的成本上作为销售价格。企业通过定价，使其投资在一定时期里能够获得一定的投资报酬
市场占有率目标	把保持和提高企业的市场占有率作为一定时期的定价目标。市场占有率的高低，比投资收益率更能说明企业的营销状况。企业希望用较长时间的低价策略来扩充目标市场，尽量提高企业的市场占有率
应付和防止竞争目标	企业为了阻止新的竞争对手进入同一市场，往往可采取定低价的办法，使竞争对手意识到如果进入此市场，所得将非常微薄，而且会卷入价格战而不能自拔，这样就可尽量减少竞争对手的数目
塑造形象目标	新企业为塑造良好的市场形象或老企业欲改善自身的市场形象而确定的定价目标。企业或为维护其重信誉、高质量的形象而把产品价格定得高，或为树立企业产品物美价廉的形象而把产品价格定得低

实例 7－1　星巴克的猫爪杯

星巴克最近在中国可谓画风清奇，除了排队人数明显比平常多很多以外，你还能看到有人在门口搭帐篷通宵“排队”。其实是星巴克推出了新季度的限量版杯子，就是这个治愈力满分的猫爪杯，只要往这个杯子里倒饮料，就能马上看到粉嫩的猫爪，治愈力满分，然而现在这个猫爪杯的价格已经和“治愈”不匹配了。

最让人震惊的并不是在出售的一分钟内这款杯子就售罄了，而是如今其最高售价竟达 2 500 元，要知道，它的原售价只要 199 元，没过多久就被黄牛炒到了 900 元，而现在已经突破 2 500 元了。同时，各路“高仿”山寨也在网上如雨后春笋般冒出，价格基本在一百元以内，而且下单的人还真不少。虽然这个 2 500 元的天价是后来在二手市场上炒出来的，星巴克赚不到，但品牌曝光度可算是大大提升了。

（图文来源：搜狐网，有修改）

思考：星巴克猫爪杯的定价目标是什么？它是如何实现其目标的？

二、测定市场需求

市场需求是指一定的顾客在一定的地区、一定的时间、一定的市场营销环境和一定的市场营销计划下对某种商品或服务愿意且能够购买的数量。可见，市场需求是消费者需求的总和。市场需求量不仅取决于一种物品的价格，而且还取决于买者的数量、收入、嗜好、预期，以及相关物品的价格。

每种价格都会导致不同水平的需求，因此会对企业的营销目标产生不同的影响。价格变动与需求变动之间的关系可以通过需求曲线获得。一般情况下，需求量和价格存在反向关系：价格越高，需求量越低；反之亦然。但是对于某些高声望的商品来说，需求曲线有时会有正斜率，这是因为消费者认为较高的价格意味着更好的品质。但是，如果价格定得太高，需求水平也会降低。营销者必须知道需求量对于价格变动是如何反应的，或者说弹性是多少。当需求价格弹性大于1时，称为需求富有弹性。当需求价格弹性小于1时，称为需求缺乏弹性。不同的商品其需求价格弹性的大小不同。影响需求价格弹性的因素很多，如表7－2所示：

表7－2　影响需求价格弹性的因素

影响因素	说明
商品的可替代性	一种商品的可替代品越多，替代程度越高，该商品的需求价格弹性就越大；相反，一种商品的可替代品越少，替代程度越低，该商品的需求价格弹性就越小
商品用途的广泛性	一种商品的用途越广泛，它的需求价格弹性就可能越大；用途越狭窄，它的需求价格弹性就越小。如果一种商品具有多种用途，当它价格较高时，消费者只购买较少的数量用于最重要的用途；当它的价格下降时，消费者会增加购买，将商品越来越多地用于其他用途
消费者需求程度	生活必需品的需求价格弹性较小，而非生活必需品的需求价格弹性较大
使用时间的长短	非耐用品的需求价格弹性较大，而耐用品的需求价格弹性较小
该商品支出在总支出中所占的比重	消费者对该商品的支出在消费者总支出中占的比重越低，该商品的需求价格弹性就越小；若对该商品的支出在消费者总支出中占的比重越高，该商品的需求价格弹性就越大
消费者收入水平	同一商品对不同收入水平的人来说，需求价格弹性是不同的，一种产品对于高收入水平的人来说可能是必需品，需求价格弹性小，但对于低收入水平的人来说则可能是奢侈品，需求价格弹性大

一种商品需求价格弹性的大小是各种因素综合作用的结果，所以，在分析一种商品的需求价格弹性的大小时，要根据具体情况进行综合分析。

讨论7－1： 对于缺乏弹性的商品和富有弹性的商品，企业应该分别采用怎样的价格策略才能提高销售收入？为什么？

三、估算产品成本

任何企业在制定商品价格时，都要进行成本估算。企业商品价格的最高限度取决于市场需求及有关限制因素，而最低价格不能低于商品的经营成本费用，这是企业价格的下限（这里不包括短期的、由于某种原因个别品种的价格低于其费用的情况），低于这个限度，企业将无法维持再生产和继续经营。因此，制定价格要在企业目标已定、市场需求已摸清的情况下进行。

1. 产品成本的基本构成

产品成本是指在产品生产过程和流通过程中所消耗的物资资料和支付劳动报酬的总和。一般由固定成本和变动成本两部分构成。

$$总成本（TC）=固定成本（FC）+变动成本（VC）$$

固定成本是与企业的产量无关的费用，不随产品生产或销售收入的变化而变化。变动成本是企业直接用于产品生产和销售的各种费用之总和，随生产水平的变化而直接发生变化。

2. 企业定价时考虑的成本问题

产品成本是企业经济核算的临界点，一般来说，价格必须高于平均总成本，这是企业再生产最基本的条件。在特殊情况下，当高于平均总成本的价格难以被顾客接受时，产品价格可以低于平均总成本，但必须高于平均变动成本。这种做法是暂时不考虑固定成本，仅考虑变动成本；当销售量增加到一定数量时，价格高出变动成本部分（边际贡献）足以抵偿产品的固定成本，以后销量继续增加，企业就会盈利。企业在定价时，不应当将成本孤立地对待，而应当将产量、销量、效率、价格、成本综合起来考虑。同时，还应当与其他不同产品的价格进行比较，合理地确定不同产品间的比价，反映它们的社会价值之间的比例关系，以符合等价交换的原则。

四、分析竞争状况

在由市场需求和公司成本所决定的价格范围内，企业还必须考虑竞争对手的成本、价格和可能的价格反应。对竞争状况的分析，主要包括三个方面的内容，如表7-3所示。

表7-3　分析竞争状况主要考虑的问题

分析竞争状况	具体说明
分析企业竞争地位	企业及其产品在市场上的竞争地位对最后制定价格有重要的意义，要在企业的主要市场和竞争能力方面做出基本的估计，列出企业目前处于何种状况，并在分析过程中考虑有关重要的非商品竞争能力，如服务质量、渠道状况、定价方法等

（续上表）

分析竞争状况	具体说明
协调企业的定价方向	企业要从各种公开发表的财务资料或其他材料中，或者从以购物者身份索要的价目表中了解竞争对手产品的价格，以使本企业价格的制定更主动。这方面工作要考虑到企业的定价目标及策略。如企业为了避免风险，可采用“随行就市”的方法，跟着行业中主导企业的价格、主要竞争对手的价格走；也可以在与竞争企业中主导企业的产品做全面比较后，决定价格高于或低于竞争企业。但要注意，当企业在一个行业中单独制定较高或较低的价格，提价或降价时都应意识到风险的存在，应做全面的分析，并配合以各项有力措施
估计竞争企业的反应	企业要把即将可能采用的价格及策略排列出来，进行分析，估计和预测采用某些具体价格策略可能引起的主要竞争企业的反应，如财务、技术、管理方面的优势和劣势，非价格因素的长处与缺点，现行的营销策略以及竞争对手的反应的历史资料，使企业的有关决策人员知己知彼，从而制定相应的策略和采用适当的方法

讨论 7－2：走进超市，500 毫升的矿泉水有的售价 1.5 元，有的售价 2 元，有的甚至售价十几元，同品种的商品为什么价格会不同？

实例 7－2　ROSEONLY——一朵玫瑰花的奢侈品梦想

中国鲜花消费市场起步于 20 世纪 80 年代，主要是会议、婚庆、节日礼品等。随着鲜花消费市场的不断扩大，营销方式也在不断发生变化，具有代表性的是鲜花电商始祖野兽派，其特色是有专门的花艺师根据顾客自己的故事、想表达的情感，量身定做花艺。野兽派，由于井柏然的转发脱颖而出，随之在黄晓明和 Angelababy 的世纪婚礼到高圆圆、赵又廷的台北婚宴随处可见。而后在鲜花市场上杀出了 ROSEONLY 这一重要的竞争对手，它把花塑造为爱情信物。它设计了“一生只送一人”的营销概念，客户一生只能赠送玫瑰花给一个女生，以此表达坚贞不渝的爱情。它的独特使得即使 12 朵玫瑰花要花 999 块钱才能买到，也有许多消费者趋之若鹜。ROSEONLY 作为国内的一个高端鲜花品牌，价格从 499 元起步，礼盒装从 1 314 元起步，最便宜的礼盒是 799 元的，盒子里只有一枝花。ROSEONLY 的玫瑰花是厄瓜多尔进口玫瑰，与本土玫瑰相比，厄瓜多尔玫瑰每朵花朵足有红酒杯那么大，放入礼盒显得很大气，而且进口玫瑰花期长，即使凋谢花瓣也不会掉。运送费用也达到了一百块钱一盒花。北京市内则由 ROSEONLY 专爱花店自己人开 Mini

Cooper 运送，派送员都是帅哥，在圣诞期间还曾请人气极旺的男模张亮来代班送花。同样成立于 2015 年的花 + Flower Plus 和花点时间、野兽派、ROSEONLY 不同，99 元起包月，付费之后，每周 1 束花，连续 4 周的价格是 99 元。还有更大、更丰富的 139 元的套餐。

（图文来源：36 氪，有删改）

思考：1. 面对我国如此激烈的鲜花市场竞争，ROSEONLY 这样定价的原因是什么？

2. 设想面对竞争对手花点时间的定价方式，ROSEONLY 会有什么反应？

五、选择定价方法

在制定价格时，需要考虑成本、顾客需求和竞争对手的价格等因素。首先，成本是最低价格；其次，竞争对手的价格提供了制定价格的参考点；最后，消费者对产品独特属性的评价决定了产品的最高价格（如图 7－2 所示）。

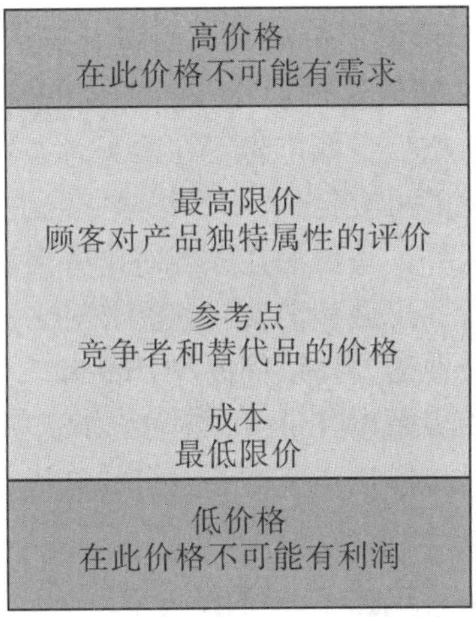

图 7－2　用于定价的模型

1. 成本导向定价法

成本导向定价法是以企业的生产成本作为定价基础的定价方法。其主要理论依据是，在定价时，首先要考虑收回企业在生产经营中投入的全部成本，其次再考虑获得一定的利润。

（1）成本加成定价法。指按照单位成本加上一定百分比的加成来制定产品销售价格，加成的含义就是一定比率的利润。其计算公式如下：

$$单位产品价格 = 单位产品成本 \times（1 + 加成率）$$

其中，加成率即为预期利润占产品成本的百分比。

讨论7－3：某企业生产电视机，年产销量可达8 000台，总固定成本为800万元，每台电视机的可变成本为2 000元。如果该电视机厂商欲获取20%的加成率，请计算电视机的单价（不含税）。

（2）目标收益定价法。企业通过决定目标投资回报率来确定产品的价格，许多企业都在使用这种方法。其计算公式如下：

$$\text{单位产品价格}=\frac{\text{总固定成本}+\text{总目标利润}}{\text{预期销售量}}+\text{单位产品变动成本}$$

2. 需求导向定价法

这是根据市场需求强度不同、消费者对价格的不同心理反应来确定产品价格的一种新型定价方法。在现代，价格被看作是企业为消费者提供的一种选择，只有这种选择与消费者的承受能力、价格心理相一致时，价格才为消费者所接受，商品的交易才会产生。这种定价方法的具体做法有：

（1）感知价值定价法。感知价值定价法是以消费者对产品价值的理解和感受程度来确定产品价格的一种方法。企业必须传递价值主张所承诺的价值，顾客也必须认识到这些价值。企业利用营销组合中的非价格变量如广告等在购买者心目中建立和增强感知价值。顾客对于产品性能质量的印象、渠道的可交付性、保修、顾客支持以及供应商的品牌可信度等因素都会影响顾客的感知价值。此外，每位潜在顾客对这些因素会赋予不同的权重，从而划分为价格型消费者、价值型消费者、忠诚型消费者三类。对于这三种群体，企业需要制定不同的战略。对于价格型消费者，企业需要提供简易型产品和较少的服务；对于价值型消费者，企业必须不断创造新的价值并积极重申其价值；对于忠诚型消费者，企业要增进与消费者的联系。感知价值定价法的关键是传递比竞争对手更多的价值，并展现给潜在消费者。

实例7－3　星巴克咖啡——品味不一样的人生

星巴克是美国西雅图的一家全球连锁企业，在世界各地拥有2万多家分店。星巴克在进入中国市场以来，每星期要接待500多万顾客，而这些顾客一般每个月都要光顾18次。星巴克的一杯普通的咖啡最低消费是21元，这是一个相当高的价格，但即使如此，也挡不住穿着随意的年轻人来喝咖啡的热情。

星巴克咖啡的确好喝，但星巴克咖啡店内弥漫的高雅、亲切、欢快、舒适的氛围远远超过其产品本身。起居室般的家具摆设、典雅的色调、热情的招待、浓浓的咖啡香、咖啡机煮咖啡发出的“嘶嘶”声，所有这一切在星巴克咖啡馆都是那么和谐而有序，使每一位光顾者沉浸在舒心、自在的享受中。因此，尽管星巴克咖啡的价格比别的店里咖啡的价格高出不止一倍，人们还是乐此不疲。星巴克的产品不仅有咖啡，还有咖啡店的体验。

（图文来源：中国营销传播网、亿邦动力网、星巴克官网，有修改）

思考：请结合该案例谈一谈采用需求导向定价法应具备的前提条件。

（2）需求差异定价法。这种定价的方法是以需求对象、需求地点、需求时间，特别是需求强度的差异为依据来进行产品定价的方法（如表 7-4 所示）。

表 7-4　需求差异定价法

需求不同	举例
需求对象不同	顾客收入有明显差别，对同一产品的价格看法也有差别，因此企业可以根据高、中、低不同收入的对象制定不同的价格。例如，出租同一套房，对本国人和外国人制定不同的房价
需求地点不同	各地消费者的生活水平不一致，对同一产品愿意出的价格也不一样，企业应区别对待，给予不同的价格优惠。例如城市和农村、发达地区和落后地区的区别对待
需求时间不同	旺季价格应高些，淡季价格应低些
需求强度不同	如果一些消费者对某一产品有强烈需求，寻找了相当长的时间，一见到有这一产品出售，便如饥似渴地马上购买，甚至抢着购买，这时应定较高价格，相反则应定较低价格

实例 7-4　麦当劳早餐咖啡的奇怪定价

麦当劳早餐时段的鲜煮咖啡是可以免费续杯的。但麦当劳设置了小杯 9 元和大杯 10.5 元两个价格。刚看到这个人们价格可能觉得有些奇怪，既然能续杯，为什么还设置大杯价格呢？

其实这两个价格是为两种人群准备的。

第一种人时间充裕，肯定选小杯的合适，价格低，喝完再续杯。

第二种人时间紧，没时间续杯，但他只要多花 1.5 元，就能买到一杯比小杯多出不少的咖啡。

通过两种价格，两种人都觉得非常划算。麦当劳用一个看似多余的设置，既满足了不同消费者的需求，还让两拨人都感觉自己赚了，获得了非常好的用户体验。

（图文来源：改编自百度文库）

思考：1. 这种奇怪的定价方式会给麦当劳带来怎样的收益？

2. 你觉得运用这种定价模式的原因是什么？

3. 竞争导向定价法

竞争导向定价法是以竞争品的价格为基础来制定本企业产品价格的定价方法。一般有三种情况：第一是与竞争品价格一样；第二是高于竞争品价格；第三是低于竞争品价格。具体采用哪一种，要根据产品特性、产品所处的生命周期以及企业的定价目标来决定。具体方法有以下三种：

（1）行情定价法。行情定价法又称为随行就市定价法。它是以同行业竞争品现行的平均价格水平为基础，再适当考虑本企业产品的质量、成本等方面的因素，来确定产品价格的定价方法。这种方法是最简单、最常见的方法。这种方法定价风险小，因为它的价格随行就市，消费者容易接受，竞争对手能卖出去，本企业也能卖出去，同时能与竞争对手“和平共处”，避免激烈的价格竞争。

（2）竞争价格定价法。这种定价方法是企业立足于市场竞争而对自己产品进行定价的方法。它一般为实力雄厚、产品具有特色的大企业所采用。这种定价方法一般采用低价以抢占市场，提高自己产品的市场占有率，甚至排斥和兼并中小企业。实行这种定价方法的企业一定要慎重行事，要充分分析市场形势和竞争对手的实力及特点，然后确定自己的价格。

（3）投标定价法。这种定价方法是招标人通过引导卖方竞争来寻找最佳合作者的一种有效途径。拍卖的一项主要用途是处置多余的存货或使用过的物品，另一项用途是低价采购产品和服务。各类拍卖方法及其定价程序如表 7－5 所示。

表 7－5　拍卖的方法与定价程序

拍卖的方法	定价程序
英式拍卖（升价出价）	在拍卖过程中，拍卖人宣布拍卖标的物起叫价及最低增幅，竞买人以起叫价为起点，由低至高竞相应价，当最高竞价者三次报价无人应价后，响槌成交，但成交价不得低于保留价
荷兰式拍卖（降价出价）	也称“高估价拍卖”。在拍卖过程中，拍卖人宣布拍卖标的物起叫价及降幅，并依次叫价，第一位应价人响槌成交，但成交价不得低于保留价
投标式拍卖	又称“密封递价拍卖”。拍卖人事先公布拍卖标的相关情况以及拍卖条件，其中又有公开底价和不公开底价两种形式。竞买人需在规定时间内将其竞价载入密封标单交拍卖人，再由拍卖人在规定时间内统一开标，择优选取中标者
计划在线式拍卖	利用互联网在网站上公开发布将要招标的物品或者服务的信息，通过竞争投标的方式将它出售给出价最高或最低的投标者。在线拍卖降低成本，并扩大其供应商和顾客的数量

讨论 7－4：有关《瑞丽》杂志征订，电子版：每年 99 元；纸质版：每年 199 元；电子版＋纸质版套餐：每年 199 元，消费者一般会以哪一种形式去征订杂志？

六、确定最终价格

定价方法缩小了最终价格的选择范围。在选定最终价格时，企业必须考虑其他的一些附加因素，例如，其他营销活动的影响、企业的定价政策、收益与风险分担定价以及价格对其他企业的影响。此外，营销人员需要知道与制定价格相关的法规，如《中华人民共和国价格法》和《中华人民共和国反不正当竞争法》等都是企业定价的重要依据。

学以致用

某企业投入固定成本为600万元，单位产品变动成本为5元，预计销售量为80万件，若企业定价目标为实现目标利润200万元，请计算该产品的销售价格。

第二节　定价的策略

企业通常不会制定单一的价格，而是通过价格体系反映以下方面的差异：细分市场需求、购买时间、订购等级、送货频率、地域需求与成本、服务与担保等。另外，由于存在折扣、折让和促销的情况，企业很少能从所售的每件产品上获得相同的利润。因此，我们要进行价格修订。

一、产品组合定价

当产品只是某一产品组合的一部分时，企业必须对定价方法进行调整。这时，企业要定出一系列价格，使整个产品组合和利润实现最大化。因为各种产品之间存在需求和成本的相互联系，而且会带来不同程度的竞争，所以组合定价十分困难。

1. 产品大类定价策略

通常，企业开发出来的是产品大类而不是单一产品。当企业生产的系列产品存在需求和成本的内在关联性时，为了充分发挥这种内在关联性的积极效应，需要采用产品大类定价策略。在定价时，首先确定某种产品的最低价格，它在产品大类中充当领袖角色，以吸引消费者购买产品大类中的其他产品；其次，确定产品大类中某种商品的最高价格，它在产品大类中充当品牌质量和收回投资的角色；最后，产品大类中的其他产品也分别依据其在产品大类中的角色不同而定价不同。

2. 选择产品定价策略

所谓选择产品定价策略是指在顾客购买相关商品时，提供多种方案供顾客挑选，以鼓励顾客更多地购买商品，如真功夫的优惠套餐。

3. 互补产品定价策略

互补产品是在功能上互相补充、需要配套使用的产品，如剃须刀与刀片、打印机与墨盒。耐用性强的产品称为“基础产品”或“互补产品中的主件”，而发挥辅助功效、易耗的产品称为“辅助产品”或“互补产品中的次件”。互补产品的价格相关性表现在它们之间需求的同向变动上，制造商经常为主要产品（剃须刀和打印机）制定较低的价格，而为附属产品制定较高的加成。

4. 分部定价策略

服务性企业经常收取一笔固定费用和可变的使用费。一般来说，固定费用应足够低以吸引消费者购买，而利润可以通过收取较高的使用费来弥补。

5. 副产品定价策略

在许多行业中，在生产主产品的过程中常常有副产品，如生产肉类、化工品等。如果副产品价值很低，处理费用高，就会影响到主产品的定价。制造商确定的价格必须能够弥补副产品的处理费用。如果副产品对某一顾客群有价值，就应该按其价值定价。副产品如果能带来收入，将有助于公司在迫于竞争压力时制定较低的价格。

6. 产品包定价策略

企业通常将产品捆绑在一起，然后制定一个价格。这一组产品的价格低于单独购买其中每一种产品的费用总和。因为顾客可能并不打算购买产品包中所有的产品，所以这一组合的价格必须有较大的降幅，以促使顾客购买。

讨论7－5：请分别举例说明以上六种产品组合定价策略。

二、折扣定价

企业为了鼓励顾客及早付清货款、大量购买、淡季购买，还可以酌情降低其基本价格。这种价格调整叫作折扣定价。常见的折扣定价策略有六种（如表7－6所示）。

表7－6　折扣定价策略

折扣定价策略	方法
现金折扣策略	也称“付款期折扣”，其目的在于鼓励购买者尽早付款以加速企业资金周转。购买者如以现金付款或提前付款，可以在原商品价格的基础上享受一定的价格优惠折扣
数量折扣策略	这种折扣是企业给那些大量购买某种产品的顾客的一种折扣，以鼓励顾客购买更多的物品。数量折扣包括累计数量折扣和一次性数量折扣两种形式
功能折扣策略	又叫“贸易折扣”，是制造商给某些批发商或零售商的一种额外折扣，促使他们执行某种市场营销功能（如推销、储存、服务等）

（续上表）

折扣定价策略	方法
季节折扣策略	企业给那些购买过季商品或服务的顾客的一种减价，使企业的生产和销售在一年四季保持相对稳定
价格折让策略	折让是为了促使经销商参与某个特殊活动而设计的额外优惠政策。抵换折让是指在购买新产品时，把用旧的产品交回厂商换取新产品的折扣。促销折让是指对愿意配合企业做产品促销活动的经销商所给予的一种价格折让

三、心理定价

心理定价策略是指在进行价格决策时，以消费者心理状况为主要因素进行定价，一般在零售企业中对最终消费者应用得比较多。常见的心理定价策略有五种（如表7－7所示）。

表7－7　心理定价策略

心理定价策略	方法
声望定价	企业利用消费者仰慕名牌商品或名店的声望所产生的某种心理来制定商品的价格，故意把价格定高。该定价方法主要有两种目的：第一能提高产品形象，第二能满足某些消费者对地位和自我价值的追求
尾数定价	这种方法常常以一些奇数和吉利数字结尾，或者定价时保留小数点后的尾数，使消费者产生价格低廉和卖主经过认真的成本核算才定价的感觉，从而使消费者对企业产品及其定价产生信任感
整数定价	高档名贵的产品宜采用整数定价策略。把产品价格定为整数，会使消费者感到产品的档次高、价值大，满足某些消费者追求高消费或显示身份的心理
招徕定价	零售商利用部分顾客求廉的心理，特意将某几种商品的价格定得较低以吸引顾客
习惯定价	许多产品，尤其是日用消费品，其价格一旦固定下来，习惯了这一价格的消费者在心理上会形成一种价格倾向和定势。这类产品的价格一般不宜轻易变动，否则，价格高了，会引起涨价的社会影响，价格低了，会引起对产品质量的怀疑

实例7－5　宜家的一元冰激淋

宜家的一元冰激淋已经成为刷爆年轻人朋友圈的网红食品，每次去宜家都要去尝试一下那个便宜还好吃的一元冰激淋。宜家十分注重用户在卖场内的逗留时间，从而提升销量，但是总有一些让用户体验不太好的地方。比如“地形”复杂，哪怕只买一件家具也需要走完整个商场。比如店员很少，找不到帮助。比如要自己从货架上搬货物，要排长队结账等等。

如果用户因此留下了不好的体验，对宜家来说很不利。宜家用一个巧妙的低价产品，改善了这种情况。在结账的时候，宜家有1元钱的甜筒冰激凌。这个价格看似赔本，但给人们的宜家购物之旅的结尾留下了非常好的印象。人们觉得占了便宜，这样就容易忽视购物过程中不好的体验。当人们再回忆起宜家的购物之旅时，会觉得整体行程都非常棒。

每个商家都离不开给产品或服务定价，这看似简单，背后却有着很大的学问，也许只是价格设置的不同，就会导致截然不同的结果。

（资料来源：百度）

思考：宜家的一元冰激淋的定价策略是什么？

四、地理定价

一般来说，一个企业的产品，不仅要卖给当地顾客，还要卖给外地顾客。而卖给外地顾客，把产品从产地运到顾客所在地，就需要支付装运费。所谓地理定价策略，就是企业要决定是否对边远地区的顾客收取较高的费用以弥补运输成本。另外，还要决定如何收款，尤其是对国外购买者。常见的地理定价策略有五种（如表 7－8 所示）。

表 7－8　地理定价策略

地理定价策略	方法
FOB 原产地定价	即顾客（买方）按照出厂价购买某种产品。企业（卖方）只负责将这种产品运到产地或某运输工具（如卡车、火车、船舶、飞机等）上交货。交货后，从产地到目的地的一切风险和费用概由顾客承担
统一交货定价	即企业对于卖给不同地区顾客的某种产品，都按照相同的出厂价加相同的运费（按平均运费计算）定价。也就是说，对全国不同地区的顾客，不论远近，都实行一个价
分区定价	即企业把全国（或某些地区）分为若干价格区，对于卖给不同价格地区顾客的某种产品，分别制定不同的地区价格。距离企业远的价格区，价格定得较高；距离企业近的价格区，价格定得较低。在各个价格区范围内实行一个价
基点定价	即企业选定某些城市作为基点，然后按一定的出厂价加上从基点城市到顾客所在地的运费来定价，而不管货实际上是从哪个城市起运的。有些公司为了提高灵活性，选定许多个基点城市，按照离顾客最近的基点计算运费
运费免收定价	即企业替买主负责全部或部分运费，企业采用运费免收定价，一般是为了与购买者加强联系或开拓市场，通过扩大销量来抵补运费开支

五、差别定价

所谓差别定价，也叫价格歧视。价格歧视是指商品或服务的提供者在提供相同等级、质量的商品或服务时，在消费者之间实行不同的销售价格或收费标准。企业按照两种或两种以上不反映成本费用的比例差异的价格销售某种产品或服务。差别定价主要有四种形式（如表 7－9 所示）。

表 7－9 差别定价策略

差别定价策略	方法
顾客差别定价策略	企业对不同的顾客群体对同样的产品或服务制定不同的价格
产品形式差别定价策略	企业对不同型号或形式的产品分别制定不同的价格。但是，不同型号或形式产品的价格之间的差额和成本费用之间的差额并不成比例
位置差别定价策略	企业对于处在不同位置的产品或服务分别制定不同的价格，即使这些产品或服务的成本费用没有任何差异
时间差别定价策略	企业对于不同季节、不同时期甚至不同钟点的产品或服务分别制定不同的价格

按照定价的差异程度，价格歧视从理论上可以分为三个等级，包括一级、二级、三级价格歧视。具体情况如表 7－10 所示。

表 7－10 价格歧视的三个等级

价格歧视等级	内容
一级价格歧视	又称为完全价格歧视，就是每一单位产品都有不同的价格，即商家完全掌握消费者的消费意愿，对每个消费者将商品价格定为其能够承受的最高价格
二级价格歧视	是指商家按照客户的购买数量，对相同场景提供的、同质的商品进行差别定价
三级价格歧视	可视为市场细分后的定价结果，即根据客户所处的地域、会员等级等个人属性进行差别定价，但是对于同一细分市场的客户定价一致

二、三级不完全价格歧视在市场营销中的常见形式有：折扣定价、会员优惠定价、分段定价、地理定价、“双 11”购物节降价、机票实时调整等。

以往商家缺乏对客户需求的了解，完全价格歧视在现实中难以实施。但是随着大数据技术的发展，客户的浏览记录、购买历史等信息可以用来分析客户特征、偏好，使按照每一个消费者的最高支付意愿进行完全价格歧视成为可能。在企业与消费者信息不对称的情况下依托大数据向客户完全差别化定价，是企业利用其信息优势对消费者剩余价值的剥夺。

实例 7－6 大数据“杀熟”

2018 年 6 月 24 日，大 V 路金波发出的一条吐槽微博引起了广泛的关注，表示在携程抢高铁票要买加速包才能提升抢票成功的概率，30 元加速包，抢到的概率为 95.6%，10 元加速包，抢到的概率为 63%，如果不买包，概率只有 52%，并直言：携程这个概率是欺骗和恐吓用户。在此之前携程的高管曾有过回应，称之所以出现同时不同价，是因为有人抢到了优惠券所以显示金额不同，并称绝对不允许价格歧视，对于价格更不会因人、因设备、因手机系统而异——“携程从未有过任何大数据‘杀熟’的行为，以前没有，以后也永远不会有”。虽然如此，还是不可避免地引发了公众对于互联网技术安全的信任危机：在信息愈发透明的情况下，平台滥用用户之间的信息不对称来牟取利益，那么用户的利益究竟该靠谁来保障？类似的事件在滴滴、拼多多以及一些二手车交易等平台上也出现过。

经历了被用户投诉利用大数据“杀熟”的事件过去差不多1月之久，被大数据“杀熟”的用户依然层出不穷，诸多网友依然在知乎和微博上留言表示用不同手机订同一酒店，价格依然不同；用同个账号刷票多次，机票价格便上涨等。

6月18日，微博用户水母Chen发文：“伤心的不是买好机票发现第二天就降价了，而是发现经常买这趟航线的账号出现的价格会高于其他人，左边是我自己的账号（经常买此航线），价格是940元，右边是朋友的账号，价格是400元，而且连着几天价格都是有差异的。”对于此遭遇，很多网友都吐槽自己所亲历的事件，以为自己每次遇到价格高是运气不好。

6月28—29日，记者的朋友和另外一个朋友在同一时间预定了同一酒店的同一房型，最后在付款的时候，作为白金会员的他却比朋友的价格高出80元。大数据只是一种手段和工具，“杀熟”归根到底是企业的一种运营手段。众所周知，新用户的黏性比较低，对价格更为敏感，如果平台希望能够很好地留住他们，成为忠实用户，就会提供更多的优惠措施。相反，老用户则是平台的忠实用户，对于平台的信任度高，所以也就不会再有货比三家的操作了。

（资料来源：搜狐网，有修改）

思考：1. 结合该案例谈一谈价格歧视与价格欺诈的区别。

2. 采用差别定价策略必须具备的条件是什么？

学以致用

在超市定价时，经常采用的是“541”策略。即保证超市内50%的商品盈利，40%的商品持平或者微利，而留有10%的商品作亏本销售。这10%的商品就是超市用来吸引消费者的“鱼饵”。试分析采用这种定价策略的好处，它与渗透定价有何区别？

第三节　启动及应对价格变更

一、发动降价

1. 企业降价的原因

企业降价的原因如表7－11所示。

表 7－11　企业降价的原因

企业降价	原因
生产能力过剩	企业的生产能力过剩，因而需要扩大销售，但是企业又不能通过改进产品和加强销售工作等来扩大销售，在这种情况下，企业就需要考虑降价
竞争激烈	在强大的竞争者的压力之下，企业的市场占有率降低，在这种情况下，通过降价来扩大市场份额从而降低成本
成本优势	因成本费用比竞争者低，企业企图通过降价来掌握市场或提高市场占有率，从而扩大生产和销售量，在这种情况下，企业也往往发动降价攻势。在市场营销实践中，有实力的企业率先降价往往能给弱小的竞争者以致命的打击

2. 企业降价的策略

经营者采取降价措施时，应注意降价的幅度、频率和降价时机的选择。

（1）降价幅度要适宜。根据经验，价格降低 10%～30%，消费者能理解。当然这一知觉阈限依据商品特性及经济环境的不同而有差异（如图 7－3 所示）。

图 7－3　降价幅度

（2）降价不宜过频。为避免由于商品价格降低幅度把握不准，造成多次降价，使消费者产生不信任的心理效应，必须保持降价后的相对稳定。

（3）准确选择降价时机。当流行高峰一过，流行性商品就要马上采取降价策略，否则，失去时机后即使降价也难以收到预期效果。对于季节性商品，当快过季时仍然库存过大，应采取适当的降价措施；对于一般性商品，降价的最佳时机在进入成熟期后的峰点临近时，此时消费者对产品评价尚高，降价有可能刺激需求，使峰点后移，延长成熟期。

实例 7－7　特斯拉降价被老车主骂惨

特斯拉是美国著名的电动车及能源公司，为了提高中国市场的销量，特斯拉全系列下调了在华售价。3 月 1 日，特斯拉宣布下调 Model S、Model X 等 8 款车型的在华销售价格，其中，Model 3 降价幅度为 2.6 万元 ~4.4 万元、Model S 为 1.13 万元 ~27.75 万元、Model X 为 17.45 万元 ~34.11 万元。这意味着中国消费者能以更低价格体验到电动车一哥特斯拉的产品。但这一动作却引发了老车主的不满，尤其是近期刚以高价入手的车主，其中一位 2 月 25 号入手 Model X 的车主，总共只开了 5 天，3 月 1 日得知官方降价 17.43 万元，再加上关税、购置税、银行贷款利息、保险等费用，实际损失 20 万元以上。最后愤怒的老车主拉起横幅并通过微信群、联系媒体和线下拉横幅的方式表达抗议，此次事件被媒体广泛报道，在社交媒体上也引发了大争议，特斯拉在公众心中的形象迅速降低一个档次。

（资料来源：简书，有删改）

思考：1. 结合该案例谈一谈特斯拉采用降价策略的目的是什么。
2. 企业在采用降价策略时应注意哪些问题？
3. 降价的方式可以有哪些？

二、发动提价

在很多情况下，企业提价的一个原因是为了在成本膨胀的情况下维持已有的利润，另一个原因是供不应求。无论什么原因造成的提价对消费者的利益总是不利的。因此，必须注意消费者的心理反应并及时采取合适的提价策略（如表 7 – 12 所示）。

表 7 – 12 企业提价的原因及策略

企业提价原因	策略
成本上升而提价	要尽量降低提价幅度，同时努力改善经营管理，减少费用开支
供不应求而提价	要在充分考虑消费者承受能力的前提下，适当提价，切忌哄抬物价招致消费者抱怨
国家政策调整而提价	要多做宣传解释，以消除消费者不满，并积极开发替代品以更好地满足消费者的需求
为获利而提价	要搞好销售服务，改善销售环境，增加服务项目，靠良好的声誉适量提价

大多数企业更愿意选择间接提价的方式，因为这种方式较为隐蔽，消费者的反应也可能会相对温和。常用的间接提价方式有以下几种（如表 7 – 13 所示）。

表 7 – 13 企业间接提价策略

方式	内容
间接提价策略	取消原有的价格折扣或是使获取价格折扣的条件更加苛刻
	目录价格不变，减少产品分量以及附赠产品，或降低产品质量、减少功能、简化包装等
	目录价格不变，但减少产品的附加服务或是对原来免费的服务收取服务费
	在通货膨胀的情况下推迟报价，等产品制成或交货时再给出最后价格。工业建筑常采用该种方法
	在产品组合中取消利润低的产品或增加利润高的产品的比重

三、应对竞争对手的价格变更

在现代市场经济条件下，企业经常会面临竞争对手的变价挑战。如何对竞争对手的变价做出及时、正确的反应，是企业定价策略的一项重要内容。

1. 不同市场环境下的企业反应

一般来说，在同质产品的市场上，如果竞争对手降价，企业应该采取各种措施强化自己的产品，但是如果做不到这一点，企业就不得不降价。当一个企业在同质产品市场上提高价格时，如果提价对全行业都有好处，其他企业也会采取同样的措施；但是如果它们认为自身或本行业不会获得好处，则可能对提价不予理会，领先者不得不取消这次提价。

在异质产品市场上，企业对竞争者变价的反应有更多的选择余地，因为在这种市场上，顾客选择卖主时不仅会考虑产品的价格因素，还要考虑产品的质量、服务、性能、外观、可靠性等多方面的因素。因而，顾客对于较小的价格差异并不在意。

面对竞争对手的变价，企业必须认真调查研究如下问题：①为什么竞争对手变价？②竞争对手打算暂时变价还是永久变价？③如果对竞争对手变价置之不理，对企业的市场占有率和利润有何影响？④其他企业是否会做出反应？⑤竞争对手和其他企业对于本企业的每一个可能的反应又会有什么反应？

2. 市场领导者的反应

在市场中，市场领导者往往容易遭到其他企业的进攻。这些企业的产品可与市场领导者的产品相媲美，他们往往能通过进攻性的降价来争夺市场领导者的阵地。在这种情况下，市场领导者有以下三种策略可供选择，如表 7－14 所示。

表 7－14　市场领导者反应策略

市场领导者的反应	策略
维持价格不变	市场领导者认为，如果降价就会减少利润收入，而维持价格不变，仅对市场占有率有一定的影响，但以后还能恢复市场阵地。当然，维持价格不变的同时，还要改进产品质量、提高服务水平、加强促销沟通等，运用非价格手段来反击竞争者。许多企业的市场营销实践证明，采取这种策略比降价和低利经营更合算
降价	市场领导者之所以采取这种策略，主要是因为：降价可以使促销量和产量增加，从而使成本费用下降；市场对价格很敏感，不降价就会使市场占有率下降，市场占有率下降之后，很难得以恢复。但是，企业降价以后，仍应尽力保持产品质量和服务水平
提价	提价的同时，还要致力于提高产品质量，或推出某些品牌，以便与竞争对手争夺市场

讨论7－6：企业如何阻击低成本竞争者？

学以致用

假定你是一家糖果公司的营销总监，老板根据目前的经济状况要求提高糖果的价格。请制订一个计算糖果的需求价格弹性的计划。是什么因素会促使你同意产品提价？或重新考虑提价的决定？在课堂上做一介绍，并描述以下要点：①需求弹性的概念；②不考虑弹性的提价为什么不对？③对于弹性的计算你有什么建议？④对弹性需求和无弹性需求的计算你有什么建议？⑤弹性需求和无弹性需求对利润的潜在影响。

测试你掌握的知识

1. 在原材料价格上涨得很厉害，产品确实需要提价的情况下，你的老板因为各种顾虑不想把销售价格提高，你会给他什么建议？

2. 选择某一品牌的汽车，分析其如何针对不同的细分市场制定不同的价格。

3. 某企业投入固定成本200 000元，单位产品变动成本15元，预计销售量达50 000件。

①如果企业以保本为定价目标，其保本价格为多少？

②若企业定价目标为实现目标利润100 000元，则销售价格应定为多少？

③当50 000件企业产品售完后，销路一直不畅，受此影响，企业一直不景气，现有人发来订单，最高报价16元，10 000件，试问企业是否该接受此订单，并说出理由。

4. 指出下列产品的定价策略：

①新产品上市产品总成本50元，销售价格200元；

②单位产品销售价格60元，七折出售；

③一套产品八件，分别购买价格累计150元，成套购买价格130元；

④某产品定价3.98元；

⑤某产品定价1 188元。

实训模块7　制定模拟企业的产品价格

根据研究的企业或创业企业的实际情况及目前市场状况，为本公司的新产品制定具体的价格策略。分析影响本企业价格变动的原因，并根据企业的目标提出相应的价格调整对策。

扩展资源 7

第八章　传递价值——分销策略

企业应该全力以赴地发现分销渠道，分销渠道越多，企业离市场越近。

——菲利普·科特勒

【学习目标】

1. 掌握分销渠道的主要术语。
2. 掌握分销渠道的模式和结构。
3. 了解分销渠道的变革。
4. 了解分销渠道的激励和控制方式。

【思维导图】

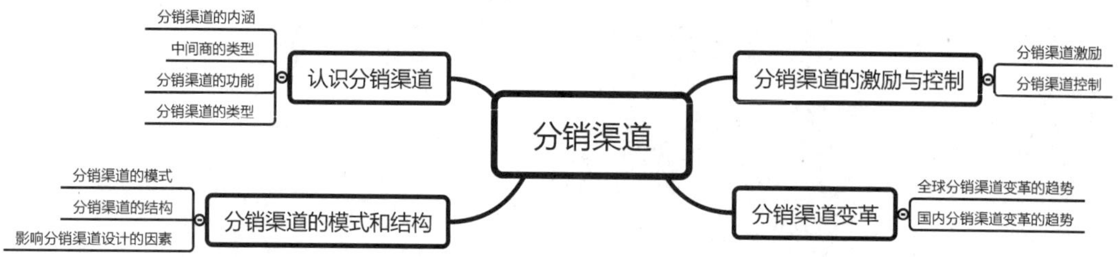

【营销实战】

业务员的一天

学营销专业的陈明从大学毕业后，在佛山某酒业公司从事业务员工作已有两年，主要的工作职责是开发和维护公司在佛山市南海区的白酒市场。做业务员这行没有捷径，勤奋是必备的素质。经过两年的努力，陈明已经帮助公司初步建立起在南海区的销售网络。南海区下辖6镇2街道，6镇包括大沥镇、西樵镇、狮山镇、丹灶镇、里水镇、九江镇，2街道分别是桂城街道和罗村街道。除了狮山镇外，公司已经在5镇2街道设立了二级分销点。陈明每天的工作主要就是走访二级分销点，及时处理分销点出现的包括物流、库存、结算等业务在内的各种问题。另外还要走访南海区各白酒批发市场，与白酒经销商洽谈，积极建立新的分销点。

思考：业务员的主要工作是什么？为什么？

第一节　认识分销渠道

一、分销渠道的内涵

分销渠道是指某种商品或服务在从生产者向消费者转移的过程中，取得这种商品或服务的所有权或帮助所有权转移的所有企业和个人。因此，分销渠道一般是由处于渠道起点的制造商、处于渠道终点的消费者以及处于制造商与消费者之间的中间商构成。中间商又可以分为零售商和批发商两种基本类型。理解分销渠道的内涵需要掌握以下几个要点：

1. 分销渠道的构成

分销渠道一般由制造商、中间商和消费者三者共同构成。制造商、中间商各自扮演的角色不同，但其目的是一致的，就是为了让消费者对制造商、中间商的产品和服务感到满意。当然也有可能不经过中间商直接由制造商和消费者构成，类似的例子就如安利直销模式，或者电子购物、网络购物等，制造商直接通过网络、电子媒体或者人员推销等把商品卖给消费者。

2. 分销渠道通常是一个网状的结构

制造商处在分销渠道的最顶端，负责产品的设计、生产、仓储和配送等业务。中间商的多少与制造商追求分销渠道的覆盖面积有关，如果想尽可能方便消费者购买，那中间商就必须尽可能多，例如纸巾这类日常用品，需要通过许多中间商来分销产品。分销渠道就像人体的毛细血管输送血液到人体各个部分一样，把制造商的产品运送到消费者的手中。

3. 分销渠道需要有其他营销中介的参与才能运转

例如货物从制造商到消费者的转移需要有物流公司的参与，货款从消费者手上最终到达制造商手上需要有银行的参与，信息在渠道中双向流动需要信息媒介的参与，广告、促销活动等需要广告设计公司的参与等。

讨论8－1：制造商为什么不直接把产品卖给消费者？

二、中间商的类型

中间商是指介于制造商与消费者（用户）之间，专门从事商品流通活动的经济组织或个人，或者说中间商是制造商向消费者（用户）出售产品时的中介机构。由于中间商在流通转让过程中所处的地位和所起的作用不同，我们可以将其划分为零售商和批发商两类。

1. 零售商

零售商是指向最终消费者直接销售商品的，从事零售业务的企业或个人。任何组织只要将产品销售给最终用户，它们的行为就属于零售行为，与商品或服务的销售方式（无论通过人员、信件、电话、自动售货机还是互联网）或者销售地点（无论在商店、街头还是消费者家里）无关。国内学者通常将零售商分为商店零售商、无店铺零售商和合作零售组织三大类进行研究。表 8－1 介绍了商店零售商的主要类型；表 8－2 介绍了无店铺零售商的主要类型；表 8－3 介绍了合作零售组织的主要类型。

表 8－1　商店零售商的主要类型

商店零售商	形式
专业商店	经营一条窄产品线，而该产品线所含的品种却较多，如服饰商店、运动用品商店、家具店、花店、书店等
百货商店	经营几条产品线，通常有服装、家庭用具和日常用品，每一条产品线都作为一个独立的部门，由一名进货专家或者商品专家管理，如王府井百货、天河城百货等
超级市场（大卖场）	一种相对规模大、低成本、低毛利、高销售量、自助服务式，为满足消费者对食品、洗衣和家庭日常用品的种种需求服务的零售组织，如百佳超市、家乐福等
便利商店	相对较小，位于住宅区附近，营业时间长，每天都开门，并且经营周转较快的方便商品，但是其种类有限。这类商店营业时间长，主要满足顾客的不时之需，而商品的价格相对高些，如 7－11 便利店、喜士多便利店等
折扣商店	出售标准商品，价格低于一般商店，毛利较少，薄利多销，销售量较大
工厂门市部	由制造商自己拥有和经营，它们销售多余的、不正常和不规范的商品。这些门市部有时联合起来在工厂门市部大厅联销
仓库俱乐部	销售有限的有品牌名的杂货、器具、衣服和其他东西，参加者每年缴纳一定额度的会费，便可得到高折扣。这种形式的仓库俱乐部主要为小企业服务，并为政府机构、非营利组织和某些大公司服务。其价格通常比超级市场和折扣商店低 20%～40%，如沃尔玛的山姆俱乐部
超级商店	有比超级市场大得多的场地，主要满足消费者日常购买的食品和非食品类商品方面的全部需要
目录商店	应用于大量可供选择的毛利高、周转快的品牌商品的销售，包括珠宝、电动工具、照相机、皮包、小型设备、玩具和运动器材等。顾客在陈列室里开出商品订单，在该商店的发货点为顾客送货上门。样品目录陈列室利用减少成本和毛利以吸引大量销售

表 8－2　无店铺零售商的主要类型

无店铺零售商	形式
直销	通过销售员挨家挨户地上门推销或家庭推销进行，如雅芳、安利等
直复营销	起源于邮购和目录营销，但今天还包括了其他能接触人的形式，如电讯营销、电视直复营销（家庭购买程序和信息商品）以及电子购买等

（续上表）

无店铺零售商	形式
自动售货	已经用于多种商品，包括带有很大方便价值的冲动型商品（香烟、软饮料、糖果、报纸、热饮料等）
网上商店	通过互联网进行买卖活动的零售业态，如淘宝网、京东商城、当当网等

表8－3　合作零售组织的主要类型

合作零售组织	形式
公司连锁店	两个或两个以上的商店同属一个所有者经营和管理，经销同样的商品，有中心采购部和商品部，甚至连商店建筑也可以采用统一的基调。公司连锁已在各类零售经营业中出现，但在百货商店、综合商店、食品商店、药店、鞋店和妇女服装商店力量最强
特许经营组织	指特许人（一家制造商、批发商或服务组织）和特许经营人（在特许经营系统中，购买拥有或者经营其中的一个或几个单元的独立的生意人）之间的一种契约性联合，如麦当劳、肯德基等
自愿连锁店	由某个批发商发起，若干零售商参加的组织，从事大规模购买和统一买卖，如独立食品联盟（IGA）等
零售商合作社	由若干零售商组成，它们成立一个中心采购组织，并且联合进行促销活动
消费者合作社	为顾客自己所有的零售公司。居民们捐款开设自己的商店，他们投票确定办店方针和选举管理小组，并享受投资应得的红利
商业联合大公司	由几种不同的零售业务和形式联合组成的所有权集中的松散型公司组织，组织内各零售商的分销和管理职能实行若干程度的一体化

讨论8－2： 国内最常见的零售商都有哪些？为什么其他的零售形式在中国不常见？

2. 批发商

批发商是指主要从事批发业务的企业。批发是指将购进的商品批量转售给各类组织、购买者的业务，是指将商品转售给为了转卖或者因商业用途而进行购买的人的活动。批发商的主要类型有四种（如表8－4所示）。

表8－4　批发商的主要类型

批发商	形式
商人批发商	指自己进货，取得产品所有权后再批发出售的商业企业，也就是人们通常所说的独立批发商。商人批发商是批发商中最主要的类型。它又可分为执行全部批发职能的完全服务批发商和执行部分批发职能的有限服务批发商

（续上表）

批发商	形式
经纪人和代理商	与独立批发商的主要区别在于它们没有商品所有权，只是在买卖双方之间起媒介作用，促成交易，从中赚取佣金。经纪人和代理商一般都是专业化的，专门经营某一方面的业务。经纪人多见于房地产业、证券交易以及保险业务及广告业务等；代理商有制造业代理商、销售代理商、采购代理商和佣金商等
制造商的销售分销部或销售办事处	制造商的分销部可以进行一定的商品储存业务，其形式如同商人批发商，只不过与之隶属关系不同，属于制造商；办事处没有存货，是企业驻外的业务代办机构。制造商自己设立分销部和办事处，有利于掌握当地市场信息和加强促销活动
零售商采购办事处	有些零售商也在中心城市及商品集散地设立采购办事处，其职能与代理商和经纪人类似，但其隶属关系是购买方

三、分销渠道的功能

在理解分销渠道的内涵时我们了解到，分销渠道要发挥分销产品的作用，实际上还需要其他营销中介的参与。制造商通过分销渠道将商品转移到消费者手里，必须发挥分销渠道的各个功能，分销渠道才能正常地运转（如表 8－5 所示）。

表 8－5　分销渠道的功能

功能	说明
物流	使实体产品或者服务从制造商转移到最终消费者手中
产品配组	调节生产和消费之间在产品花色、品种和等级上的差异性
调节时间差异	调节生产时间和消费时间的差异性
市场调研与信息传递	中间商通过开展市场调研预测工作，了解消费者的需求变化情况，然后把有关信息传递给生产者
融资	当生产者要大批量购买原材料时，中间商通过提前付款等方式给予一定的资金援助；当中间商大批量进货时，生产者通过赊销等方式支持中间商
风险分担	生产者与中间商共同承担风险，使新产品的开发和某种业务的经营能顺利拓展
促销	即生产者和中间商携手合作，通过各种途径将有关产品和服务的信息传递给消费者，以促进产品的销售

讨论 8－3：商人批发商、经纪人和代理商有何区别？

四、分销渠道的类型

按流通环节的多少，可以将分销渠道划分为直接渠道和间接渠道。

1. 直接渠道

直接渠道是指产品从生产领域转移到消费领域时不经过任何中间环节的分销渠道，是企业采用的一种产销合一的方式。直接渠道是工业品分销渠道的重要类型，大约80%的生产资料是直接销售的。消费品分销有时也采用直接渠道，这主要表现在传统产业和新兴服务业这两大领域中。

直接渠道有利于生产者掌握市场状况与发展趋势，降低产品在流通过程中的损耗。但直接渠道在生产集中、消费需求分散的情况下，就不能胜任。生产企业若缺乏销售方面的经验，自己承担分销业务，会加重生产者的工作负荷，分散生产者的精力。

2. 间接渠道

间接渠道是指产品从生产领域转移到消费领域时经过若干中间环节的分销渠道，它是产销分离的一种形式。间接渠道是消费品分销渠道的主要类型，大约95%的消费品通过间接渠道销售，工业品也可通过间接渠道进行销售。

大多数制造商缺乏直接销售的财力和经验而采用间接渠道。制造商利用中间商的销售网络、业务经验、专业化和规模经济优势，可以获得高于直接销售所能取得的利润；同时，制造商利用中间商进行产品分销，可以减少交易次数，达到降低成本的目的。此外，间接渠道的运用还有助于生产者降低风险，加快资金回笼。

实例8－1　苏宁牵手碧桂园

2018年4月12日，苏宁控股集团董事长张近东和碧桂园集团董事局主席杨国强签订协议，将在全国范围内开展商业地产的合作，预计今年内将有600家苏宁小店、苏宁直营店等智慧零售业态店入驻碧桂园物业，另外，投资、金融、电商采购等也顺势全面推进。

自2017年12月以来，苏宁疯狂进行线下拓展。截至2018年4月，今年苏宁的新开店已达近600家。其中，根据苏宁提供的数据，发展最快的是以服务社区为主的苏宁小店和针对三四级市场的苏宁易购精选店，已经开了近400家。

同时，苏宁还全资收购了在上海深度布局的迪亚天天超市，以提速苏宁小店的开发。当前苏宁在线下的布局，运用场景互联网，使线下拥有更低的流量成本和更强的黏性需求，未来可以让线下打败线上。

（资料来源：《销售与市场》，有修改）

思考：苏宁在分销渠道中属于什么角色？在整个分销渠道中处于什么位置？

第二节　分销渠道的模式和结构

一、分销渠道的模式

分销渠道到底有几种模式在营销界并没有一个固定的划分，从营销实战的角度来说，分销渠道的模式一共有五种类型，包括直营分公司模式、委托代销模式、区域代理模式、特许经营模式、扁平化通路模式。

1. 直营分公司模式

直营分公司模式是指厂家直接在各个区域设立分公司，分公司再派出业务员在该区域寻找下一级的经销商或者代理商进行产品销售的模式。此模式的优点是生产厂商对渠道有一定的控制力，而且分公司比较熟悉该区域的市场特点，销售的针对性较强；缺点是渠道成本较高。

2. 委托代销模式

委托代销模式的特点是受托方只是一个代理商，委托方将商品发出后，所有权并未转移给受托方，因此商品所有权上的主要风险和报酬仍在委托方。只有在受托方将商品售出后，商品所有权上的主要风险和报酬才转移出委托方。所以，企业采用委托代销方式销售商品，应在受托方售出商品，并取得受托方提供的代销清单时确认销售收入。委托代销一般包含三种方式：

（1）受托方按照委托方的要求销售商品，受托方只收取代销手续费，并且该代销手续费与商品销售量、销售额无必然联系。

（2）受托方按照委托方的要求销售商品，受托方只收取代销手续费，并且该代销手续费与商品销售量、销售额挂钩。

（3）受托方将代销商品加价出售，与委托方按协议价结算，不再另外收取手续费。这种类型就是日常所说的视同买断，受托方以商品差价作为经营报酬。

3. 区域代理模式

区域代理模式是指将一个大市场划分为若干区域，每个区域设立代理商，企业授权代理商全权负责该区域内的产品销售，由代理商发展和管理下属终端商。优点是能节约品牌销售渠道的拓展成本和管理成本，发挥代理商的积极性和主动性；不足之处在于在品牌推广与货品管理上不易控制。

4. 特许经营模式

特许经营模式是指特许者不仅将其拥有的商标授权给被特许者使用，而且将其拥有的商店标识、店名、经营方式等授权给被特许者使用，被特许者拥有特许者整个经营模式的经营权，并向特许者支付相应的费用。特许经营模式最大的优势是企业可以实现低成本大规模扩张。

5. 扁平化通路模式

扁平化通路模式是指企业直接打造自己的专卖体系，直接把产品销售给消费者。这种模式将会给企业带来最大的渠道控制力，电子商务和物流行业的发展也让这种模式逐渐被许多企业采用。

实例 8－2　友邦的渠道建设

友邦为推动集成吊顶产品更好地开拓市场，并没有选择建材品牌一直以来惯用的传统渠道路径——走进国美、苏宁等家电销售卖场和百安居、东方家园等建材卖场，而是在建材市场和建材一条街开设 100% 的品牌特许专卖店，利用自建终端、自营终端的形式直接进行渠道的扁平化切入，抢占渠道战略上的制高点。通过形象终端的规模化和生动化呈现，友邦让集成吊顶这一全新的产品通过现场展示、消费者亲身体验的方式，传达产品的全新消费理念，从而使消费者形成直观印象，并能深刻理解其核心价值所在。同时，精心设计的终端店面也给友邦的应用设计顾问提供了一个为消费者进行专业设计咨询的空间，让消费者和设计顾问在一起进行 DIY 设计，做足产品元素的应用设计和创意灵感。事实证明，通过颠覆原有家电连锁和建材连锁的终端形态，从专卖店路径切入的自营终端模式，友邦一举让自己的创新产品快速覆盖了全国主流城市及消费区域，并迅速成长为新品类行业的领导品牌。

（图文来源：友邦官网，有修改）

思考：友邦采用了哪种渠道模式？有什么优缺点？

二、分销渠道的结构

1. 分销渠道的长度结构

分销渠道的长度是指产品流通过程中所经过的不同层次的中间环节的多少。显然，产品流通所经过的中间环节愈多，渠道愈长；反之，则愈短：按照产品流转过程中所经过的中间环节层次的多少，分销渠道可以划分成以下几种模式（如图 8－1 所示）。

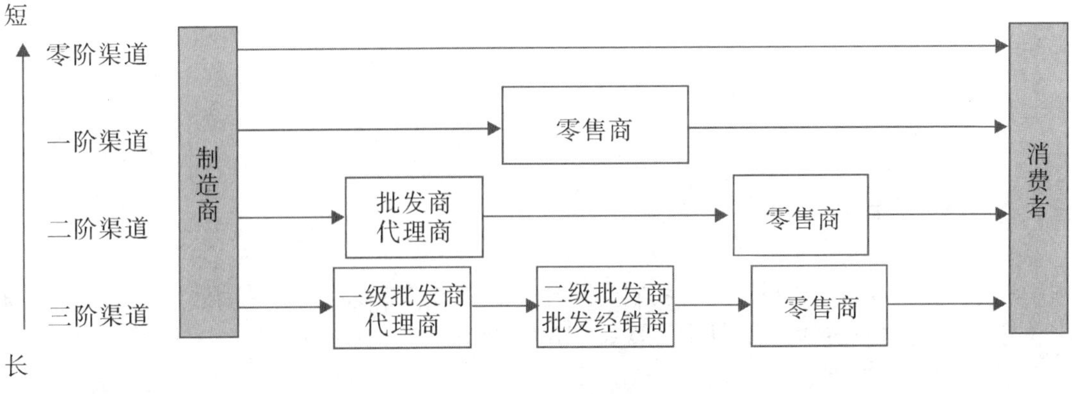

图 8－1　分销渠道的长度结构

2. 分销渠道的宽度结构

分销渠道的宽度是指渠道同一个层次的中间环节使用同种类型中间商数目的多少。一般而言，按照渠道的宽窄，企业的分销渠道可以分成三种模式（如图 8－2 所示）。

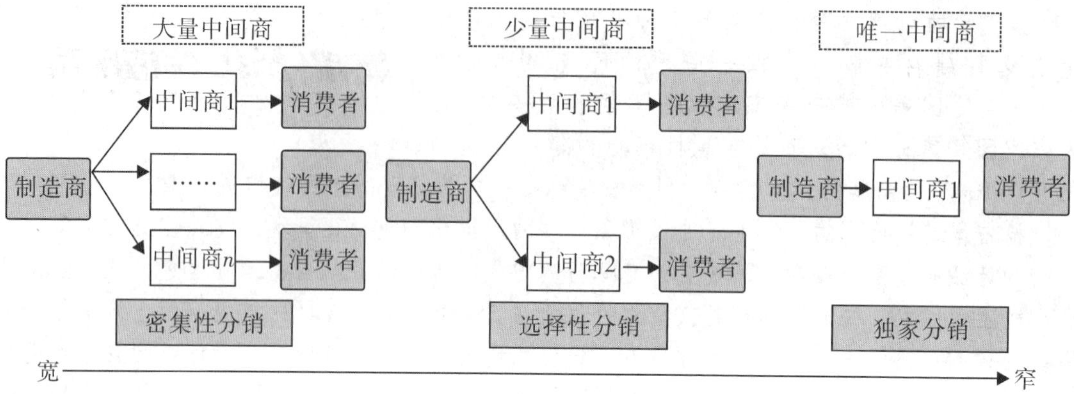

图 8－2　分销渠道的宽度结构

（1）密集性分销。指企业尽可能多地通过许多负责任的批发商、零售商推销其产品，使渠道尽可能地加宽。

（2）选择性分销。指制造商在某一地区仅仅通过少数几个精心挑选的，最合适的中间商推销其产品。

（3）独家分销。指制造商在某一地区仅仅选择一家中间商推销其产品，通常双方协商签订独家经销合同，规定经销商不得经营竞争对手的产品，以便控制经销商的业务经营，调动其经营积极性，以有效占领市场。

3. 分销渠道的广度结构

分销渠道的广度可根据生产者选用渠道模式的多少来划分为单渠道与多渠道。

（1）单渠道。如果生产者在一定的时空条件下，只选择一种类型的分销渠道，就叫单一的分销渠道。

（2）多渠道。如果生产者在一定的时空条件下，同时选择两个或两个以上模式的分销渠道，就叫复合型的多渠道。

讨论 8－4：分销渠道的模式和结构有什么不同？为什么？

三、影响分销渠道设计的因素

在进行分销渠道结构设计时，我们要综合考虑影响渠道设计的各种因素，选择一个最优的渠道结构。影响分销渠道设计的因素如表 8－6 所示。

表 8－6　分销渠道设计的影响因素

产品因素	产品的单价：产品的单价越低，分销渠道可以越长
	产品的体积和重量：体积越大、重量越大，越宜采用短渠道
	产品的自然属性：属性稳定的产品宜采用长渠道
	产品的技术性和复杂性：产品的技术性越强，复杂性越大，渠道越短
	产品生命周期阶段：在投入期一般采用短渠道，随着产品的成熟，渠道一般越来越长
市场因素	潜在市场的分布：顾客集中宜用短渠道，反之宜用长渠道
	潜在顾客的数量：潜在顾客数量多，宜用长渠道，反之宜用短渠道
	消费者的购买习惯：便利品一般用长渠道，选购品可用短渠道
	消费的季节性：季节性较强的产品，需要批发商提供储存功能，以调节产品生产和消费由于时间的背离而引起的矛盾，所以宜用长渠道，反之则可用短渠道
企业自身因素	企业资源：资源丰富的生产企业可以实行产销一体化；而资源较少的企业只能依靠中间商，以长渠道销售其产品
	企业对分销渠道的管理能力和经验：如果企业对分销渠道管理能力强，则用短渠道推销产品，反之用长渠道
	企业控制渠道的愿望：控制渠道愿望越强越宜用短渠道
中间商因素	中间商的经销积极性：积极性高可用长渠道
	中间商的经销条件：条件好宜用长渠道
	中间商的开拓能力：能力强宜用短渠道
环境因素	总体经济形势：经济形势好，宜用长渠道
	国家的政策法规：国家政策法规有规定，有些特殊产品必须按照国家要求设计分销渠道

实例 8－3　李宁——互联网＋运动生活体验商

李宁作为中国运动品牌曾经的领先玩家，在 2018 年纽约时装周上，印着“中国李宁”标志的卫衣、T 恤和运动外套重新回到了消费者的视野，重新找到了新的突破口：潮流＋民族情感。

2014 年创始人李宁回归公司后开启了新的进程，重新启用了“一切皆有可能”的广告语，同时开始向“互联网＋运动生活体验商”转变，并重新调整渠道，关闭门店。从 2017 年下半年开始，李宁成立了专门推进新零售的部门，并在 2018 年持续推进。为了加快经销商货物流通的速度，还建立了全渠道结算平台。改革的次年，公司开始扭亏为盈。根据 2018 年中期财报，李宁核心经销商减少了 1 个，店铺数量共计 6 898 个，关店潮逐渐平缓。电子商务渠道收入稳步增长，市场对于产品认同度有所提升，经销商渠道运营能力和终端销售能力有所增强。截至 2018 年 6 月 30 日，集团总收入达 47 亿元人民币，同比上涨 17.9%。

根据《新零售商业评论》的报道，李宁已经完成了交易数据化的基础建设：首先是线上和线下的货物质量一致，其次是线上和线下的产品 SKU 一致，最后达成消费者数据线上和线下通用，让他们能够在线上下单、线下提货。另外，全渠道结算平台的建立让经销商能够在完成所在区域增长目标的前提下，通过中台额外加货，直接发往消费者家中。这让“扫码购”“离店购”变得更加方便，也让店铺导购能够将离店交易计入自身的业绩，进一步加强了线下体验服务和线上交易之间的联系。

（资料来源：中国时尚品牌网，有修改）

思考：李宁的渠道调整思路是什么？为什么能取得成功？

学以致用

奢侈品一般会采用哪种渠道模式来进行分销？为什么？一般的生活用品呢？为什么会有这种差异？

第三节　分销渠道激励与控制

一、分销渠道激励

分销渠道建立起来之后，还需要进行日常的监督、维护和激励，使之不断提高业务经营水平。每隔一段时间，制造商就必须考查和评估中间商的配额完成情况、平均库存水平、装运时间、对受损货物的处理、促销方面的合作，以及为顾客提供服务的情况。对表现好的予以奖励，对表现不好的予以批评，必要时可更换渠道成员，以保证营销活动顺利而有效地进行。生产厂商主要是通过制定渠道政策，与中间商签订渠道合作协议的方式来对渠道成员进行激励。渠道政策是指生产厂商为了鼓励渠道成员积极扮演好渠道角色所采取的一系列奖励措施。这些措施总的说来可以分为三种类型。

1. 政策性激励

主要包括销售专营权、返利政策、价格折扣等。

（1）销售专营权。销售专营权的激励主要包括区域限定、期限限定、分销规模限定等。区域限定是指规定中间商的销售范围，例如某啤酒企业规定广州其中一家二级经销商只能在天河区进行销售，目的是防止中间商之间恶意竞争，保护经销商的利益。期限限定是指规定中间商的经营期限，授权经营期限过长或者过短都会出现问题。分销规模限定是指厂商规定中间商要达成某个分销业绩才能成为某个等级的分销商，分销业绩主要包括市场占有率、销售量和销售额等指标，例如厂商规定一级分销商年销售额须在 2 000 万元以上，市场占有率达到 4% 等。

（2）返利政策。返利政策是厂商最常见的一种渠道激励政策。但是如果返利政策制定得不好也会带来非常严重的不良后果。厂商在制定返利政策时，需要注意返利标准、返利时间、返利形式和返利附属条件四个问题，其中返利标准和返利附属条件最为关键。返利标准一般是根据业绩来制定的，分清品种、数量、次级、返利额度等。例如某品牌某型号产品完成销售额 300 万返利销售额的 3%，完成销售额 500 万返利销售额的 3.5%，要注意返利标准间的梯度，防止中间商为了达到某个返利标准而大量作假（低价抛售、囤货或者倒卖）。而为了能使返利这种形式促进销售，一定要加上一些附属条件，比如严禁跨区域销售、严禁擅自降价、严禁拖欠货款等，一经发现，取消返利。

（3）价格折扣。一般来说价格折扣主要按货款回收快慢、订货数量、季节、协作力度和品种搭配等几种形式来给予一定的优惠。在实际运用价格折扣的时候一定要和返利政策结合起来考虑，它也是返利政策的一种补充。

2. *直接经济激励*

主要包括费用补贴和实物激励两种类型。

（1）费用补贴。费用补贴主要包括广告补贴、陈列展示补贴、示范表演或咨询补贴、特定时间存货补贴以及恢复库存补贴等。广告补贴是指厂商对中间商在宣传本公司产品的开支方面给予一定的经济补助。陈列展示补贴是指厂商为了鼓励中间商把自己的产品展示在专柜、大型商场的重要区域等，给予承担该业务的中间商经济补助。示范表演或咨询补贴是指对中间商举办的现场促销活动实施补贴。特定时间存货补贴是指在销售旺季时鼓励中间商多进货，给予进货量大的中间商一定的补贴。恢复库存补贴则是指促销活动结束后，给予中间商一定的补贴，让中间商库存恢复正常水平。

（2）实物激励。实物激励的类型是比较多样的，一般比较常见的有赠品券、代价券、抽奖券、陈列附赠等。消费者能经常接触到的实物激励如某品牌饮料开盖有奖活动，打开饮料瓶盖，印有一等奖字样将获得三亚三天游的旅游券，或者买一包某品牌洗衣粉赠送一个脸盆等。实物激励更多是针对消费者，提高消费者的购买欲望，当然消费者买得多了，中间商也自然受益。陈列附赠是指厂商给中间商提供展示的样品以及宣传资料等。

直接经济激励与政策性激励最大的不同是政策性激励一般比较稳定，在较长的时间内都不会改变，而直接经济激励则大部分时候属于短期性质的激励措施，而且灵活多变，在销售旺季或者销售淡季采用不同的短期激励手段，能够让激励政策更加丰富多样，起到最大的渠道激励效果。

3. *服务型激励*

服务型激励包括四种类型。

（1）为经销商提供各类人员培训。例如产品知识培训、销售实战培训、服务技巧培训等。

（2）为经销商提供咨询服务。例如帮助经销商建立和完善客户管理制度、售后服务措施、配送制度或者订发货制度等。

（3）为经销商提供技术援助和支持。例如提供先进的库存管理、运输管理和配送管理等技术，以及电子信息交换系统、电子订货系统、POS 系统等。

（4）对经销商的促销提供援助和支持。例如派促销人员帮助经销商进行现场促销，为经销商提供各种物料支持等。

花最少的钱达到最大的激励效果是渠道政策的最终目的。渠道政策没有好坏之分，不同的行业、企业有不同的渠道政策。企业需要在实践中不断检验和完善自己的渠道政策。

讨论8－5：不管哪种激励措施，最终都是通过让利来提高中间商的积极性，那为什么不直接用现金激励而要让激励措施多样化呢？

实例8－4　电商时代的渠道价格管控

贝因美奶粉，曾是中国奶粉第一品牌，在企业高级管理人员动荡、忽视产品渠道价格管控的情况下，业绩持续下滑。批发商相互冲货串货，零售商相互降价杀价，渠道商或微利或无利甚至亏损严重，大量经销商及零售商放弃贝因美奶粉的经销，企业业绩严重受损！

合生元，是高端品牌奶粉引领者，把统一零售价视为品牌生命线，同一规格产品，线上天猫旗舰店、京东旗舰店、自有电商平台妈妈100同价，线下2万多家婴童店、商超及药店同价，线上线下同样统一价，这种价格管控能力，业界无出其右。数年来，合生元高端奶粉第一品牌地位稳如泰山，严密的价格管控功不可没。

消费品营销业界皆知渠道价格管控的重要性，而导致许多知名品牌的渠道价格失控有以下两方面的原因：①企业高层受限于工作经验、专业能力，特别是一些技术出身的高层管理者，不重视营销，也无营销管理经验丰富的副手，自然不重视渠道价格管控。②多数知名企业高层经理人懂营销，也深知渠道价格管控的重要性，但是为了短期业绩或是降低企业库存美化当年度财务报表，不得已采用进货奖励这种留下无穷后患的渠道压货政策。对于一些营销职业经理人而言，季末年末业绩达成率是道坎，季度年度业绩达成奖金是种诱惑，与其完不成任务被公司解雇，或拿不到个人业绩提成，还不如急功近利用渠道压货完成任务，至于渠道价格能否管控、是否影响品牌形象，那是以后的事。

（资料来源：《销售与市场》，有修改）

思考：电商时代贝因美应该如何管控好渠道价格？

二、分销渠道控制

分销渠道控制是一个渠道成员对另一个渠道成员的行为与决策变量施加影响的过程。渠道政策如果没有进行管理控制，就无法起到预期的激励效果。

1. 分销渠道控制的特点

（1）施控者与被控者之间各自独立。施控者既有可能是厂商也有可能是中间商，但是不管是谁在控制整个渠道、制定渠道政策，这两者在法人资格、利益、文化、企业战略和行为方式等方面都有显著的差别。例如美的和国美电器，美的作为生产厂商和国美作为一个大型家电连锁商之间在利益、文化和战略上都会很大的区别，这也增加了渠道合作的难度。

（2）相互依赖、互惠互利。这是渠道这一“超级组织”得以建立、发展和维持的基础，也是渠道控制的前提。渠道成员之间的合作就是互相妥协的过程，也是利益重新分配的过程。

（3）渠道成员常常互为施控者与被控者。一个渠道成员往往在某一种或几种渠道功能上有较大的话语权，是施控者或者称为渠道领袖；而在另一种渠道功能上少有或没有话语权，是被控者。

（4）平等原则。一个渠道成员对于另一个或一些渠道成员的控制更多的是建立在平等原则上的沟通或影响，而不是建立在层级制度上的命令和指挥。

2. 分销渠道控制的类型

分销渠道控制的类型一般来说可以采用两种分类方式，一种是按照渠道控制的程度来划分，另外一种是按照渠道控制的内容来划分，具体如下：

（1）按照分销渠道控制的程度分类。按照分销渠道控制的程度可以划分为绝对控制和低度控制两种类型，具体如表 8－7 所示。

表 8－7　渠道控制的类型（按控制程度分）

类型	内涵	说明
绝对控制	绝对控制是指生产商不仅能够选择负责其产品销售的中间商的数量、类型及地理区域分布，而且能够支配这些中间商的销售政策和价格政策	如大众汽车公司专门把广州市场划分为若干区域，每一区域都有一名业务经理专门负责，业务经理都详细掌握本区域内的每一个中间商的资料，并及时根据市场变化及中间商的表现进行政策调整，确保渠道畅通，保证企业获得良好的经济效益
低度控制	实力较弱的企业也可以通过对中间商提供具体支持协助来影响渠道成员，这种控制称为低度控制，也称为影响控制	大多数企业的控制都属于这种方式，它们通常采用的方式有向中间商派驻商务代表，与中间商进行多方位的合作（如联手开展广告宣传、促销、公关活动，共同进行产品研发与改进以及共同进行市场调查、售后服务等）、对中间商进行培训、激励（如向中间商进行有关销售管理、存货控制以及有关产品的专业知识培训，奖励业绩突出的中间商或向中间商提供价格交易条件上的优惠等）

（2）按照分销渠道控制的具体内容分类。按照分销渠道控制的具体内容来分，一般可以分为利润控制、目标控制和实施过程控制三种类型，具体如表 8－8 所示。

表 8-8　渠道控制的类型（按具体内容分）

类型	内涵	说明
利润控制	通过调整各级中间商的利润来控制渠道成员的一种方式	中间商的利润取决于产品的销量和购销差价，并且与这两项呈正相关。企业既要保证分配给中间商颇具吸引力的利润空间，又要确保渠道成员间利益的相互平衡，避免个别中间商因收入过多、实力增长过快而掌握渠道的控制权
目标控制	通过为中间商设置各种经营目标来控制中间商行为的一种方式，包括销售量、销售额目标、市场占有率目标和新客户开发目标等	渠道成员间保持战略目标的一致性是渠道长期稳定发展的前提条件，同时渠道管理者应在经营管理的过程中，协助中间商对其营销目标的执行情况进行评估，及时调整实施策略或营销目标，确保企业目标的顺利完成
实施过程控制	对中间商的具体经营活动进行控制，从而确保中间商的努力和投入程度	如对中间商进行库存控制、促销方案控制以及执行情况的监控等

讨论 8-6：渠道控制力的大小跟哪些因素有关？

实例 8-5　七匹狼的渠道控制

传统渠道进军电商，电商渠道开始加紧综合化路线，并积极拉拢传统品牌商入驻。在这样的电商大潮中，传统品牌如何将电子商务纳入自己的渠道战略中来成为许多传统品牌的老板们思考的问题。是依托自身另起炉灶，还是利用现有电商渠道做好网络分销？传统服装品牌七匹狼的做法是“先放水养鱼，再对大经销商进行招安扶持”，这样的实践未必是最好的模式，但或许能给意欲进军电商新渠道的传统企业带来一些启发。

七匹狼公司 2008 年踏足电商，开始在淘宝上销售。那时候，电商渠道还没有引起大多数传统品牌商的重视。当时，网络上销售的七匹狼产品主要是库存货或者串货商品。一开始七匹狼对于这些淘宝电商采取的是扶良除假策略。因为当时七匹狼自己还没有涉足网络销售，也没有经验。因此，对于网上销售七匹狼产品的网店，只要不卖假货，价格和拿货渠道等方面公司都不加干涉。为了积累电商经验，七匹狼也开始设立淘宝旗舰店。经过两年多的网络混战，在淘宝经营七匹狼产品的五大经销商，平均一年的销售额可以达到 5 000 多万元。七匹狼公司开始调整战略，以网络渠道经销授权的方式，对渠道进行梳理规范，同时将五大经销商进行“招安”，授予了五大经销商产品经销权。

七匹狼的网络渠道授权分为三个层次：第一层是基础授权，回款达到 500 万元就可获得基础授权；第二层是中级授权，回款达到 1 000 万元即可获得；第三层是高级授权，回款达到 3 000 万元即可获得。实际上，无论是“五虎上将”还是其他层次的授权，这些网店起家时都有串货、低价竞争等问题。“而在拿到授权后，经销商若再有串货、卖假等行为，就会

‘杀无赦’。”

对于网络经销商的管理，并不仅仅是简单的授权。以“五虎上将”为例，最初，这几个大经销商同在淘宝平台，时常会打价格战。被招安后，七匹狼电商部门开始挖掘他们各自的优势，帮助他们找到自己的特色，这些大经销商有的擅长卖休闲产品，有的擅长卖商务类产品，有的擅长用户数据分析。找到各自的优势之后，钟涛对这些经销商进行了有针对性的引导。比如某家经销商擅长卖裤装，那么他的任务就是盯住市场上销售业绩最好的对手，跟随对方的变化。如果该经销商的裤装品类超出了最初的预期销售额，七匹狼电商会就这个单品单独给其返点。而另一家大经销商的长处是做库存，那么七匹狼电商就针对其特点加以扶持，库存来了之后优先分给他。

（资料来源：中国电子商务研究中心，有修改）

思考：七匹狼的线上线下渠道是如何做到不冲突的？

学以致用

渠道的激励和控制最难的是什么？企业应该如何去建立渠道的控制力？

第四节　分销渠道变革

一、全球分销渠道变革的趋势

随着全球经济一体化的持续推进和计算机网络技术的飞速发展，从 19 世纪末开始全球市场营销环境发生了深刻的变化。而中国加入世贸组织后，世界 500 强纷纷进入中国市场，抢占全球最大的消费市场。与普通民众生活息息相关的跨国零售巨头沃尔玛、家乐福，快餐连锁巨头麦当劳、肯德基等在全球高速扩张，让每个老百姓都切身体会到了全球化的浪潮。我国国内也出现了大量颠覆性的商业模式，以百度、阿里、腾讯为代表的互联网巨头，以天猫、京东为代表的电商巨头，以国美和苏宁为代表的电器大卖场的出现，颠覆了我们对分销渠道的认识。随着全球化浪潮和计算机网络技术的进一步发展，传统分销渠道面临关乎生死存亡的挑战。

分销渠道在全球发生着巨大的变化，表现在三个方面：首先，分销渠道成为培育和发展企业核心能力的重要源泉，渠道策略也开始侧重于强化企业的核心竞争优势。对于企业来说，能够具有覆盖和控制整个目标市场的营销网络，以及保证这个营销网络有效运转的营销管理体制，已经成为企业最宝贵、最重要的资本。其次，对营销渠道功能方面的认识发生了变化，渠道由原来的“物流”形式向增值服务转化。传统分销渠道是厂商接触顾客的载体与媒介，其职能主要包括：分类、整理、匹配、仓储、运输等。随着信息技术的进步和营销观念的变化，营销渠道充当生产商和最终消费者之间信息搜寻、传递媒介的作用日益被人们所认识，在现代营销中服务越来越重要，企业销售的不仅仅是产品，还包括信誉、感情等功能，这是现代营销最基本的理念之一。最后，渠道构建需求导向由单纯从企业及其产品出发，转换为从顾客购买行为出发，使分销渠道系统内权力由生产商转向零售商，零售商逐渐居于举足轻重的地位。以顾客需求为起点来指导整个营销流程，是目前渠道构建的主要思路。总体看来，全球营销渠道的变化趋势如下：

1. 渠道扁平化

从渠道长度与宽度来看，渠道系统由“金字塔”式转向扁平化，“短宽型渠道”日益兴盛。随着市场竞争的加剧，越来越多的企业开始注重打破传统的“金字塔”式的销售渠道，摆脱传统的层次分明的模式，实施超越一批，超越二批，直接向终端经销商和最终消费者销售的基本营销策略，也就是采取短宽型渠道。短宽型渠道采取生产商—批发商或零售商—消费者的模式，使生产企业更主动、更全面地控制和开发市场。渠道越短，企业距最终消费者越近，对市场就越了解，产品性能就越符合消费者的需要，产品价格就更具有竞争力。

2. 渠道多元化

从渠道类型选择来看，渠道系统由单一渠道转向多元化组合，直接销售与间接销售结合，大型超市、百货商店、仓储式商店、便利店和连锁专卖店等综合运用。渠道类型选择要根据不同地区的情况和产品情况来进行。对于某一产品的某一区域市场而言，传统方式是多数制造商只通过一个渠道进入，而如今，随着细分市场和潜在渠道的增加，越来越多的公司采用多元化市场营销渠道系统。多元化是指制造商利用两个或两个以上的渠道形成一个或多个细分市场。多元化渠道组合主要包括：在同一地区对某一产品同时使用多种渠道进行销售；在不同地区对某产品采取不同渠道；根据不同的产品线采用不同的分销渠道，如直接渠道与间接渠道或二者并用。通过这种增加渠道的方式及发展多元化渠道组合，可以弥补单一渠道形式的不足，从而实现三方面的利益：市场覆盖率提高；渠道成本降低；更好地满足顾客的需求，提高产品的声誉。

3. 关系型渠道盛行

从渠道成员的合作方式看，传统的形式是交易型，而现在“关系型渠道”的概念风行营销界，其主要采取垂直营销系统。近年来，关于应发展渠道成员密切关系的观点逐渐得到了人们的重视。在纵向市场上传统营销渠道由独立的制造商、批发商和零售商组成，而其中的渠道关系是“我”和“你”的关系，即每一个渠道成员都是一个独立的经营实体，以追求利益最大化为目标，甚至不惜牺牲整个渠道和制造商的利益。而现代企业则越来越多地采取新兴的整合渠道，称之为垂直营销渠道，在这种渠道体系内，制造商、批发商和零售商联合成为一个统一体，即制造商与经销商由“你”和“我”的关系转变为“我们”的关系，从交易型向伙伴型转变。在垂直营销渠道统一体中，通过组织良好的渠道活动和团队合作，能消除渠道成员为追求各自利益而造成的冲突，使其共同致力于提高市场营销网络的运行效率，通过规模经济和减少重复服务，使制造商和分销商能给消费者提供低成本和差异化的产品及服务，且降低交易成本，最终实现双赢乃至多赢。现在，这种精心经营渠道关系的概念已经深入人心，正在成为一种企业文化。

4. 渠道终端受到空前重视

从分销渠道运作方式来看，以总经销商为中心的推进模式逐渐衰落，以终端建设为中心的拉动模式渐渐抬头，“逆向渠道”的概念开始流行。在传统的渠道构建中，一般以正向模式选择各级经销商，以厂家为出发点选择一级经销商、次级经销商，逐级控制，较易管理。但企业介入程度逐渐减弱，渠道管理的参与性与主动性较差，网络关系松散，厂家对终端几乎没有控制能力，使渠道的功能大打折扣。逆向模式是指从营销渠道的末端开始，向上考虑整条渠道的选择，即根据消费需求、消费行为和产品特性选择销售终端，充分考虑终端的特性和利益，弱化一级经销商，加强二级经销商，决胜终端零售商，通过加强各环节的协作，实现企业的战略意图。与正向模式相比，逆向模式的优势显而易见，真正体现了营销活动让“顾客满意”的目标。逆向模式有利于实施名牌战略，有利于发挥渠道成员的协同作用。

5. 渠道虚拟化

从渠道的地理影响力来看，虚拟市场将越来越重要，电子商务条件下的渠道设计方案成为有待解决的重要领域。传统的营销渠道都有自己或大或小的商圈范围，它主要取决于渠道所处的地理位置，即与目标顾客距离的远近，以及本身的实力和吸引力。而网络条件下虚拟市场的出现，使商圈范围不受时空的约束，可以无限扩展。

讨论 8－7： 渠道变革受到了哪些因素的影响？

实例 8－6 尚品宅配的渠道简史

尚品宅配是全屋定制家具的先驱者，在 14 年里，从家具卖场到购物商场，从网上商城到全国铺开超过 1 600 家实体体验门店，尚品宅配通过渠道策略转移来实现企业进化。

（1）SM 店：抢占购物重心垂直客流。

从 2014 年起，尚品宅配就意识到购物中心会成为主流零售形态，率先在行业里尝试了 Shopping Mall（简称 SM 店）渠道布局的战略，公司开始实施“搬家计划”，紧锣密鼓地在购物中心广泛布局实体旗舰店，逐步鼓励经销商将门店从家居卖场中撤出，转至人流更加密集的 Shopping Mall。

（2）O 店：利用强大线上实力导流客源，开创将旗舰店开在租金低廉的写字楼中的模式。

尚品宅配的 O2O 模式在业内处于领先地位。其子公司新居网是用户导流的端口，将线上的用户吸引至直营店或加盟店，在线下完成量尺、设计、制造、安装等一系列服务，这类得到线上流量支持的门店被称为“O 店”。

（3）C 店：首创家居“超集”生活体验，创新门店模式。

2018 年 4 月 14 日，尚品宅配全球首家以“慢生活体验”为理念的“超集店”（简称 C

店）在上海绿地缤纷城开业，用“Collection”的模式集“家居、时尚、艺术、社交”为一体，3 000 多平方米的生活方式体验中心除了尚品宅配自身的家居产品体验，还集聚 12 HOURS COFFEE、PHOENIX、泰笛等多个品牌，将吃喝玩乐的多元休闲生活与家居消费融合，实现“旗舰店+购物中心+休闲生活家居”的新模式。

（4）直营店：垂直服务连接客户。

直营店对尚品宅配而言，不仅是零售终端，还是金字招牌，是链接客户的纽带，能第一时间知道用户的需求，感受到市场的变化。直营模式是树立品牌形象，传递品牌文化，建立客户黏性的关键，是保证客户最核心的需求，使产品与服务符合市场的重要体现。

（5）加盟店：协助加盟商创立事业。

尚品宅配是定制家居行业的一线标兵，开始在加盟渠道上发力，并打出了“0 加盟费，投入低至 30 万元，45 天开店营业”的招商条件，低门槛和高效率，一定程度上提升了尚品宅配在三四线城市的渗透率。

（图文来源：搜狐网）

思考：尚品宅配的渠道创新为什么能够取得成功？

二、国内分销渠道变革的趋势

1. 新零售

从 2008 年到现在，仅仅过了约 11 年的时间，中国的零售行业已经走过了两个时代，正迈入新零售时代。2008—2013 年是纯电商时代，中国出现了淘宝、天猫、京东，甚至是聚美优品、唯品会等大型的电商平台，让零售行业的渠道变得越来越扁平化。2011 年底中国开始出现了第一批的 O2O 企业，2013 年下半年 O2O 进入发展快车道，国内的几大互联网公司和电商巨头，如百度、阿里、腾讯、京东等均投入巨大的资本豪赌中国的 O2O 市场。短短几年，O2O 席卷中国各大市场领域，如餐饮外卖行业有美团、饿了么和百度糯米等，家政行业出现了 58 到家、管家帮等，租车行业有滴滴出行、Uber、快的、神州专车等，生鲜配送、租房购房、在线教育、旅游门票等各行各业都不断地出现大量的 O2O 企业，也受到了资本市场的追捧。

新零售概念是 2016 年马云在云栖大会上的演讲中提出的一个全新的概念。在 2016 年 10 月 13 日，阿里巴巴集团董事局主席马云提到，纯电商时代很快会结束，未来十年、二十年，只有新零售这一说，线上线下和物流必须结合在一起，才能诞生真正的新零售。但到底什么是新零售，目前业界也没有准确的定义，本书的观点是，新零售是指企业以互联网为依托，通过运用大数据、人工智能等先进技术手段，对商品的生产、流通与销售过程进行升级改造，进而重塑业态结构与生态圈，并对线上服务、线下体验以及现代物流进行深度融合的零售新模式。从目前看来，新零售与传统的线下零售商、纯电商和 O2O 相比，有以下几个特点：

（1）全渠道融合。

新零售的特点之一，就是全渠道融合，让消费者随时随地随心购买。随着网络技术的进一步发展，消费者了解和购买商品的渠道已经被无限扩充。消费者随时随地用手机就可以在微信朋友圈链接、天猫京东电商平台、美团等外卖平台、社交电商平台，甚至是抖音等短视频平台等进行消费。对于厂商而言，不仅要适应渠道的变革，打造多种形态的销售场所，还必须实现多渠道销售场景的深度闭合，才能满足顾客想买就买的需求。

（2）实体店智能化。

随着5G技术的普及，大数据时代和物联网时代的深入发展，一切皆智能成为必然的趋势。实体店智能化主要通过现代化的信息技术手段来实现，触屏技术、智能语音交互系统、人脸识别、网络支付等技术的发展都可以帮助实体店实现智能化。实体店智能化可以提升顾客互动体验和购物效率，可以增加多维度的零售数据，可以很好地把大数据分析结果应用到实际零售场景中。在零售行业，商家经过数字化改造之后，实体店的智能化进程会逐步加快。沃尔玛、大润发等大型零售卖场都在投入巨资打造智能化实体店。实体店智能化同时也为经营数字化打下了良好的基础。

（3）经营数字化。

我们已经身处在一个数字化的社会。当消费者拿起手上的手机进行移动支付，或者用手机登录一个网站浏览和购买商品的时候，这些真实的消费行为都会被记录下来，成为商家营销决策的依据。今天商业变革的目标就是一切在线，通过数字化把消费者各种行为和场景搬到线上去，然后实现线上线下的相互融合。零售行业的数字化包括顾客数字化、商品数字化、营销数字化、交易数字化、管理数字化等。数字化是通过信息管理系统来实现的，在所有数字化战略中，顾客数字化是基础和前提。

（4）物流智能化。

传统零售只能到店消费，现卖现取，纯电商平台只能线上销售、支付，快递到家。而新零售则使顾客全渠道、全时段都能买到商品，并能实现到店自提、同城配送、快递配送等，这就需要自建或者对接第三方物流智能配送，以此缩短配送周期、去库存化。智能高效的供应链管理系统将帮助企业实现生产、仓储、运输、销售和服务一体化的效能提升，实现以需定产、柔性制造，以满足顾客个性化的需求。

（5）人货场重构。

传统零售的理念是厂商生产什么，我卖什么；新零售则以消费者需求为中心，涵盖对消费者的体验提升、服务提升、管理提升，商家必须给消费者提供随时、随地、随心的购物渠道、终端、服务体系，提升顾客体验，真正实现以“人”为本、顾客是上帝的宗旨。

人不仅指顾客，还指参与零售环节的重要自然人，包括导购、店长、渠道商、总部管理者等，也包括从事新零售业务的企业内部组织者、决策者、执行者。

货包括实物的商品，也包含摸不到但看得到的服务，包括自家货、他家货、全球货等。

场指购物场景，一切消费者与商品接触的终端，都可以成为“场”，包括门店、App、微商城、小程序、第三方电商平台、店中店触屏、智能货架等。

讨论8-8：新零售和O2O有什么本质的区别吗？

实例 8－7 大数据告诉你，盒马鲜生到底是成功了还是失败了

马云流传最广的名言之一是："很多人输就输在，对于新兴事物，第一看不见，第二看不起，第三看不懂，第四来不及。"而盒马鲜生作为新零售的代表，就是这样的新兴事物。

阿里巴巴集团副总裁、盒马鲜生 CEO 侯毅在阿里投资人大会上披露：截至 2018 年 7 月，运营 1.5 年以上的 7 家盒马鲜生成熟门店，单店日均销售额超过 80 万元；以平均营业面积 4 000 平方米计算，单店坪效超过 5 万元，相当于同类大卖场 3 倍以上；线上销售占比超过 60%；纯线上会员消费额，略高于纯线下会员；线上、线下都有消费的会员，月消费额为 575 元。自 2016 年 1 月开出首家店至今，盒马鲜生已在全国 14 个城市发展出 64 家门店，服务约 1 000 万消费者。这串数字在全行业遥遥领先。如此亮眼的数字，盒马鲜生是如何跑出来的？

表面上看，盒马鲜生所代表的新零售，似乎只是线上、线下的结合。实际上，它是一套复杂的台前、幕后融合系统，上至供应链，下至消费者，都与大数据产生千丝万缕的联系。

传统零售是普遍、泛泛式服务，用户被动接受商品；而由大数据技术驱动的按需精准服务，被认为更能营造极致的用户体验。基于此，盒马鲜生的新零售建立在数据基因之上：通过数据掌握消费者需求，反向驱动商品采购、中央厨房、加工中心、配送等环节的精准供应和流通效率，最终实现 3 公里范围内 30 分钟免费送达的智能物流体验。这是一套颠覆传统零售的运营体系，侯毅透露，这套体系运作效率在设计之初就对标全球零售业最高标准。这让盒马鲜生有足够的底气为消费者提供性价比更高、更前沿的商品。

盒马鲜生的数字化还带来了损耗的降低。当采用大数据分析后，盒马鲜生店按需供应，有效减少生鲜品积压。即便偶有超量，只要根据后台大数据筛选出有消费意向的顾客，向其推送一条优惠信息，往往几分钟即可搞定。

目前，盒马鲜生正在围绕用户体验构筑一个流量轴心，围绕这个轴心，盒马鲜生可以无限拓展，大卖场、便利店、专卖店以及医药超市、社区服务等，都可能成为其新业态。

盒马鲜生模式的横空出世，也引起国际同行的关注。应诸多全球大企业的诉求，盒马鲜生推出了一套包含软硬件在内的零售系统输出方案。在 2018 年云栖大会上，阿里巴巴的这套方案正式对外发布。

盒马鲜生实行买手制，与供货商一起探讨：由你生产最受欢迎的产品，我来定价买下，然后以高性价比精准地卖给消费者。这可谓一招打破了所有牵绊，实现有效供给。在这一模式下，厂家、零售店、消费者三赢。

此次盒马鲜生披露的数据，不仅被业界看作其模式成功的标志，也被认为是零售行业的划时代丰碑——经过百余年发展，零售业终于迎来最彻底的改变。当初马云曾表示："无论是打造的无人零售店也好，盒马鲜生鲜生也好，并不意味着阿里巴巴准备去抢占多少零售、生鲜市场，而是要给业界传输一个信号或者说是一些思考，让零售行业反思如何做得更好。"

（资料来源：华商韬略，有修改）

思考：结合该案例分析新零售有哪些特点。

2. 社交电商

社交电商虽说是通过微信生态所形成的社交零售电商，都是以人为中心，凭借人与人之间的信任关系来发展裂变，但社交电商涵盖的范围比较广，广义的社交电商包括微商和微商城，而狭义的社交电商就是通过社交、口碑、互动、分享这些社交功能，一般分为内容型社交电商，类似小红书、蘑菇街等；零售型社交电商，类似云集、洋葱 OMALL 等；还有一种是社交分享型社交电商，比如拼多多、京东拼购等。

（1）社交内容电商。

内容驱动成交，受众立足于共同的兴趣爱好聚合在一起形成社群，通过自己或者他人发表高质量的内容吸引海量用户访问，积累粉丝，然后引导用户进行裂变与成交。该模式的特征是可以通过网红、KOL（关键意见领袖）、达人基于社交工具（微信、微博、直播、短视频等）生产内容吸引用户消费，解决消费者购物前选择成本高、决策困难等相关痛点。

社交内容电商，所面向的用户群体通常都有共同的标签，可以有针对性地进行营销，针对共同的痛点和生活场景输出的内容更容易激发大家的互动传播；此外用户因为共同的兴趣爱好或者需求痛点集结在一块，通常价值观相近，忠诚度会更高，转化和复购的能力也较强。

该模式对运营的能力要求较高，需要有持续不断的高水平的内容输出能力，此时则需要搭建自己专业的内容团队，做好个人定位、经营策略、营销推广。这是内容电商的壁垒；当然还得有好的产品，无论是自营的、代理的，甚至是一件代发的，都需要具备较强的选品能力，学会筛选畅销品、打造爆品。典型的社交内容电商如表 8－9 所示。

表 8－9　典型的社交内容电商

类型	内涵
小红书	堪称强力种草机，以图文分享为主，整体篇幅较长，热门的评测会分析产品成分、科技含量、体验感、使用场景等，这些优质 UGC（用户原创内容）可以让消费者更直观地了解产品，整体信服力较强，比一般的广告更有效果
蘑菇街	专门建立导购平台，请 KOL 专业导购，吸引顾客购买，更易提升用户黏性，增强信任感，与此同时成交率也会相应提高
抖音	通过视频内容带货，主要通过产品的使用功能展示引起震撼效果，引发很多抖友关注和跟风，一时间将迅速掀起一阵产品热，在淘宝等购物网站上同期也会上线很多“抖音同款”

（2）社交零售电商。

社交零售电商，可以理解为社交工具及场景赋能零售，是以个体自然人为单位通过社交工具或场景，利用个人社交圈的人脉进行商品交易及提供服务的新型零售模型。这类模式一般整合供应链多元品类及品牌，开发线上分销商城，招募大量个人店主，一件代发。

社交零售型电商平台的典型特征：①零售去中心化：用互联网的技术方式升级了传统渠道管理体系，让渠道运营更加灵活、轻便，可以快速实现零售渠道的体量。其主要特征还包括渠道体量庞大、消费场景封闭、顾客黏性高、渠道自带流量、商品流通成本低、渠道准入门槛低但稳定性也相对弱。②渠道很关键：它并非中心化的零售平台型生意，而是去中心化的零售渠道生意。社交零售的基本盈利点是商品的渠道分销利润，这与传统线下实体零售在本质上是一样的，只不过线下是实体店面作为渠道载体，而社交零售是以个体自然人作为渠道载体，且利用互相网技术升级了渠道运营系统，提升了渠道运营效率，所以从这个层面上来讲它是一种非常先进的商业模式。

社交零售型电商主要分为直销（B2C）和分销（S2B2C）两种模式：直销是自营/开放型社交零售平台，那些线下实体店利用微店、有赞、万米等相关工具搭建商城将商品直接推向C端消费者，由平台承担选品、品控、物流、仓储以及售后等服务；而分销，S平台直接面向个人店主等小B用户，通过小B间接接触C端消费者，小B主要负责流量获取和分销，商品供应链以及售后等服务由上游的大B端平台来承担。

表8－10　典型的社交零售电商

类型	内涵
云集	云集是个人零售服务平台，可为店主提供美妆、母婴、健康食品等各类货源。云集依靠大流量、大用户数、大订单量获得话语权，保证商品的高性价比，大量店主通过社交关系扩散商品信息，增加商品曝光流量；终端消费者看到商品信息在云集下单，由云集官方完成配送、售后；订单完成后，店主从云集获得提成收益
洋葱OMALL	凭借创新的M2S新社交零售模式，深度整合供应链资源，持续升级供应链，全球品牌严选，后端（Made）厂牌直出，实现工厂制造到社交零售。同时，洋葱OMALL制定合法健康的渠道运营机制，高品质开店素材库、专业产品知识培训、精细化运营推广培训、贴心顾客服务保障、诚信风险保障等，让每一位用户可轻松成为社交零售专业卖家，无须囤货、无须发货、无须上新、无须售后、专业培训、开店即卖、即时提现

（3）社交分享电商。

主要通过用户分享，基于微信等社交媒介进行商品传播，抓住用户从众、爱占小便宜、炫耀、兴奋等心理特质，通过激励政策鼓励个人在好友圈进行商品推广，吸引更多的朋友加入进来。社交分享电商典型的玩法就是拼团模式，主要特点是用户拼团砍价，借助社交力量把用户进行下沉，并通过低门槛促销活动来迎合用户贪婪、炫耀、兴奋等心理帮助产品锁定用户卖一些普适性、高性价比的产品，以此达成销售裂变的目标。

社交分享电商可以低成本激活三四线及以下城市增量人群。传统电商对于三四线城市相对偏远的地区覆盖有限，这些地区欠发达，用户对价格敏感，但更易受熟人圈子的影响。该模式的社交电商通过微信拼团砍价将这类用户群体激活。

社交分享电商首先是需要基于海量的用户群，有庞大且免费的流量池：拼多多背后是微信和小程序红利；淘宝特价版背后是淘宝的支撑；京东拼购背后是京东以及京东和腾讯达成的战略合作。其次是对供应链效率以及运营监管要求较高，没有雄厚的资金、专业的人才，很难做起来。

实例8－8　云集凶猛：一匹社交电商独角兽的崛起

2018年3月12日，云集微店入选“杭州独角兽企业榜”，与蚂蚁金服、51信用卡、阿里云、微医集团等共同成为杭州这片创业热土上的26只“独角兽”之一。

云集成立于2015年5月，是一家年轻的公司。云集是一家由社交驱动的精品会员电商，为会员提供美妆个护、手机数码、母婴玩具、水果生鲜等全品类精选商品，致力于通过“精选”供应链策略，以及极具社交属性的“爆款”营销策略，聚焦商品的极致性价比，帮助亿万消费者以“批发价”买到全球好货。拥有超过2 000万普通用户和700万付费会员，单日销售额最高超过8.7亿元。

云集2016年总收入12.84亿元；2017年总收入64.44亿元；2018年总收入130.15亿元。尽管云集连续三年营收保持高速增长，不过，其目前仍处于亏损状态，2016—2018年净亏损分别为2 466.8万元、1.05亿元和5 632.6万元。云集创始人肖尚略也在一封公开信中坦言，“云集微店一直按照补贴市场、亏损经营的互联网创业模式在运作”。

用户数方面，云集平台2016—2018年买家数分别为250万、1 690万与2 320万；云集付费会员（分销商），则从2016年开始的90万，增长到2017年的290万，2018年更是达到740万。目前，云集平均客单价已经超过978元，用户年复购率高达93.6%。

从投资方来看，云集已经完成了两轮融资，总融资额约为10亿元。2019年3月，云集入选了杭州市人民政府、中国投资发展促进会共同主办的“万物生长”杭州独角兽企业名单。2019年5月3日，云集在美国纳斯达克正式挂牌上市，股票代码为YJ。

云集迅速崛起离不开它的商业模式——“S2b2C”。其中，“S”指的是供应链端的架构，“b”是云集上的店主，C是消费者用户。之间的串联方式是，S架构赋能给b，再依托b的社交能力和信任价值服务于C。

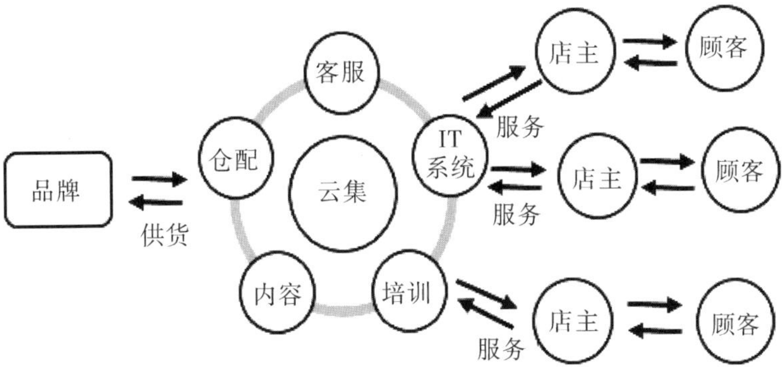

云集的“S结构”是一张巨大的服务网络，由精选式采购和平台化支持运转，通过控制商品供应链、仓配物流、客服、IT系统、培训、内容等资源，将其开放给店主，实现云端资源共享。

云集在供应链环节精选了5 000 SKU，打造中央厨房式供应，通过集中采购保证低价；通过自有仓库直接发货；专业货源和自有品牌（如素野等）。

在物流环节，目前云集在全国，包括北京、武汉、无锡、西安、嘉兴、杭州和广州等地建立了近30个与第三方合作的独立仓库，覆盖范围广，同时联手EMS、顺丰和“三通一达”提供单日或隔日达速递服务。b端的店主们无须自费囤货，一键发货，系统会就近安排仓库出货，使得店主们的运营成本降低。

在营销环节，云集提供内容共享——中央后台高质量文案图片输出，及时更新产品知识介绍，商品一键分享至各社交平台，使得店主的营销门槛降低。

基于这样的“S”架构，云集将产品和服务打包“赋能”给店主b，降低店主的生意成本，以此来吸引更多的店主入驻。

对于C端用户，云集买手团队和店主用户精选和口碑推荐5 000个SKU，帮助用户节省购物时间，降低决策成本，同时云集的物流、仓储以及客服等也给用户带去好的购物体验。

云集创新了剔除中间商的去中心化的商业模式，缩短了产销双方之间的距离，在产销两旺的同时，也更具信任感。

（图文来源：网经社、云集微信公众号）

思考：从云集的发展模式谈谈社交电商迅速发展的原因。

学以致用

5G时代马上来临，你认为在5G时代对营销或者营销渠道的变革会产生什么样的影响？

测试你掌握的知识

1. 简单解释什么是分销渠道。
2. 举例说明一家企业的分销渠道。
3. 渠道的模式和结构有什么区别？
4. 分销渠道的管理者应该如何制定渠道激励政策？
5. 新零售和社交电商的发展给渠道的变革带来了怎样的机遇和挑战？

实训模块8　渠道调研

营销团队任选一个企业某品类的产品，通过市场调查了解该企业该产品的分销渠道模式和结构以及该企业的渠道激励政策，撰写调查方案并实施调查，提交调查报告。将调查报告制作成PPT，并进行课堂演示讲解，每个模拟公司介绍时间为15分钟。

扩展资源 8

第九章　传播价值——促销策略

整合营销传播是一种以接收者的观点来观察整合营销过程的方法。

——菲利普·科特勒

【学习目标】

1. 掌握促销组合和整合营销传播的概念及相互关系。
2. 能够设计广告方案。
3. 能够制订并实施促销方案。
4. 理解公共关系并能够设计公关策划案。
5. 掌握人员推销和管理销售团队的方法。

【思维导图】

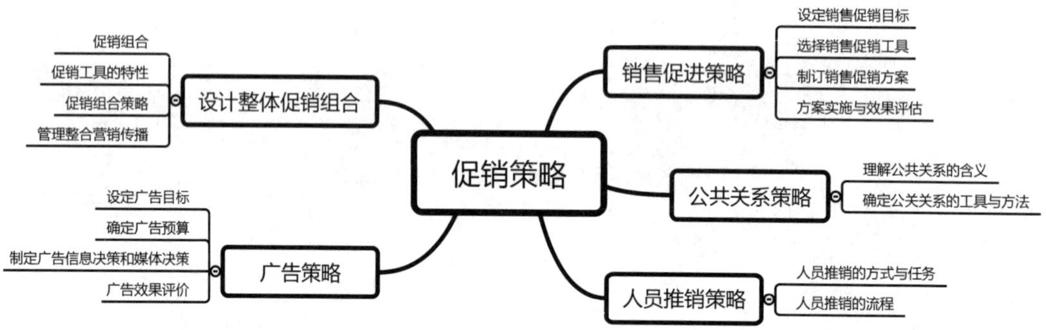

【营销实战】

可口可乐的促销和消费者互动

可口可乐目前是全球最大的饮料厂商，它为全球人们带来怡神畅快的美妙感受。目前，全球每天有 17 亿人次的消费者在畅饮可口可乐公司的产品，大约每秒钟售出 19 400 瓶饮料。

一、可口可乐创意互动装置

为年轻人提供“可乐流量”，紧跟数字时代，为你的手机加流量。在数字化时代，忘了什么都不能忘记带手机，缺了什么都不能缺少流量，对于整天泡在微博等社交网络中的年轻群体来说更是如此，赠送一瓶可乐的魅力也许真的远不及补充一点上网流量。于是奥美巴西为可口可乐度身打造了一次非常有意思的活动，将目标锁定在新兴市场——那些热衷移动设备和免费 Wi-Fi 网络的年轻人身上。

当然前提是用户首先需要下载一个可口可乐定制的浏览器，当打开浏览器并靠近这台机器，就如同用纸杯接满苏打水一样，手机也会被注满“可乐流量”，因此获得 20M 的免费流量——也被可口可乐称为“20 公升的幸福”。

二、“可以喝”的广告牌

可口可乐公司在美国推出了一块“可以喝”的广告牌，以创新的形式与消费者互动。

这块重达 1 万多公斤的广告牌上安装了一个巨型可口可乐瓶，插着一根 1 300 多米长的吸管，蜿蜒拼出了“Taste it（尝尝它）”字样。冰凉畅爽的零度可口可乐顺着吸管流到试饮装置里，每个走过的路人都可以打开开关，免费品尝“从天而降”的零度可口可乐。

配合这个“可以喝”的户外广告牌，一支“可以喝”的互动广告也同步上线。观众可以通过下载指定 App，把电视荧幕中的大瓶零度可口可乐倒进手机里的杯子中。当杯子灌满后，用户将获得一张电子优惠券，可在指定零售店换取一瓶零度可口可乐。

三、可口可乐电话亭，所谓幸福就是有人为你着想

每一天都有很多南亚劳动力来到迪拜工作赚钱以获得更好的生活。他们平均一天只有 6 美元的收入，可打电话给家里却不得不花每分钟 0.91 美元的费用。为了节省每一分钱，这些外来务工人员都不舍得打电话回家。所谓幸福，就是能听到孩子的叫声，能听到家人的声音。了解到这批人的实际情况后，迪拜可口可乐联合扬罗必凯广告公司开发了一款可以用可乐瓶盖当通话费的电话亭装置，把这些电话亭放到工人们生活的地区，每一个可口可乐瓶盖都可以免费使用三分钟的国际通话费。

（资料来源：学习啦在线学习网，有修改）

思考： 1. 可口可乐公司运用了哪些促销工具？这些促销工具向消费者传达了什么价值主张？

2. 可口可乐公司在运用这些工具的过程中是如何与消费者进行互动的？

要建立良好的顾客关系，企业除了需要开发一项好的产品、给产品制定有吸引力的价格，使顾客能够更方便、更放心地购买以外，还必须向顾客传播其价值主张，并且不应该浪费任何一次传播的机会。所有的传播努力都应该进行良好规划，形成整合营销传播计划。

第一节　设计整体促销组合

一、促销组合

1. 促销组合的含义

促销组合（Promotion Mix），也称为营销传播组合（Marketing Communications Mix），由

广告、公共关系、人员销售、促销和直接营销工具的特定组合构成。企业运用这些工具来吸引顾客，令人信服地传播其顾客价值并建立顾客关系。上述五种主要促销组合工具的定义如下：

（1）广告（Advertising）：由特定的赞助商以付费方式进行的创意、产品和服务的非人员展示和促销活动。

（2）公共关系（Public Relations）：通过引起消费者的正面注意，树立良好的企业形象，处理或消除不利的传言、事件等，与企业各方公众建立良好的关系。

（3）人员销售（Personal Selling）：企业销售队伍为了销售产品或建立顾客关系而进行的人员展示。

（4）销售促进（Sales Promotion）：各种鼓励消费者购买产品或服务的短期刺激。

（5）直接营销（Direct Marketing）和数字营销：为及时获得反馈并培养长期顾客关系而与精心选择的目标顾客进行的直接联系。

每种促销方式都是这个整体里的一个要素，其中某一个要素的改变就会导致整体的变化，从而产生新的促销组合。与此同时，营销传播远不止于这些具体的促销工具。产品的设计、价格、包装的形状和颜色以及销售的商店等都向顾客传播了某些信息。因此，尽管促销组合是企业主要的传播活动，但完整的营销组合（4Ps）必须协调一致以产生最佳的传播影响。

2. 促销组合的作用

（1）提供信息，疏通渠道。产品在进入市场前后，企业要通过有效的方式向消费者和中间商及时提供有关产品的信息，以引起他们的注意，激发他们的购买欲望，促使其购买。同时，要及时了解中间商和消费者对产品的意见，迅速解决中间商销售中遇到的问题，从而密切生产者、中间商和消费者之间的关系，保持销售渠道畅通，加强产品流通。

（2）诱导消费，扩大销售。企业针对消费者和中间商的购买心理来从事促销活动，不但可以诱导需求，而且可以创造新的需求。当某种产品的销量下降时，还可以通过适当的促销活动，促使需求得到某种程度的恢复，从而延长产品生命周期。

（3）突出特点，强化优势。市场上同类产品之间的竞争日益激烈，要使消费者在众多的同类产品中将本企业的产品区别出来，就要通过营销传播活动，宣传和介绍本企业的产品特点，以及能给消费者带来的特殊利益，增强消费者对本企业产品的印象和好感，从而促进购买。

（4）提高声誉，建立品牌资产。企业的形象和声誉是影响其产品销售稳定性的重要因素。营销传播能够通过建立品牌知名度，树立品牌形象，引发品牌反馈，以及增强消费者与品牌间的联系来提高品牌资产。

二、促销工具的特性

每种促销工具都有其特性和成本，营销人员在设计促销组合时必须了解其特性（如表9－1所示）。

表 9－1　促销工具及其特点

促销工具	特点和作用	
广告	具体工具	电视、广播、印刷品、户外广告、互联网以及其他形式
	特点	能以一种很低的单位展示成本将信息传达给地理上分散的广大潜在购买者，它还能使销售方将一条信息重复多次
	局限性	广告只能与受众进行单向沟通；像电视等广告非常昂贵
销售促进	具体工具	折扣、优惠券、销售竞赛、卖点展示以及展演等
	特点	吸引顾客注意，强烈刺激购买，增强产品吸引力以扭转下滑的销售趋势
	局限性	效果通常是短期的，建立长期品牌偏好和顾客联系的效果不如广告或人员销售
公共关系	具体工具	新闻发布会、赞助、特殊事件以及网页等
	特点	高度可信（新闻故事比广告更真实可信）；覆盖许多避开销售人员和广告的目标受众，让信息以“新闻”而非销售导向的传播形式传达给购买者
	局限性	营销人员通常不能充分利用公共关系或者只是将它作为事后选择
人员销售	具体工具	销售展示、交易会以及促销项目
	特点	是购买过程后期最有效的工具，尤其是在树立购买者偏好、信念和促进行动上。与消费者面对面接触；培养关系；使购买者感觉有义务进行反应
	局限性	是企业最昂贵的促销工具；广告可以选择做或者不做，销售队伍的规模却很难改变
直销和数字营销	具体工具	产品目录、电话营销、自助服务机、互联网、移动营销等
	特点	可以为吸引具体的顾客而量身定制个性化的信息，可以与顾客进行互动；非常适合高度目标化的营销活动，以建立一对一的顾客关系
	局限性	和大众沟通相比人均接触成本更高；消费者对于某些类型的直销可能持负面观点

企业在设计促销组合时必须考虑产品市场类型、顾客的购买意愿、产品生命周期阶段和市场等级等因素。本章将具体讨论广告、销售促进、公关关系和人员销售，在下一章新的营销方式中将具体讨论直销和数字营销。

讨论 9－1：不断变化的传播环境如何影响企业向你传达产品和服务？如果你想买一辆新车，你可能会从哪里听到各种车型的信息？你会在哪里寻找信息？

三、促销组合策略

营销人员可以在两类基本的促销组合策略中做出选择，即推式策略与拉式策略。两者侧重的具体促销工具不同，图 9－1 对两种策略进行了比较。

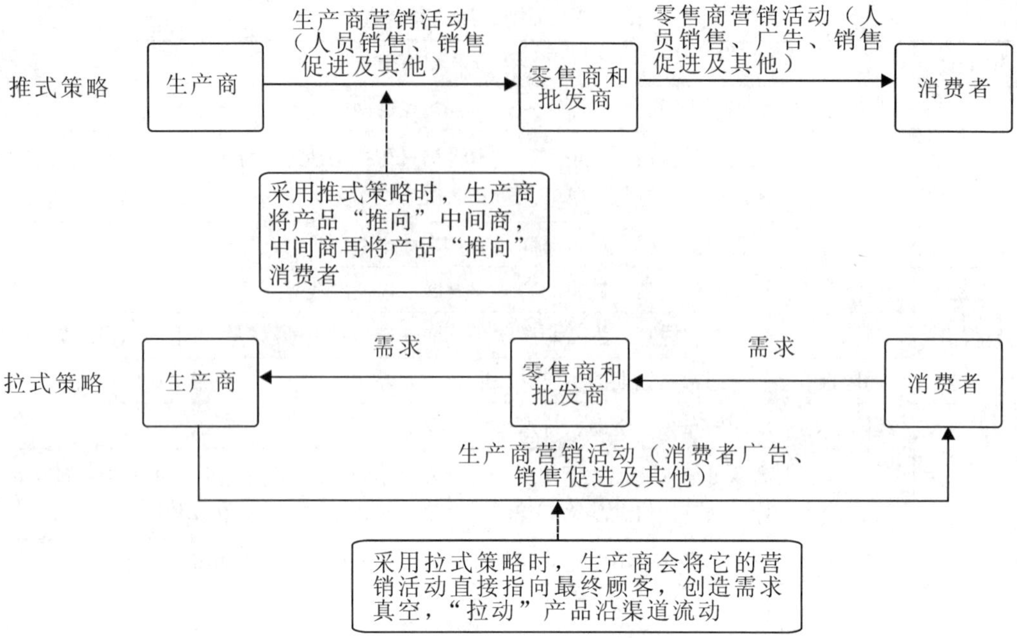

图9-1　推式策略与拉式策略

推式策略（Push Strategy）指的是生产商利用其营销活动（主要是人员推销或经销商促销的方式），把产品推向分销渠道的中间商，再由中间商推向零售商，零售商推向最终消费者。推式策略因其是沿着渠道一级一级进行的，所以被称为推式。这种策略适用于单位价格较高、性能复杂、产品的使用方法需要进行特殊说明或示范、分销渠道较短或者市场较为集中的产品。该策略的好处是销售周期短、资金回收较快、风险相对较低。

拉式策略（Pull Strategy）指的是生产商将其营销活动（主要是广告、消费者促销、直销和电子营销）直接指向最终顾客并促使他们购买产品。需求拉动的方向与推式策略刚好相反，它由市场需求反过来拉动零售商、批发商，再由批发商把需求转向生产者。该策略适合单位价值较低、处于长渠道、市场较大或分散的产品。

一些工业品企业仅仅采用推式策略，一些直销企业仅仅采用拉式策略。然而，大多数企业采用的是两种策略的组合。例如，联合利华每年在消费者广告和销售促进上花费85亿多美元以建立品牌偏好，将消费者吸引到贩售其产品的商店。同时联合利华也利用自己和分销商的销售团队及经销商促销来沿着渠道向下推动其产品，这样顾客来到商店时，货架上才会有联合利华的产品。

企业在设计其促销组合战略时需要考虑许多因素，包括产品和市场类型。例如，在消费者市场和产业市场中不同促销工具的重要性就不同。B2C企业通常会更多地“拉动”，首先将资金更多地投入到广告上，其次是销售促进、人员销售，最后才是公共关系；而B2B营销人员倾向于更多地“推动”，将其资金更多地投入到人员销售，然后才是销售促进、广告和公共关系（如图9-2所示）。

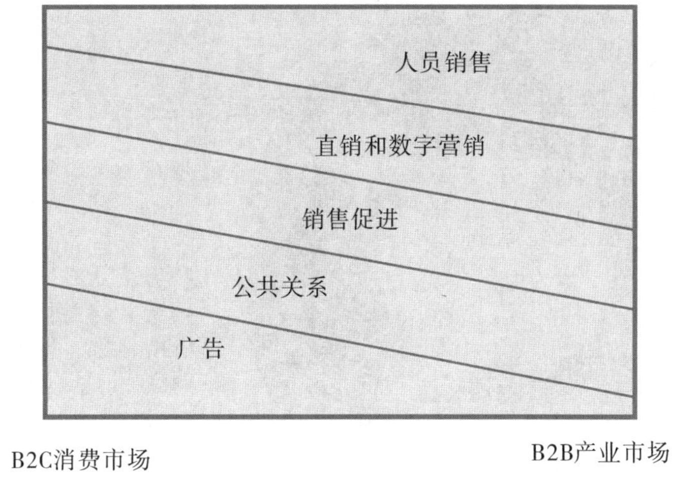

图 9-2　不同产品和市场促销策略的差异

四、管理整合营销传播

采用更多样的媒体和沟通渠道对营销人员来说是一种挑战。今天的消费者会被各种不同来源的商业信息轰炸，但是顾客并不会像营销人员那样去分辨信息来源。在顾客心中，来自不同媒体、不同途径（不管是电视广告、店内展示或者朋友的社交分享等）的所有广告信息都将整合形成关于企业的唯一信息。不同来源的互相矛盾的信息将会导致混乱的企业形象、品牌定位及顾客关系。但大多数情况下，企业无法整合其多样的传播渠道，使顾客面临传播信息大杂烩。大众传媒广告说的是一回事，店内促销却传递了另一个信号，而产品标签又在传播另外一种信息，甚至企业网站、邮件、微博、公众号、App 又与上述内容都不一致。以上问题就在于这些传播信息通常源自企业的不同部门，广告信息是由广告部或广告代理执行的；人员销售传播是由销售部门展开的；其他公共关系、销售促进、直销和数字营销等各种形式的营销传播都由各种不同部门负责。但是，企业可能会区分不同的营销传播工具，消费者却不会，来自不同渠道的不同传播信息将会导致顾客品牌感知的模糊化。这个充斥着各种新媒体营销工具、平板电脑、智能手机、移动 App 的新时代，充满着机遇和挑战。最大的挑战在于有组织地把不同的传播渠道整合在一起。

如今，越来越多的企业在采用整合营销传播（Integrated Marketing Communications，简称 IMC）的概念。在这一理论的指导下（如图 9-3 所示），企业会慎重地整合和协调其传播渠道，以传递关于企业及其产品的一致、清晰、令人信服的公司形象及品牌信息。

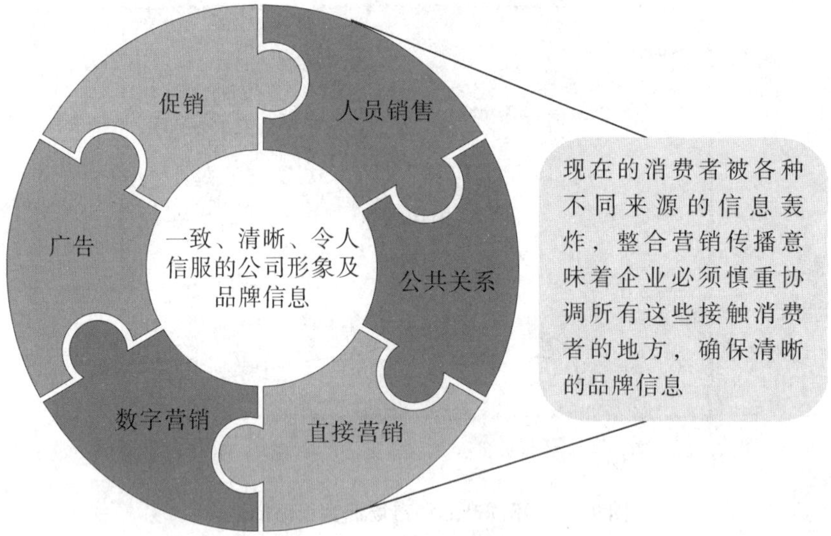

图9－3　整合营销传播

整合营销传播要求找出顾客可能接触到企业和品牌的所有接触点，每次的品牌接触都会传递一个信息。企业的目标是在每次接触时都传递一致且正面的信息。整合营销传播会将企业所有的信息和形象融为一体，使企业的电视广告、印刷广告、邮件、人员推销、公共关系活动、网站、在线社交媒体及移动营销等都传达相同的信息、形象及感受。通常，不同的媒体在吸引、告知和说服消费者时会扮演不同的角色，而这些角色必须与整体的营销传播计划协调一致。所以，整合营销传播也被称为Speak With One Voice（用一个声音说话）。

在过去，没有一个部门或个人会负责考虑各种促销工具的角色并协调促销组合。为了实现整合营销传播，一些企业已经开始任命营销传播总监来负责企业整体的营销传播活动，这有助于提升传播一致性，并发挥更大的营销影响力。一旦正确实施，整合营销传播将会提高企业把正确的信息在恰当的时间和地点送达合适顾客的能力。此外，整合营销传播还提供了观察整个营销过程而不是只关注某个部分的方法。

讨论9－2：整合营销传播与促销组合是如何关联在一起的？

实例9－1　百事也穿起了豹纹

2019年3月，百事可乐发售的一款饮料——“雪盐焦糖新口味百事可乐”在年轻人的社交圈子火速蔓延，成为不少年轻人的饮料C位新宠。这款饮料与明星代言人绑定，进行IP营销。借助IP营销有效传达品牌核心诉求，尤其是和全世界的跨界时尚、美食年轻人一起来一场“KOL内容盛宴”，彰显百事可乐的潮流文化态度，这是百事可乐的根本目标所在。

（1）目标。

借助“话题产品＋话题明星”制造话题热点，强化“百变个性”产品定位，引发消费者的关注和讨论。

以“GQ 实验室”“小红书”等自媒体进行内容营销，持续深化社交生态下衍生出极强的传播力，让此次限时发售的“雪盐焦糖新口味”成为年轻人的饮品新宠。

(2) 受众。

泛 90 后人群。

(3) 传播内容。

可咸可甜，天生豹款。

(4) 产品层面。

紧扣产品的“百变个性”定位，强化个性认知。

(5) 品牌层面。

可咸可甜，天生豹款，激发年轻人对新鲜感和潮流体验的狂热追逐。

(6) 微站层面。

通过王嘉尔微博、GQ 实验室和小红书等自媒体导流，激活粉丝互动。

(7) 媒介策略。

以新媒体（微博、微信、小红书、GQ 实验室等）为引领占领话题讨论制高点，通过整合网络、平面等媒体进行面上的覆盖，在线上形成“点 + 面”的媒体覆盖矩阵。

利用视频广告、线下超市海报等通路，并借助天猫超市等电商、O2O 平台合作伙伴的流量资源，集中优势进行曝光和导流。

(8) 项目执行。

①通过微博平台推出预热视频。2019 年 3 月 26 日，百事中国的新浪微博官方账号上发布“雪盐焦糖百事新口味”的预热视频，并正式拉开话题营销序幕，为雪盐焦糖新口味上市做铺垫。

②绑定代言人。3 月 27 日，拥有 2 081 万粉丝的王嘉尔的新浪微博账号放出了一支 50 秒的雪盐焦糖新品宣传片，正式宣布可甜可咸的话题明星王嘉尔为雪盐焦糖新口味百事可乐的代言人。截至 3 月 29 日，播放量已经达到 407 万次。百事中国发布的同一支宣传片也有 403 万次的播放量。

③“话题产品 + 话题明星”制造热点话题。3 月 28 日，代言人王嘉尔借势生日当天首发一支由王嘉尔本色诠释产品的视频，并且还进行了生日抽奖，奖品为雪盐焦糖百事可乐。这种个性化的产品与代言人的巧妙结合，“有态度 + 高记忆度”，为产品成功注入生命力。“雪盐焦糖可乐”的话题也火速登上微博热搜，为百事的新品带来更多的关注度，实现了话题流量的有效凝聚。在获取年轻人的注意力后，还进一步成功转化为品牌流量。此款产品已经走上了网红饮料之路，上市仅一周，电商上海区已经被售罄。

④联合 6 大 KOL，多维度传播产品，全方位覆盖当代年轻人的社交生活。新生代爆款生产机“GQ 实验室”给年轻人出了“当代爆款指南”；“InsDaily”从卡戴珊的豹纹连体衣造型出发，解读豹纹流行趋势；自由料理人的“造洋饭书”从美食的角度出发，来了一场“料理甜咸争霸”；“研究所”用搞笑段子呈现了豹纹可乐搭配不同事食物的大试喝等；借势

种草神器“小红书”原生内容，有效激起购买欲。

⑤线上线下合力一处：在天猫的“百事集团官方旗舰店”、天猫超市进行限时销售，仅短短一周，天猫的“百事集团官方旗舰店”上的“雪盐焦糖百事新口味可乐”销量已达 8 000 多。同时，线下 7－11 也上演各种“豹款可乐”尝新活动。

（图文来源：首席品牌官公众号、百事可乐有限公司，有修改）

思考：结合该案例分析“雪盐焦糖百事新口味可乐”的整合营销传播是如何向消费者传播产品的定位以及产品信息的，其使用了什么促销组合策略和工具？

学以致用

假设你在一家销售下述产品的公司任营销部总监（A. 环保型家庭清洁用品；B. 由设计师设计的大学生书包；C. 适合白领喝的解压果酒），你正在准备一项促销计划。请就下列各项提出你的建议：①营销传播目标；②推式策略还是拉式策略；③如何使用促销组合工具。

第二节　广告策略

广告（Advertising）是企业以付费的形式，通过一定的媒介，向广大目标消费者传递信息的方式。在开发广告项目时，营销人员首先要确定目标市场和购买动机，然后做出五个重要决策，即著名的 5M：任务（Mission）——广告的目标是什么？预算（Money）——要花多少钱？信息（Message）——要传送什么信息？媒体（Media）——使用什么媒体？测量（Measurement）——如何评价结果？不同产品和市场促销策略的差异如图 9－4 所示。

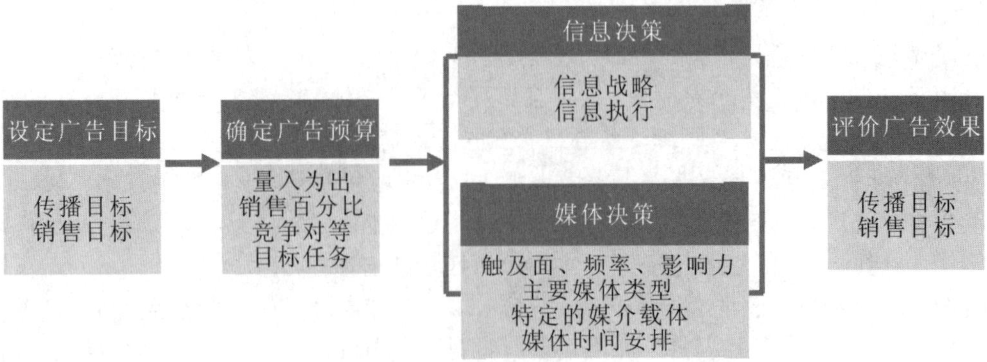

图 9－4　不同产品和市场促销策略的差异

一、设定广告目标

广告目标是针对特定受众在特定时期内需要完成的特定传播任务和成就水平。广告目标可以分为告知、说服和提醒三种（如表9－2所示）。

表9－2　广告目标

类型	目的	作用
告知性广告	提出某种产品的若干新用途 通知市场有关价格变化的情况 描述所提供的各种服务 纠正错误的印象	传播客户价值 树立公司和品牌形象 向市场告知新产品信息 说明新产品如何使用
说服性广告	说服顾客马上购买 说服顾客接受一次推销访问 让已经信服的顾客将品牌告知他人	建立品牌偏好 鼓励消费者转向你的品牌 改变消费者对产品价值的感知
提醒性广告	提醒消费者在何处购买该产品 让顾客在淡季也能记住这种产品	保持顾客关系 提醒消费者可能在不久的将来需要这个产品

告知性广告主要用于新产品的开拓阶段，其目的在于建立初级需求。随着竞争加剧，说服性广告变得越来越重要。此时，企业的目的在于建立选择性需求。一些说服性广告属于对比性广告，或称攻击性广告，此时，企业直接或间接地把自己的品牌跟其他品牌相比较。你可以在几乎所有产品类别中看到对比性广告，从运动饮料、手机、电脑、化妆品到汽车租赁和信用卡等行业。但广告人应该慎重使用对比性广告，这类广告通常会引发竞争对手做出反应，导致对双方都不利的广告战。

提醒性广告在产品的成熟阶段十分重要，它可以帮助维持顾客关系，以便让消费者记住这种产品，昂贵的可口可乐电视广告的目的既非通知，也非说服消费者在短期内购买产品，而主要是为了建立和维持消费者与可口可乐品牌的联系。

广告的目标是促使消费者向购买阶段移动，有些广告是为了推动消费者立即购买。但许多广告还是专注于建立或强化长期顾客关系。例如，在耐克的电视广告中，知名运动员会身着耐克装备完成极限挑战，但他们从不会请求顾客购买，这些广告的目的是改变消费者对品牌的认知和感知。

讨论9－3：举例说明生活中所见到的这三种类型的广告。

二、确定广告预算

确定了广告目标之后，企业就可以着手为每个产品制定广告预算。营销人员在确定广告预算时要考虑五种因素（如表 9－3 所示）。

表 9－3　确定广告预算考虑因素

影响因素	说明
产品生命周期阶段	新产品一般需要大量预算建立品牌知名度；老品牌广告预算占销售额比重比较低
市场份额	具有较高市场份额的品牌一般只需花费占销售额较小比重的广告预算；而通过扩大市场规模来增大份额，则需要较多广告支出
竞争与干扰	在存在众多竞争对手和高额广告支出的市场中，企业必须提高广告预算
广告频次	为使消费者能接收品牌信息而需要重复做广告，会显著提高广告预算
产品的特点	日用产品需要做更多的广告以建立差异化的形象

在这里，我们将介绍四种确定广告预算的通用方法：量入为出法、销售额百分比法、竞争对等法、目标任务法。

1. 量入为出法

量入为出法，即根据管理层认为的企业支付能力来确定促销预算。小企业通常会采用这种方法，原因在于企业在广告上的花费并不能超出企业现有的资金。用总收入减去运营费用以及资本费用，然后将剩下资金中的某个比例投入广告。不幸的是，这种安排预算的方法完全忽视了促销对销量的影响，其倾向于将促销放在费用优先次序的最后一项，即使在广告对企业的成功至关重要的情况下也是如此。这会导致企业年度促销预算充满不确定性，给制订长期市场计划带来困难。

2. 销售额百分比法

销售额百分比法，即根据目前或预期销售额的某个百分比来确定促销预算，或者根据单位销售价格的某个百分比来确定促销预算。销售额百分比法有很多优势：它使用简单，并且能够促使管理层考虑促销成本、销售价格以及单位利润之间的关系。但尽管拥有以上这些优势，销售额百分比法仍然难以立足，因为其错误地将销售额看成促销的原因，而非促销的结果。最强的品牌有着最高的销售额，因此能够承受最大的广告预算。因此销售额百分比法是基于能够获得的资金而非机会。它有时可能会否定为扭转下降的销售额所需要增加的广告支出。另外，由于预算会随着每年销售额的不同而变化，企业很难制订长期计划。这种方法除了参照过去的行为和竞争对手的行为外，没有提供任何选择具体百分比的依据。

3. 竞争对等法

竞争对等法，即根据竞争对手的费用来确定自己的促销预算。他们监视竞争对手的广告，或者从公共出版物获得行业的促销成本估算，并根据行业平均水平确定自己的预算。有两个假设在支持这种方法，首先，竞争对手的预算代表行业的集体智慧；其次，竞争对手支出多少自己就支出多少，有力防止出现（障碍）促销战。不幸的是这两条假设都不正确。企业与企业会有很大的不同，每家企业都有其自身独特的促销需求。最后，没有证据表明基于竞争对手的预算会阻止促销战。

4. 目标任务法

符合逻辑的预算编制方法是目标任务法，企业根据它想要通过促销达成的目标来确定促销预算。这种预算方法需要确定具体的促销目标、决定达到这些目标所需要完成的任务、估算完成这些任务的成本。这些成本的综合即为促销预算。

目标任务法能迫使管理层理清他们关于所花费用和促销结果之间的关系，但这也是最难运用的一种方法。通常企业很难分辨出哪些具体任务会达成哪些具体的目标。

无论采用哪一种方法，广告预算决策都不是一件容易的事。百货商店巨头约翰·沃纳梅克曾经说过："我知道我有一半的广告费都是浪费掉了，但不知道是哪一半。我花了 200 万美元做广告，但不知道这笔钱是只够一半还是多花了一倍。"此类想法的结果就是当经济不景气的时候，广告预算通常是最先被缩减的。减少品牌建设类广告的预算似乎对短期销售没什么影响。但长期来看，缩减广告预算很可能会对品牌形象和市场份额造成长期危害。事实上，在竞争对手缩减广告预算的时候，能够维持甚至增加其广告预算的企业将会获得竞争优势。

三、制定广告信息决策和媒体决策

在过去，企业普遍认为媒体策划的重要性低于信息创造过程。创意部门会首先制作好广告，然后媒体部门选择和购买向目标消费者投放广告的最佳媒体。这经常会在创意策划和媒体策划之间造成摩擦。如今媒体费用不断上升，营销战略更为聚焦以及新媒体涌现的趋势提高了媒体规划的重要性。现在，在广告活动中使用何种媒体（电视、杂志、手机、网站还是电子邮件）有时比活动的创意元素更重要。而且，如今的品牌信息和内容也通常是在创业与消费者互动或消费者之间的互动过程中联合产生的。这使得越来越多的企业对信息和传递信息的媒体进行更紧密的协调。企业是在广泛的媒体范围内创造和管理品牌内容的。

1. 广告信息决策

（1）制定信息战略。创造有效广告信息的第一步是决定大体上要向消费者传播什么样的信息，即制定信息战略。广告的目的是让消费者以某种方式接触或响应产品或企业，而人们仅仅限于那些对他们有益的东西。因此制定一个有效的信息战略首先要识别出可以成为广告诉求的顾客利益，最理想的状态是让广告信息战略、企业大的战略定位和顾客价值战略保持一致。

（2）策划信息创意。信息陈述应该清楚、直接地概括广告顾客所要强调的利益和定位点。下一步则需要广告人员想出一个令人信服的创意，把广告信息以差异化和可记的方式展示出来，在这一步，简单的信息创意会变成很好的广告活动。通常一个广告文案和艺术指导将会合作产生很多创意，希望其中之一能够成为可实现的出色想法，这些创意可能是视图、广告语或者两者的综合。

（3）设计诉求点。创意将指导广告活动选择具体诉求点。广告诉求点应该具有三个特征：①有意义的，体现了能让消费者更想要或者觉得产品更有趣的利益；②可信的，消费者必须相信产品或服务能够传达企业所承诺的利益；③最有意义和最核心的利益也可能并不是最好的广告诉求点，诉求点还必须做到差异化，要告诉消费者这个品牌为什么比其他竞争品牌好。比如，手表最有意义的利益是知道精确时间，然而，很少有手表广告强调这一利益，而是会选择其他的广告主题。多年来天美时一直强调自己是可负担的手表。而劳力士的广告从来不说准时而强调品牌追求完美的特性以及"劳力士在超过一个世纪的时间里，都是卓越和荣誉的象征”的事实。

（4）信息执行。广告人需要把创意转变为实际行动，抓住目标市场的注意力和兴趣，创意团队必须找到最好的风格、语气、词语和形式去执行这个信息。广告信息可以通过不同的执行风格呈现，比如，可以通过生活片段、生活方式、美妙幻想、心情和形象、音乐片、个性标识、专业技术、作证或代言等。

广告人同时也必须为广告选择一种语言基调。比如，宝洁公司通常采用肯定的语气，它总是在广告中宣传其产品非常正面的信息，也有很多企业采取冷幽默的方式，在广告干扰中脱颖而出。百威淡啤的广告在此方面非常著名。广告人还可以在广告中使用容易记忆和引人注目的词语。

广告设计中一个很小的改进，可能会大大地提高广告的吸引力。首先，在印刷品广告中，插图是观众第一眼注意到的东西，所以其必须有足够强烈的吸引力；其次，标题必须有效地推动合适的人们去阅读广告的文字；再次，文案要简单强烈，且让人信服；最后，这三个方面要进行有效的协调，令人信服地呈现顾客价值。

总之，广告人不能再像以前那样通过传统媒体给消费者强制灌输千篇一律的乏味信息。为了获得和保持消费者的注意力，今天的广告信息要更好地规划，要更有想象力、更加有趣，在情感上更引人入胜。简单地打扰消费者不再有效果，除非广告足够有趣、有用、有娱乐性，否则消费者将直接跳过它。

实例 9－2　I Do 纪念日系列广告传播

离婚率上升已成为备受关注的社会问题。基于市场洞察，I Do 发现婚后情感表达的缺失是中国婚姻频亮红灯的症结所在。如何让 I Do 不仅仅是婚礼时刻的一句誓言，而成为用一生来兑现的承诺？I Do 希望通过一场营销战役，传达“不忘初心，方得永恒”的正能量婚姻价值观。首先，I Do 邀请社会学者共同发起“结婚证 7 年有效期”争议性话题。随后，征集千对夫妻红底照，并同天上刊 4 大报纸整版头条。在社会对婚姻情感问题空前热议的舆论背景下，“纪念日”系列正式上市，并配合 3 部 TVC 推出。最后，I Do 所属恒信钻石机构推出“结婚纪念日 7 天假”，践行情感宣言。本次传播中的情感观点一直被社会讨论至今，“纪念日”系列产品已成为婚后情感表达的重要载体。

以社会化媒体为主，将传统媒体作为二次传播渠道，并通过电视、广播等媒体进行整合传播。

2016 年 I Do 纪念日系列广告从已婚女性生活的不同角度切入，叙述她们的爱与伟大。而在 2017 年的纪念日系列最新的广告《为爱不畏别的》中 I Do 以一个男性的视角，并通过倒序的方式讲述了一个男人为了爱，成长、改变的故事。

电影《摆渡人》的片尾提到这样一句话“吃什么不重要，最重要的是一起吃饭的人”，相信许多人对这句话都有各自的理解与感悟。“吃饭”这件事是生活中最平常且必不可少的，而陪你吃最多顿饭的人除了家人，就是爱人。在 I Do 纪念日系列 2017 年的最新广告中，I Do 将视角聚焦到平淡的生活中，比如“吃饭”这件小事。两人一辈子一起做过最多的事，除了爱，就是一起吃好多好多顿饭。

这则广告由北京奥美携手泰国导演操刀。在谈及广告创意点时，北京奥美执行创意总监庄健说：“在构思今年 I Do 纪念日系列的创意想法时，我们先抛出一个问题，夫妻生活中，一辈子最常做的，到底是什么呢？想了好久好久，突然电话响起，是老板（太太）打来的，她问‘今晚回不回来吃饭呀？’对哦，那就是——吃饭！这就是为什么我们会想到用吃饭作为这部片的创意点了。因为每天吃饭的时候，就是专属于两人沟通的时间。”

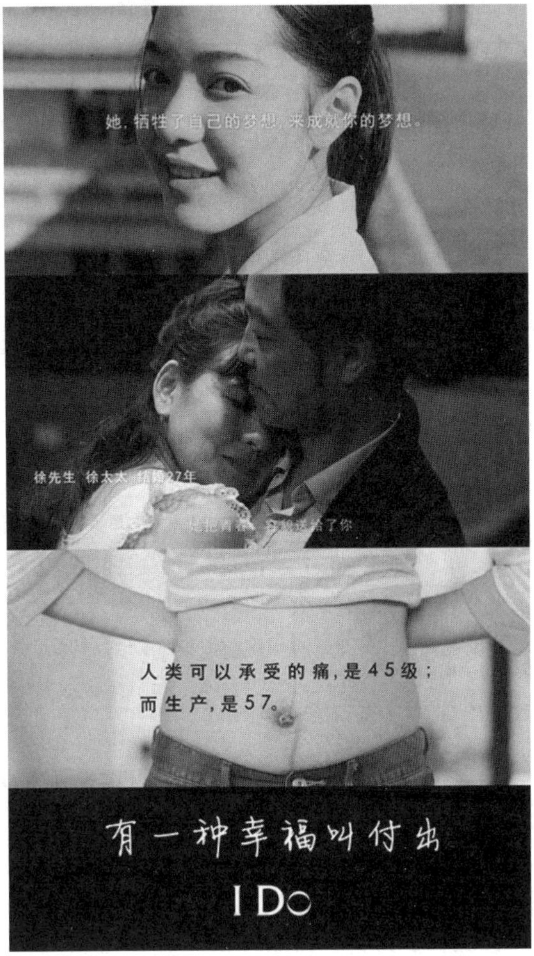

I Do 透过这两部广告让已婚男女可以审视自己的婚姻，唤醒人们对于平淡、朴素爱情的珍视。而关于“爱”的话题，I Do 似乎有了更多层面的诠释。

不同于传统新品发布侧重传递产品设计灵感的传统概念，该系列的发布关注中国夫妻婚后情感建设缺失的社会性话题，并通过一系列整合营销传播战役，让“纪念日”系列产品深入人心的同时，更传递出品牌“不忘初心，方得永恒”的情感理念，助力品牌情感理念的升级。

（图文来源：中国公共关系网，有修改）

思考： I Do 纪念日系列广告在设计传播信息上有何特点？这样做有什么好处？它在传播媒体选择上与传统的奢侈品（特别是珠宝品类）有何不同？

2. 选择广告媒体

媒体选择是寻找最具成本效益的媒体传递信息，从而得到预计数量的曝光的过程。

（1）选择媒体类型。媒体策划人员要了解主要媒体的成本、优点和局限性（如表 9－4 所示）。

表 9－4　主要媒体的特点

媒体	优点	局限性
报纸	灵活性高、迅速及时，地理选择性好、可信度高。报纸广告制作比较简便，广告价格相对较低	保存性差、内容庞杂、易分散注意力、清晰度也较差
电视	综合视觉、听觉和动作表达，能够较好地吸引观众的注意力。极广的地域范围里，迅速传递信息，到达率高	成本高、曝光时间短、观众缺乏可选择性

（续上表）

媒体	优点	局限性
杂志	针对性强，保存期长，传阅者多。读者层次和类别较为明确，尤其是专业性杂志，可信并有一定权威性	传递信息的延迟性较大；无法保证版面；读者有一定的局限性
广播	传播速度快，时效性强，收听不受时间、地点限制；成本低；地理和人口方面的选择性高	速度快、没有视觉上的刺激，不容易记忆，曝光时间短
直接邮寄	受众选择性高；灵活；在同一媒体内没有广告竞争；个性化	相对成本高；“垃圾邮件”形象
户外广告	如路牌、海报、传单、招贴面、灯箱等，灵活；重复曝光率高；成本低；竞争少	受众选择性低
网络	高选择性；互动性强；成本相对较低	上网人群的数量限制
广告小册子	灵活；易控制；可以通过戏剧化的手法强化效果	过量制作会导致成本过高
新媒体	新媒体是新的技术支撑体系下出现的媒体形态，如数字杂志、数字报纸、数字广播、手机短信、移动电视、网络博客、桌面视窗等。相对于报刊、广播、电视、互联网四大传统意义上的媒体，新媒体被形象地称为“第五媒体”	

营销人员在选择媒体类型时可以采用如下方法：

①信息到达程度筛选法。以基本读者量、到达率、毛评点作为比较参数进行纵向和横向比较，从中选择与目标对象吻合度高的媒体。

②诉求定位判断法。以广告的诉求定位作为判断标准，选择与诉求定位相适应的媒体，比如理性诉求选择印刷媒体为宜，情感诉求选择电子媒体为宜。

③媒体接触机会比较法。对广告目标市场内各种媒体的接触机会进行比较，一般以接触率为对比参数，在同类型媒体中进行纵向比较，在不同类媒体之间进行横向比较，从中选择接触率比较高的媒体。

④千人成本效率比较法。千人成本是指每千人所需要的广告费用。广告接触者的人数越多，千人成本就越低。千人成本是媒体选择的一个重要标准，一般选择与传播目标吻合度好、千人成本较低的媒体。

（2）媒体的时间选择和分配决策。在选择媒体时，营销人员面临宏观时间安排和微观时间安排问题，另外还要确定其投放地点。

①宏观时间安排问题。宏观时间安排问题是指如何根据季节和商业周期安排广告的播出时间。企业可以根据季节性销售变化来调整其广告支出，也可以按与季节变化相反的方向来安排广告支出，或者全年平均使用广告费。

②微观时间安排问题。微观时间安排问题是指在短期内安排广告支出以达到最好的宣传效果。在给定的时期内，广告信息可以被集中投放、连续投放或者间歇式投放。营销人员还必须决定是保持、增加还是减少现有的广告水平，以及是否需要改动广告播出时间安排。在推出一项新产品时，企业可以选择如下四种广告投放模式（如表 9－5 所示）。

表 9－5　广告投放模式选择

投放模式	含义	适用范围
连续型广告投放模式	在特定时期内的投放比较均匀，没有明显间歇	适用于市场扩张时期，产品购买频率较高和购买者类别可以清晰界定时使用
集中型广告投放模式	单独一段时间支出所有的广告预算	适用于销售旺季和假期
栅栏型广告投放模式	在一段时期内投放广告，然后停止投放，一段时间后再次投放	适用于预算有限，购买次数较低和季节性销售的情况
脉冲型广告投放模式	一般以较低的水平连续投放广告，并定期加大投放力度	使受众更详细地了解广告信息，并且能节省广告费用

③确定投放地点。企业如果需要在全国性电视或者全国发行的刊物上做广告，应该进行“全国性购买”。如果企业只在电视台的部分市场或全国性刊物的地方分刊上做广告，则要进行“地区售点购买”。企业如果使用当地报纸、电台或户外场地做广告，则需要进行“当地购买”。

实例 9－3　2019 年中国媒体趋势预测

根据中国广告协会发布的最新数据，2019 年中国广告支出增长预计为 7%，总投资额 7 170亿元人民币。2018 年，数字媒体和户外广告在前三个季度分别上涨了 15.8% 和 14.2%，并仍将是 2019 年广告支出增长的主要推动因素。

按媒体类型细分的广告支出占比

（单位:%）

年度	电视	报纸	杂志	广播	影院	户外	数字
2015	39.6	5.3	0.9	2.6	0	9.7	42
2016	35	3.2	0.7	2.4	0	9.3	49.4
2017	31.1	1.7	0.5	2.3	0	8.9	55.6
2018	27.1	1.2	0.4	2.1	0	9.4	59.8
2019	24.3	0.8	0.3	2	0	9.7	62.9
2020	22.4	0.6	0.3	1.9	0	9.8	65

（1）数字媒体。“95 后”一代在 2017 年、2018 年成年，他们的消费习惯对主流消费习惯产生了巨大影响。低线城市的年轻人还形成了他们自己独特的消费需求和习惯。电商网站上的产品类型丰富，选择多样化，不断吸引消费者在线购买，吸引广告人对电商进行投资。此外，中国的移动化程度比以往任何时候都要高，移动营销不断增长，预计将在 2019 年占数字市场总额的 75.8%。

（2）电视。随着价格下降，智能电视变得越来越受欢迎，广告人将预算转投在线电视和植入式广告。电视支出将持续专注于中央电视和主要卫星电视频道以及付费电视频道等。

（3）数字户外媒体。随着户外广告的覆盖范围和质量的提高，广告人将不断在户外方面投入资金，更加智慧的技术将推动户外方面朝着大规模交付精准广告的转变，电信数据的使用将推动对户外广告范围和效果进行更好的追踪。

（4）传统平面媒体。相比于全球平均水平急剧下滑。传统平面媒体在将他们的内容与数字资源进行多年整合以后，一些出版物在通过推出一系列线下品牌活动来吸引广告人进行赞助方面积累了丰富经验。同时一些出版物通过采用增强现实（AR）和虚拟现实（VR）技术增强消费者体验。

（5）广播。随着汽车保有量的持续增加，广播的广告支出将保持稳定。

（图文来源：营销案例精选、营销智库，有修改）

思考：结合该案例谈谈你对广告媒体选择的认识。

讨论9－4：找一个你认为最好的广告，并分析其好在什么地方。

四、评价广告效果

广告人应该定期评估广告的两种效果——传播效果和销售盈利效果。传播效果的衡量告诉人们广告和媒体有没有很好地传播广告信息。单个广告可以在广告播出之前或之后测试。在广告播出之前，广告人可以向消费者展示广告，询问他们对该广告的喜爱程度，衡量由此所引起的信息记忆度和态度改变程度。在广告展露之后，广告人可以衡量广告如何影响消费者的记忆或者消费者对产品的知晓度、认可度和偏好。播出前后的传播效果评价也可以针对整个广告活动。

广告人对如何衡量广告或广告活动的传播效果已经非常娴熟，但销售盈利效果通常要难以衡量得多。例如，如果某个广告活动使品牌的知晓度提高了30%，品牌的偏好度增加了10%，那就会产生多少销售额和利润呢？除了广告之外，销售额和利润还受到很多其他因素的影响，比如产品特色、价格和可获得性。

衡量广告销售盈利效果的一种方法是把以前的销售额和以前的广告费用相比较。另一种方式是实验法，例如为了衡量不同广告投入的效果，企业可以在不同的市场上采取不同的广告投入水平，然后衡量由此导致的销售额和利润的差异。企业可以设计更复杂的，包括其他变量的实验，如广告差异和媒体差异，但是，由于影响广告效果的因素很多，有些可控，有些不可控，广告支出的收益仍然不能被精确衡量。管理者在评价广告绩效时除了定量分析，还得大量依靠个人判断。

实例9-4　农夫山泉维他命水冠名《中国有嘻哈》成果丰硕

维他命水作为一款健康功能型饮料，农夫山泉希望带给消费者充满活力的饮用体验与生活态度，而这一点与节目《中国有嘻哈》希望赋予嘻哈音乐更多正能量的价值引导也相契合，品牌自然打出“Hiphop deserves better”的品牌主张，展现品牌活力。

和传统的冠名赞助不同，农夫山泉这次打了一套内容营销组合拳：借助嘻哈文化感染力，吸引用户关注维他命水新升级，再通过节目创新曝光、社交互动以及赛制设计，步步吸引观众，使其将注意力和好感度从节目、文化本身，转移到产品、品牌的关注和购买上，将嘻哈选手的粉丝转化为自身产品的用户。

《中国有嘻哈》累计播放量27亿，微博话题阅读量超过67亿，热搜超过250次，成为2017现象级网络综艺。AdMaster数据显示，在众多借势《中国有嘻哈》的品牌中，农夫山泉品牌赞助参与指数峰值达108.1，远超行业均值的50.6；品牌收益则普遍高于100分，相比行业均值冠名优势明显。

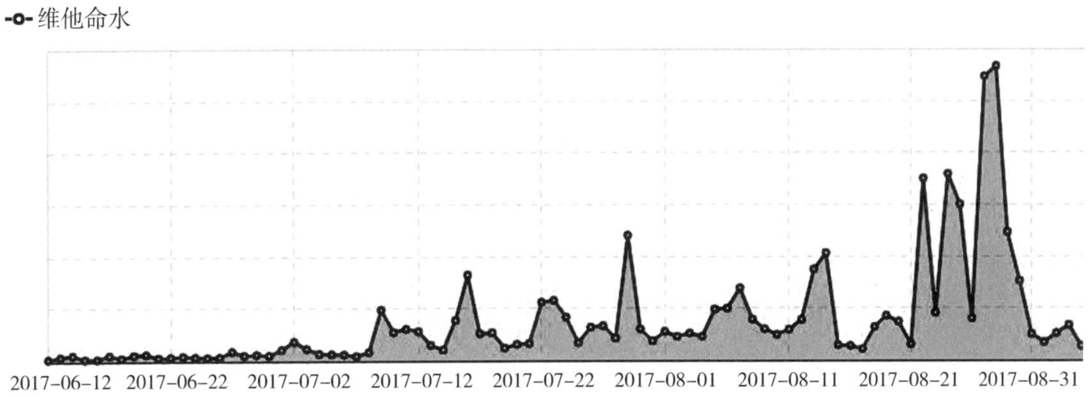

从微博指数上看，关键词“维他命水”的波形表现与节目播出时段吻合，并且在复活赛、总决赛前后达到最高峰。IP内容声量让渡至品牌的效果显著。

节目过程中投票机制的设立，是品牌对IP营销机会的准确把握，以及整合销售资源能力的体现。该机制促进产品与节目粉丝的直接连接，将选手们强大的粉丝团直接转化为销售推动力，实现线上、线下销售渠道的有效导流。就已所获得的数据来看，与2016年同期数据相比，目前农夫山泉维他命水铺货同比增长195%，全国铺货率大概达到30%，销量增长同比超过50%。

（图文来源：梅花网，有修改）

思考：结合该案例谈谈你对品牌赞助活动效果评价的理解。

学以致用

公司开发了一款新的能量型软饮料。你要制定一个广告创意战略，可考虑集中几种不同风格的诉求：①竞争性广告；②恐惧诉求；③名人推荐；④生活片段广告；⑤幽默。比较这几种针对新型软饮料的广告诉求的优劣势，选择其中之一进行创意并设计剧本。

第三节　销售促进策略

销售促进（Sales Promotion）是许多营销活动的关键组成部分。它包括许多工具，其中主要是短期的奖励工具，用于刺激消费者试用，或者鼓励消费者或商业用户更快、更多地购买特定的产品或服务。简单来说，广告提供了购买的原因，而销售促进则提供了购买所需的激励。在运用销售促进时，企业一般按照以下流程操作（如图 9－5 所示）。

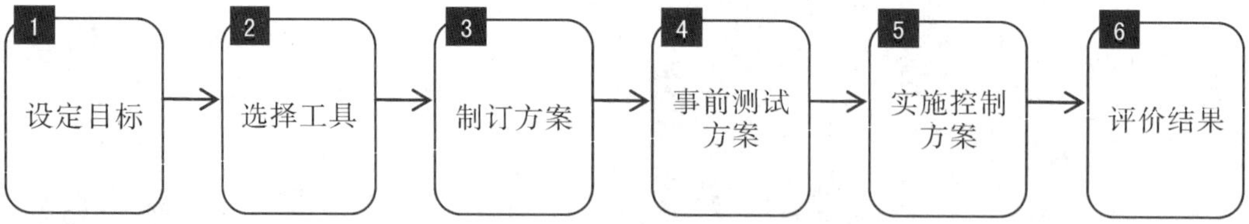

图 9－5　销售促进的流程

一、设定销售促进目标

销售促进是指企业运用各种短期诱因鼓励消费者和中间商购买、经销（或代理）企业产品或服务的促销活动。销售促进目标是销售促进活动希望达到的目的或者效果。在设定销售促进目标时应考虑以下两点：①销售促进的对象既可以是消费者，也可以是中间商或者是企业本身的销售人员。针对不同的对象有不同的方法。②销售促进的目标取决于更广泛的产品营销目标。一般来说，销售促进目标针对不同的对象有以下几种（如表 9－6 所示）。

表 9－6　销售促进目标

销售促进对象	销售促进目标		
消费者	鼓励更多的购买	争取非使用者试用	吸引竞争品牌使用者
零售商	劝说零售商经营更多商品	维持较高的存货水平	鼓励淡季购买
	抵制竞争品牌的销售促进	赢得进入新零售网点的机会	培养品牌忠诚度
销售团队	鼓励支持新产品和新型号	鼓励寻找更多潜在顾客	刺激淡季的销售

当然，销售促进目标的制定和产品的生命周期有关，也跟季节有关，所以，在制定销售促进目标的时候还需要考虑这两个因素的影响。

二、选择销售促进工具

1. 针对消费者的销售促进工具

表 9－7 针对消费者的销售促进工具

类型	销售促进方式
样品	向消费者赠送样品或试用品，赠送样品是介绍新产品最有效的方法，缺点是费用高。样品可以选择在商店或闹市区散发，或在其他产品中附送，也可以公开广告赠送，或入户派送
折价券	在购买某种商品时，持券可以免付一定金额的钱。折价券可以通过广告或直邮的方式发送
现金返还	消费者在购买产品后将购买凭证交给生产商，生产商再将部分购买款返还消费者
买赠	在购买特定产品时以较低价格或者免费提供的用于刺激购买的商品
抽奖	消费者购买一定产品之后可获得抽奖券，凭券进行抽奖获得奖品或奖金，抽奖可以有各种形式
特价包装	以较优惠的价格提供组合包装和搭配包装的产品
积分积点	针对消费者购买产品或服务的次数、数量或金额累积给予奖励
现场演示	在购买地点或者销售促进地点进行的展览或者演示
联合促销	两个或以上的企业合作发放优惠券以进行捆绑销售，或者开展竞赛来增加合力
参与促销	通过消费者参与各种活动，如技能竞赛、知识比赛或游戏等活动，来获取企业的奖励
会议促销	各类展销会、博览会、业务洽谈会期间的各种现场产品介绍、推广和销售活动

2. 针对中间商的销售促进工具

表 9－8 针对中间商的销售促进工具

类型	销售促进方式
价格折扣	在指定时期的每一次购买都可以得到的直接的价格优惠
推广补贴	给予那些同意以某种方式销售促进产品的中间商的一种奖励。广告补贴用于补偿中间商对生产商的产品进行广告宣传所发生的成本。展示补贴则是为了补偿中间商对特定产品进行展示所发生的费用
销售竞赛	根据各个中间商销售本企业产品的实绩，分别给优胜者以不同的奖励，如现金奖、实物奖、免费旅游、度假奖等，以起到激励的作用
扶持中间商	生产商对中间商专柜的装潢予以资助，提供 POP 广告，以强化中间网络，促使销售额增加；可派遣厂方信息员或代培销售人员，提高中间商推销本企业产品的积极性和能力

3. 针对销售团队的销售促进工具

主要是针对企业内部的销售人员，鼓励他们热情推销产品或处理某些老产品，或促使他们积极开拓新市场。一般可采用的方法有销售竞赛、免费提供人员培训、技术指导等。

讨论 9－5：根据本节中所学的销售促进方法到现实生活中寻找相应的例子，并举例加以说明。

三、制订销售促进方案

制订完整的销售促进方案，需要包括八个方面的内容（如图 9－6 所示）。

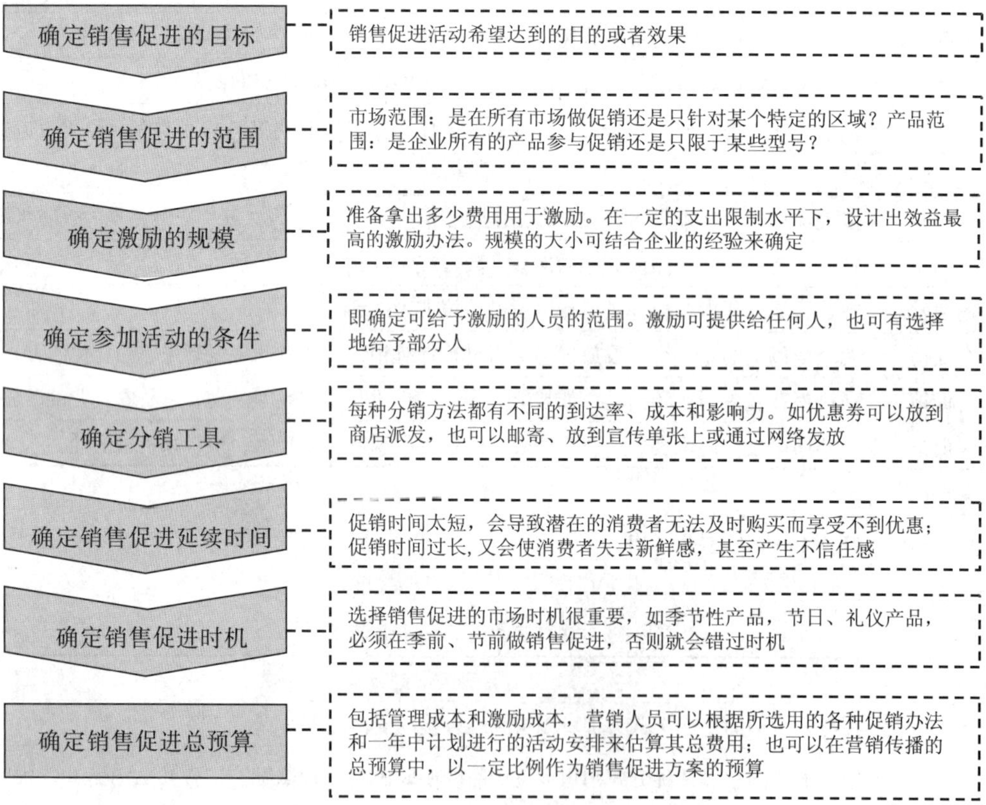

图 9－6　制订销售促进方案的内容

四、方案实施与效果评估

1. 销售促进方案的实施

第一步，与销售促进方案的具体执行方进行协商。如果方案的执行方是由经销商单独执行或者是企业和经销商共同执行，那就必须与经销商进行接洽和沟通，合理地进行分工合作。

第二步，及时监督和检查销售促进方案的实施过程。这个工作一般由企业专门的市场督导来进行监督和检查。特别是当销售促进方案是由经销商单独执行时，企业更加应该派人及时地检查和监督方案的具体执行情况，对没有按照方案执行的行为进行及时的纠正或者上报上一级部门进行处理。

第三步，解决销售促进方案实施过程中碰到的实际问题。再完美的销售促进方案在执行的过程中也难免会出现问题，这时就需要企业和经销商协商解决问题。

2. 评价销售促进方案

为改进销售促进的方法，需要对销售促进的效果进行衡量和评价。其主要方法有：销售业绩变动分析、消费者行为分析等。

（1）销售业绩变动分析。这是最直观、最主要的衡量销售促进效果的方法。直接把销售促进实施前后的业绩进行对比，就可以得知销售促进的效果如何。进行对比的主要指标有销售量、市场占有率、客户量、盈利能力等。

（2）消费者行为分析。利用座谈、深访和观察等方法对消费者寻找、选择、购买、使用、评价及处置产品等一系列消费行为进行分析，看看销售促进实施前后顾客有没有发生预期的变化。

实例 9－5　“双 11”的旧套路与新花样，卖出新高度

“双 11”逐渐演变成商家和平台的集体路演，其中产生的创新模式，也会深刻影响接下来一年的电商行业的变化。天猫用一个结合 VR 技术的 H5，率先刷爆朋友圈，打响了“双 11”的第一枪。同时，数百位网红和明星主播等达人接连进入淘宝直播，吸引的关注度不可估量，一场有创新和创意，与前沿技术结合的新型教科书式营销正在展开。

天猫“双 11”营销玩法包括平台级、行业级和商家工具，平台级有全场满返、“双 11”购物券满减活动；行业级的有预售、花呗分期等方式；商家自己则有买 N 免 1、搭配宝、赠品宝、特价宝等多重玩法。同时，单店满免、免单工具功能，在“双 11”后半场提供相应会场，阿里巴巴会给予流量支持。天猫“双 11”玩法 6 大亮点：

（1）“双 11”晚会“全明星阵容＋矩阵直播”，打造超级 IP，拉新客户、提升平台流量和关注度。“双 11”晚会实现了“全明星阵容＋矩阵直播”的模式，在打造超级会员的同时拉拢新的客户，提升天猫平台的整体消费流量和关注度。晚会采用了国际化的阵容，充分应用了阿里巴巴集团下各个娱乐版块。同时，创新推出了手机电视直播的多屏互动模式，消费者能够一边看电视，一边抢红包。在天猫“双 11”晚会上推出了阿里鱼，阿里鱼还参与

了 IP 关联销售的店铺，专门针对10万商家的 IP 变现平台。

（2）天猫“双11”流量转化率利器：2018年天猫“双11”营销的一个重要亮点是个性化推荐服务的实现，通过千人千面的个性化推荐阿里核武器开放应用到相关的商家店铺中，为商家发展提供了更多的价值，加快了商家为消费者提供服务的效率。

（3）全渠道的营销发展策略：一方面阿里巴巴尽全力打通品牌营销的线上和线下，另一方面阿里巴巴集团旗下的大型品牌商也实现线上和线下商品的流通发展，构建会员服务体系，比如绫致集团、GAP、优衣库等品牌。2018年天猫“双11”营销侧重实现全渠道发展策略，打通了60家商家作为扶持家的营销渠道。

（4）多门槛跨店满减优惠玩法，提升促销联动和流量转化。

（5）备货主打秋冬新款、商场同款。

（6）天猫全球潮流盛典，作为“双11”预热期时尚方向主推重点。

效果：众所周知，2018年“双11”以2 135亿元成交额的惊人数字收官。

（图文来源：《现代商业》、觉浅网，有修改）

思考：结合该案例谈谈促销的方式有哪些，以及如何达到好的促销效果。

学以致用

假设你是一家生产纯天然护肤品企业营销部门的员工。你的工作是为一款针对年轻女性的新型护肤品销售推广活动提供建议，请列出建议的大纲。

第四节　公共关系策略

一、理解公共关系的含义

企业不仅要保持与顾客、供应商和经销商的关系，而且需要处理好与利益相关的公众的关系。公众是指与企业完成目标的能力存在实际或者潜在的利益关系，或者能够影响企业完成目标的能力的任何群体。公共关系是指用于宣传或者保护企业形象或产品形象的一系列活动。许多企业开始通过公共关系营销直接支持企业或产品的宣传和形象的建设。

公共关系是社会关系的一种表现形态，有其独特的性质，了解这些特征有助于我们加深对公共关系概念的理解。

1. 情感性

公共关系是一种创造美好形象的艺术，它强调的是成功的人和环境、和谐的人事气氛、最佳的社会舆论，以赢得社会各界的了解、信任、好感与合作。我国古人办事讲究“天时、地利、人和"，把"人和"作为事业成功的重要条件。公共关系就是要追求"人和"的境界，为组织的生存、发展或个人的活动创造最佳的软环境。

2. 双向性

公共关系是以真实为基础的双向沟通，而不是单向的公众传达或对公众舆论进行调查、监控，它是主体与公众之间的双向信息系统。组织一方面要吸取人情民意以调整决策，改善自身；另一方面又要对外传播，使公众认识和了解自己，达成有效的双向意见沟通。

3. 广泛性

公共关系的广泛性包含两层意思：一层意思是公共关系存在于主体的任何行为和过程中，即公共关系无处不在，无时不在，贯穿于主体的整个生存和发展过程中；另一层意思指的是其公众的广泛性。因为公共关系的对象可以是任何个人、群体和组织，既可以是已经与主体发生关系的任何公众，也可以是将要或有可能发生关系的任何暂时无关的人们。

4. 整体性

公共关系的宗旨是使公众全面地了解自己，从而建立起自己的声誉和知名度。它侧重于一个组织机构或个人在社会中的竞争地位和整体形象，以使人们对自己产生整体性的认识。它并不是要单纯地传递信息，宣传自己的地位和社会威望，而是要使人们对自己各方面都有所了解。

5. 长期性

公共关系的实践告诉我们，不能把公共关系人员当作"救火队"，而应把他们当作"常备军"。公共关系的管理职能应该是经常性与计划性的，这就是说公共关系不是水龙头，想开就开，想关就关，它是一种长期性的工作。

二、确定公共关系的工具与方法

开展公共关系活动的主要工具和方法有以下几种（如表9－9所示）。

表9－9　公共关系营销的主要工具

类型	意义
出版物	企业主要依靠发行的材料到达和影响目标市场，包括年度报告、宣传小册子、文章、企业杂志以及宣传片等视听材料
新闻	发现和创造与企业、产品或者员工有关的有利新闻，然后推动媒体进行报道或者参加新闻发布会，帮助企业树立形象
事件	企业通过安排一些特别事件来吸引目标公众对新产品或者企业活动的关注，如新闻发布会、研讨会、远足、展览、竞赛或者周年纪念、庆典活动
赞助	企业通过赞助体育和文化以及社会公益事业宣传自己的品牌和企业形象
演讲	企业越来越需要能够巧妙地应对媒体提出的问题或者在某些场合发表演说，这些行为也能增强和改变企业的形象
形象识别	为了使公众能迅速识别出自己，企业可以通过一些手段将自己的形象可视化，如标识、口号、文具、小册子、名片、网站、建筑物、车辆、制服等

讨论9－6： 查找一个你认为成功的最新的公关案例，并分析其成功的原因。

实例9－6　云南白药“益起来！让世界听见”公益活动

自1902年创立云南白药以来，云南白药一直践行着“悬壶济世，普济众生”的理念，热心投身于公益事业。从2015年起，云南白药牙膏发起关爱山区儿童公益活动，通过与明星、公益组织以及志愿者们合作为山区儿童送温暖、送健康等，身体力行地为国人的健康事业贡献力量。

2017年，云南白药牙膏以“音乐”为纽带，发起“益起来！让世界听见”公益募捐，为山区孩子打造音乐教师，同时向乡村教师提供专业的音乐课程培训，丰富乡村教育资源，让大山里的孩子也能有音乐的陪伴。

1. 传播策略

整个传播活动围绕本次公益活动预告、号召捐款、线上推广及线下活动，配合微博、微信、KOL视频、地铁站海报投放等制造多种创新形式内容，通过加深用户记忆度和好感度，继续完善云南白药牙膏坚持做公益的品牌形象。

2. 项目执行

（1）2017年10月，奔赴云南山区和孩子们互动，对山区孩子的日常生活、音乐梦想进行拍摄。

（2）2017年11月，在微博、微信、线下的地铁站、音乐会现场等平台全面开展“益起来！让世界听见”的宣传活动，同时与腾讯等媒体合作，多渠道展现此次公益活动内容剪辑视频——《益起来！让世界听见》云南白药牙膏公益纪录片。

（3）11月14日，“云南白药牙膏‘益起来！让世界听见’”公益募捐正式上线，同时以“十二星座谁最有爱心”为主题进行创意手绘漫画活动。

（4）12月10日，联合KOL大号，如彩虹合唱团、王兴飞、牧羊人乐队等，在上海呈现一场“云南白药牙膏‘益起来！让世界听见’”大型公益音乐会，参与捐款的每一位爱心人士都有机会获得音乐会门票，聆听那些来自大山深处的天籁之音。在整个活动中，由自媒体账号进行活动预告及捐款号召，同时丰富了粉丝的参与方式，增强了和粉丝的线下互动。活动结束后，云南白药也在社交媒体平台中呼吁粉丝分享其关爱山区儿童的行动。

3. 项目评估

云南白药牙膏“益起来！让世界听见”的公益活动总体覆盖人群达到2 558万，整体曝光量为150万；2个微信KOL总阅读数超过20万，多家行业媒体自主扩散“益起来！让世界听见”公益活动系列内容，各大新闻媒体也纷纷对事件进行总结与定性。

（图文来源：梅花网，有修改）

思考：结合该案例分析在公关传播中如何综合运用传统媒体和大众媒体使传播效果最大化，如何保持公关活动效果的持久性。

学以致用

假设你是一家连锁餐厅的市场经理，一位顾客声称在你们的一家餐厅就餐后，由于吃到蟑螂而生病。作为市场经理，你如何处理这种危机？

第五节　人员推销策略

一、人员推销的方式与任务

人员推销是一种直接销售方法，通过企业的销售人员用语言沟通的方式，向可能购买的顾客做口头宣传，以推销产品，满足消费者的需求，实现企业的营销目标。

1. 人员推销的方式

（1）上门推销。上门推销是最常见的人员推销方式。它是由推销人员携带产品样品、说明书和订单等走访顾客，推销产品。这种推销形式可以针对顾客的需要提供有效的服务，方便顾客，故为顾客广泛认可和接受。

（2）柜台推销。柜台推销又称门市推销，是指企业在适当地点设置固定门市，由营业员接待进入门市的顾客，推销产品。门市的营业员是广义的推销员。柜台推销与上门推销正好相反，它是等客上门式的推销方式。由于门市里的产品种类齐全，能满足顾客多方面的购买要求，为顾客提供较多的购买方便，并且可以保证产品完好无损，故顾客比较乐于接受这种方式。

（3）会议推销。会议推销是指利用各种会议向与会人员宣传和介绍产品，开展推销活动。例如在订货会、交易会、展览会、物资交流会等会议上推销产品。这种推销形式接触面广、推销集中，可以同时向多个推销对象推销产品，成交额较大，推销效果较好。

2. 人员推销的任务

表 9－10　人员推销的主要任务

任务	含义
沟通	与现实的和潜在的顾客保持联系，及时把企业的产品及其他相关信息介绍给顾客，同时了解他们的需求，沟通产销信息，成为企业与消费者联系的桥梁
调研	利用直接接触市场和消费者的便利，进行市场调研和情报搜集工作，并且根据访问情况做出报告，为企业开拓市场和制定营销决策提供依据
开拓	不仅要了解和熟悉现有顾客的需求动向，而且要尽力寻找新的目标市场，发现潜在顾客，从事市场开拓工作
销售	通过与消费者的直接接触，运用销售艺术分析解答顾客的疑虑，达成交易
服务	除了直接的销售服务外，销售人员还需代表企业提供业务咨询、技术性协助、融资安排等

二、人员推销的流程

人员推销的流程一般来说包括 7 个前后衔接的阶段（如图 9－7 所示）。

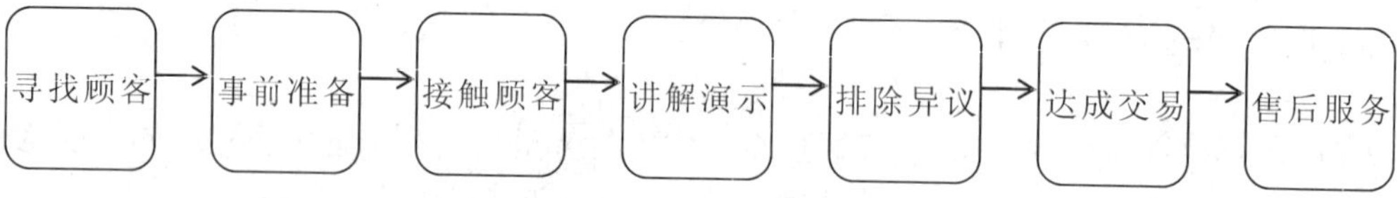

图 9－7　人员推销的流程

1. 寻找顾客

推销工作的第一步就是寻找潜在顾客，其重要性往往会被推销新手所忽视。事实上，许多优秀的推销员都认为推销成功的关键是成功地寻找出潜在的顾客。这些潜在顾客可直接从消费者调研、公共档案、电话号码簿、工商会员名单、公司档案、网络等途径获得。

2. 事前准备

推销人员在确定推销对象，着手进行推销工作之前，应进行充分的准备。包括针对买主的需求搜集有关产品资料、各种信息情报，并编制销售计划方案，准备好样品、说明材料以及应变语言等；了解顾客的个体信息，如年龄、性格、家庭、收入、文化水平、活动地点、联系方式等；制订推销计划，确定推销进程、可预见问题的解答方式等。

3. 接触顾客

在做好接触顾客的准备工作后，推销员就要设法与顾客进行接触。接触顾客又分约见顾客和接近顾客两个环节。

约见顾客是推销员事先征得顾客同意接见的行动。约见顾客可以采取当面约见、书信约见、电话约见、托人代约、广泛约见（利用大众传媒，约见大众顾客）等方式。具体要约定时间、地点、人物等内容。

接近顾客就是正式接触推销对象，引起顾客的注意和兴趣，以顺利转入面谈导购阶段的行动。接近顾客的方法有七种（如表9－11所示）。

表9－11　接近顾客的方法

方法	含义
利益接近法	推销员把产品能给顾客带来的利益放在第一位，诱发顾客的兴趣，如本产品的价格是其他同类产品价格的一半
送礼接近法	推销员利用送礼品引起顾客的兴趣与好感，以此来接近顾客。送礼时要注意投其所好，礼品最好与推销产品相关，如推销洗衣机送洗衣粉等
表演接近法	这是一种最能引起顾客注意的方法，在商品展示会上经常使用，实际上是把产品示范过程戏剧化，以增强吸引力
问题接近法	通过推销员直接向顾客提问，来引起顾客的注意和兴趣
介绍接近法	包括自我介绍、他人介绍和产品介绍
好奇接近法	利用顾客的好奇心理，消除其对推销员的敌对情绪，从而实现接近顾客的目的
赞美接近法	所有的人都喜欢被别人称赞，推销员如果能抓住这个心理规律，恰当地利用，就能成功地接近顾客

4. 讲解演示

销售人员采用特性、优点、好处和价值方法向目标顾客讲述产品的情况。销售代表应当注意不要过多地讲解产品的特点（产品导向），而忽视了产品的利益和价值（顾客导向）。要注意倾听顾客的发言，以判断顾客的真实意图。

5. 排除异议

购买者在听取产品介绍后，可能提出一些异议，如怀疑产品的价值，不接受交易条件或价格，对企业或产品缺乏信心等。推销员应该运用巧妙的语言能力并提供有说服力的论据。处理顾客异议的基本策略主要有四种（如表9－12所示）。

表9－12　处理顾客异议的基本策略

基本策略	含义
间接否定法	又称但是处理法。推销员先不直接否定或反驳顾客的异议而是表示理解甚至赞赏，然后又证实顾客的观点并非全面，进而圆滑地排除异议
利用处理法	也称自食其果处理法。它的基本做法是推销员将顾客的异议变为顾客购买的理由，说服顾客购买
转化处理法	基本做法是将顾客的异议以自己的理解转化为问题，向顾客提出来，然后再给顾客解释
抵销处理法	又称补偿处理法，即指出推销商品的优点来弥补推销商品的缺点，从而向顾客证明购买推销商品是值得的

6. 达成交易

人员推销工作的重要环节是促使顾客采取购买行动，这也是推销工作最困难的阶段。推销员在认为时机成熟时，应抓住有利时机，要求顾客订货，重新强调协议的要点，提议帮助购买者填写订单，询问顾客是要产品 A 还是产品 B，让顾客对颜色或尺寸等小方面做出选择，或者告诉顾客如果现在不订货将会有什么损失。此外，销售代表也可以给予购买者完成交易的奖励，如以特价获得产品或赠送礼物。

7. 售后服务

产品销售后，并不意味着整个推销过程的终止，如果推销员希望确保顾客满意并重复购买，就必须对顾客进行跟踪服务，搜集顾客对于产品的改进意见，及时向有关部门反映，以调整营销措施，并帮助顾客解决使用中的问题。这些工作有利于树立企业信誉，密切双方关系，促成重复购买。

实例 9－7　世界上最伟大的推销员——乔·吉拉德

乔·吉拉德

乔·吉拉德是世界上最伟大的销售员，他连续 12 年荣登世界吉尼斯纪录大全——世界销售第一的宝座，他所保持的世界汽车销售纪录：连续 12 年平均每天销售 6 辆车，至今无人能破。乔·吉拉德也是全球最受欢迎的演讲大师，曾为众多世界 500 强企业精英传授他的宝贵经验，来自世界各地数以百万的人们被他的演讲所感动，被他的事迹所激励。

35 岁以前，乔·吉拉德是个全盘的失败者，他患有相当严重的口吃，换过 40 份工作仍一事无成，甚至曾经当过小偷，开过赌场；然而，谁能想象得到，像这样一个谁都不看好，而且背了一身债务几乎走投无路的人，竟然能够在短短三年内爬上世界第一，并被吉尼斯世界纪录称为“世界上最伟大的推销员”。他是怎样做到的呢？虚心学习、努力执着、注重服务与真诚分享是乔·吉拉德四个最重要的成功关键。

一、250 定律：不得罪一个顾客

在每位顾客的背后，都大约站着 250 个人，这是与他关系比较亲近的人：同事、邻居、亲戚、朋友。乔说得好：“你只要赶走一个顾客，就等于赶走了潜在的 250 个顾客。”

二、名片满天飞：向每一个人推销

他到处递送名片，在餐馆就餐付账时，他把名片夹在账单中；在运动场上，他把名片大把大把地抛向空中。

三、建立顾客档案：更多地了解顾客

乔·吉拉德用日记本和一个小小的卡片档案夹，建立起了他的顾客档案。

四、猎犬计划：让顾客帮助你寻找顾客

在生意成交之后，乔总是把一叠名片和猎犬计划的说明书交给顾客。如果他介绍别人来买车，成交之后，每辆车他会得到 25 美元的酬劳。1976 年，猎犬计划为乔带来了 150 笔生意，约占总交易额的三分之一。乔付出了 1 400 美元的猎犬费用，收获了 75 000 美元的佣金。

五、推销产品的味道：让产品吸引顾客

汽车销售“体验营销”十分重要。乔总是鼓励顾客试乘试驾。

六、诚实：推销的最佳策略

七、每月一卡：真正的销售始于售后

（图文来源：百度百科，有修改）

思考： 结合本案例谈谈好的推销员应该具备哪些素质。

学以致用

与几个同学组成一组，设计一款多数同学经常购买的新产品（如洗发水、牙膏、软饮料、护肤品、笔记本等）。为你提出的新品牌命名，并赋予产品一些创造性的特点和利益。然后想办法说服其他同学相信这款产品并购买。

测试你掌握的知识

1. 举出并定义传播顾客价值的五种促销工具。
2. 对比拉式策略和推式策略的区别及运用范围。
3. 解释整合营销传播及其与促销组合策略的关系。
4. 说明广告决策的主要步骤及应该注意的问题。
5. 描述公关关系的作用及履行该作用的工具。
6. 定义并描述消费者促销都有哪些类型。
7. 人员推销如何成为公司和顾客之间的重要纽带？

实训模块 9　策划促销方案

以小组为单位，为本团队研究的企业策划一次促销活动的具体方案。方案包括：①活动目的；②活动创意构思：诱因设计，道具设计，宣传推广创意；③活动具体设计流程，具体要点有：参与人、时间、地点、执行计划日程、控制事项和评估。

扩展资源 9

第十章　提升价值——营销新视角

每一代人都需要新的革命。

——托马斯·杰斐逊

【学习目标】

1. 了解市场营销理论新的发展趋势所衍生的新概念。
2. 掌握体验营销的概念。
3. 掌握水平营销的概念。
4. 掌握新媒体营销的概念及其主要的营销方式。
5. 了解大数据营销的概念。

【思维导图】

【营销实战】

DDMP，让奥迪经销商更上一层楼

一汽奥迪汽车厂商，结合自身的大数据发展战略目标与方向，整合全网数据，打造数据资产，通过大数据营销技术助力经销商使销售最大化，管理智能化。

DDMP 数字营销集客平台，通过独有的数据处理技术将“割裂的”全网数据精准地“串联”起来，智能分析、数字驱动模式，助力汽车厂商高效转化受众目标的同时，也为线下经销商数据智能化的管理用户以及品牌汽车后市场受众维护与管理不断地输送能量。品牌全网数据包括：

（1）媒体投放数据（汽车垂直媒体、汽车电商媒体、门户网站汽车板块、搜索媒体）。

（2）媒体监测数据（媒体投放监测数据、品牌官网平台数据、品牌社交媒体数据）。

（3）第三方平台数据（银联数据、DSP 数据、联通数据）。

（4）线下活动数据（新车上市、试乘试驾、店头团购）。

通过多接口开发数据实时高效对接，将数据上传推送到 DDMP 数据库中进行排序、清洗、去重，最后由数据通道下发到奥迪经销商 DMS 系统中，线索在系统中以科学计算数据方法进行分析输出，数据智能应用。以实际线索为基础，通过挖掘品牌用户线索，实施多维度的数据科学应用。

DDMP 数字营销集客平台结合一汽奥迪大数据资产发展战略，整合了线上与线下数据，以实际为基础，为品牌打造了包括沟通平台（提升业务精准性，增强用户沟通，改善用户体验）、交易平台（构建全网新生态及传统业务数字化能力）、转化平台（改善线索收集管理效率，提升集客转化率）的全方位数据营销平台。并且形成了如下的实际应用场景：

（1）数据资产统一管理（统一数字资产管理，统一品牌形象，提升传播素材的效率与质量）。

（2）集客管理（统一管理数字渠道的意向用户，根据意向用户的来源渠道，有针对性地对意向的用户进行有效性筛选与核实，提高意向用户的有效性）。

（3）可视化报告展示（从总部、区域、经销商等不同维度，对网络销售线索进行全面的数据分析；对数字营销效果进行评估等）。

（4）全网媒体线索对接（主流垂直媒体对接，统一管理垂直媒体的意向用户以及传播素材，帮助经销商提升数字营销的效率）。

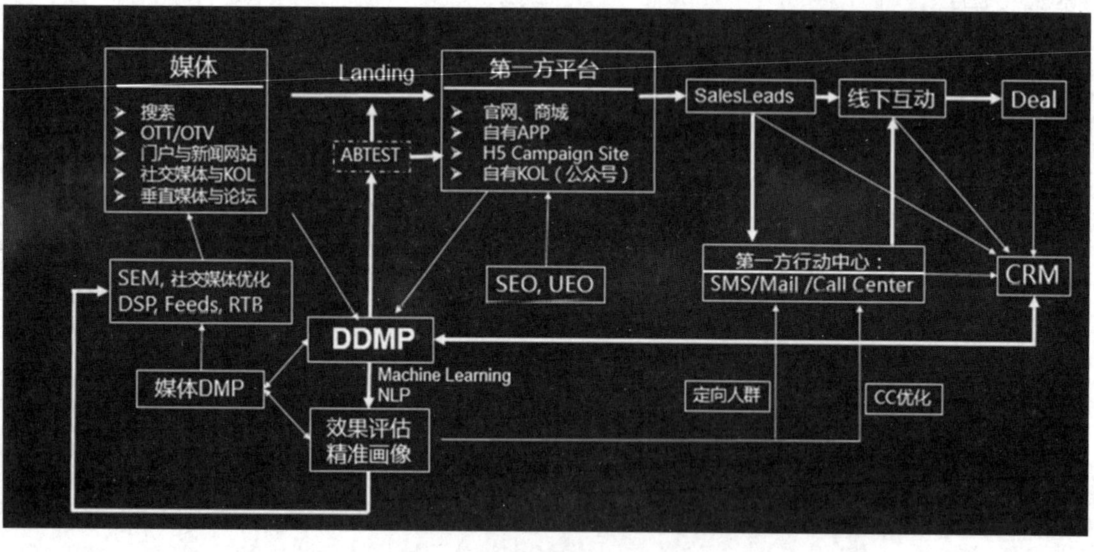

DDMP 数字营销集客平台的应用，将一汽奥迪自有的数据资产集成于后台数据库中，通过对线索清洗，展示输出在平台前端。从根本上统一后台入口管理和升级奥迪 ADC 运营管理规范来帮助一汽奥迪经销商达成管理多个平台的目标，增强经销商操作便捷性和友好度，更快捷有效地使用各个平台，达到最优化的平台系统管理。

DDMP 数字营销集客平台的智能化功能高效地助力经销商管理品牌用户的线索，层层地影响着整个决策生态链中用户的线索周期，与此同时奥迪经销商内部的人员结合平台开展人员工作优化，从网络专员获取有效线索—互动开发经理管理分配 ADC 线索—互动开发专员对线索的有效管理—互动开发销售顾问邀约到店，促进成交。

数字营销集客平台 DDMP－数据资产，带来价值和效益。截至 2017 年 8 月底，2017 年 DDMP－ADC 有效集客线索量 2 344 306 条，同比增长 33%；2017 年 DDMP－ADC 成交占比 35%，同比增长 11%；2017 年 DDMP－ADC 集客量 5 123 463 条，同比增长 41%；2017 年 DDMP－ADC 有效集客率 52%，同比增长 44%；2017 年 DDMP－ADC 潜在客户量 203 432 条，同比增长 21%；2017 年 DDMP－ADC 线索转化率 6%，同比增长 3%；2017 年 DDMP－ADC 邀约进店率 16%，同比增长 7%。

（图文来源：梅花网）

思考：1. 一汽奥迪是如何将品牌全网数据以及整个大数据生态圈下异业联合的数据集成于一处的？

2. 一汽奥迪的 DDMP 有哪些核心创新点？

第一节　体验营销

一、体验营销的内涵

体验营销是通过看（See）、听（Hear）、用（Use）、参与（Participate）的手段，充分刺激和调动消费者的感官（Sense）、情感（Feel）、思考（Think）、行动（Act）、关联（Relate）等感性因素和理性因素，重新定义、设计一种思考方式的营销方法。由于体验的复杂化和多样化，所以《体验式营销》一书的作者伯恩德·H. 施密特将不同的体验形式称为“战略体验模块”，并将其分为五种类型（如图 10－1 所示）。

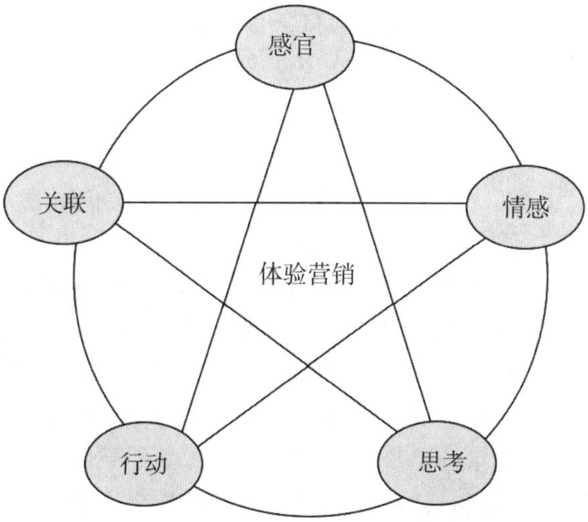

图 10－1　体验营销的五种类型

1. 感官

感官营销的诉求目标是创造知觉体验的感觉，它经由视觉、听觉、触觉、味觉与嗅觉。感官营销可区分为公司与产品（识别）、引发顾客购买动机与增加产品的附加价值等。理查特（Richart）公司制作的巧克力被英国版《时尚》（*Vogue*）杂志称为“世界上最漂亮的巧克力”。理查特首先定位自己是一家设计公司，接着才是巧克力公司。其商标是以艺术装饰字体完成的，上面特别将“A”做成斜体，用来区隔“富有”（Rich）与“艺术”（Art）这两个字。

理查特巧克力在一个精致的类似珠宝展示厅的地方销售，巧克力装在一个玻璃盒子中，陈列于一个广阔、明亮的场所。产品打光拍摄，在其产品的宣传资料中就像是件精致的艺术品或是珠宝。促销品用的是光滑、厚实的纸张，它的包装也非常优雅。包装巧克力的盒子是有光泽的白色，附着金色与银色的浮雕字。

红色丝带封着包装盒。盒子衬里分割成格，所以每个巧克力艺术品是摆设于自己的间隔中。对视觉感官而言，巧克力本身就是个盛宴。它们有漂亮的形状，并且以不同的花样与彩饰装饰，其中的个别特殊产品系列展示着一组迷人的儿童绘画，还可以根据顾客的要求制造特别的巧克力徽章。这些巧克力是如此的贵重，因此理查特甚至还销售附有温度与湿度表的薄板巧克力储藏柜，这个柜子如同雪茄保湿器，售价650美元。

2. 情感

情感营销诉求顾客内在的感情与情绪，目标是创造情感体验，其范围可以从一个温和、柔情的正面心情，到欢乐、自豪甚至是激情、强烈的激动情绪。情感营销运作需要真正了解什么刺激可以引起某种情绪，以及能使消费者自然地受到感染，并融入这种情境中来。新加坡航空以带给乘客快乐为主题，营造一个全新的起飞体验。该公司为此制定严格的标准，要求空姐如何微笑，并制作快乐手册，要求以什么样的音乐、什么样的情境来“创造”快乐。通过提供出色的顾客服务，新加坡航空公司成为世界排名前十的航空公司，也是获利最多的航空公司之一。

3. 思考

思考营销诉求的是智力（Intelligence），以创意的方式引起顾客的惊奇、兴趣、对问题集中或分散的思考，为顾客创造认知和解决问题的体验。对于高科技产品而言，思考活动的方案是被普遍使用的。在许多其他产业中，思考营销也已经被使用于产品的设计、促销和与顾客的沟通上。

1998年苹果计算机公司的iMac计算机上市仅六个星期，就销售了278 000台，因此《商业周刊》把iMac评为1998年的最佳产品。该公司的首席执行官（CEO）史蒂夫·乔布斯（Steve Jobs）表示：“苹果已回到它的根源，并再度开始创新。”iMac的设计师伊夫（Jonathan Ive）也指出：“与众不同是这个公司的基因。”iMac的创新紧随着一个引人沉思的思考营销的促销活动方案。该方案是由广告人克劳（Lee Clow）构思，将“与众不同的思考”（Think Different）的标语，与许多在不同领域的“创意天才”结合在一起，包括爱因斯坦、甘地、拳王阿里、理查·布兰森、约翰·列侬和小野洋子等人的黑白照片。在各种大型的广告路牌、墙体广告和公交车的车身上随处可见该方案的平面广告。当这个广告刺激消费者去思考苹果计算机的与众不同时，也同时促使人们思考自己的与众不同，以及通过使用苹果电脑，而使得他们成为创意天才。乔布斯说：“与众不同的思考代表着苹果品牌的精神，因为充满热情创意的人们可以让这个世界变得更美好。苹果决定为处处可见的创意人，制造世界上最好的工具。”

4. 行动

行动营销的目标是影响身体的有形体验、生活形态与互动。行动营销通过增加他们的身体体验，指出做事的替代方法、替代的生活形态与互动，丰富顾客的生活。而顾客生活形态的改变是被激发或自发的，也有可能是由偶像角色（例如，影、视、歌星或是著名的运动员等）引起的。

耐克每年销售逾 1.6 亿双鞋，在美国，几乎每销售两双鞋中就有一双是耐克。该公司成功的主要原因之一，是有出色的“尽管去做”（Just Do It）广告，经常性地描述运动中的著名篮球运动员迈克尔·乔丹，升华身体运动的体验，是行动营销的经典。

5. 关联

关联营销包含感官、情感、思考与行动营销等层面。关联营销超越私人感情、人格、个性，加上“个人体验”，而且与个人对理想自我、他人或是文化产生关联。关联活动案的诉求是为自我改进（例如，想要与未来的“理想自己”有关联）的个人渴望，要别人（例如，一个人的亲戚、朋友、同事、恋人或是配偶和家庭）对自己产生好感，让人和一个较广泛的社会系统（一种亚文化、一个群体等）产生关联，从而建立个人对某种品牌的偏好，同时让使用该品牌的人们进而形成一个群体。关联营销已经在许多不同的产业中使用，范围从化妆品、日用品到私人交通工具等。美国哈雷（Harley-Davidson）机车是个杰出的关联品牌。哈雷就是一种生活形态，从机车本身、与哈雷有关的商品到狂热者身体上的哈雷文身，消费者视哈雷为他们自身识别的一部分。

实例 10－1　宜家的体验营销

去过宜家家居的消费者都知道，宜家的许多做法跟传统的家居企业不同。例如宜家是没有导购的，除了收银台很少能见到宜家的工作人员；再比如宜家家具要自己提货、自己打包甚至要自己运回家，然后自己安装。这些反传统的做法在中国居然能够生存下来。宜家最成功的地方就是它的体验营销。宜家把商场当作家庭来布置，将终端卖场作为传播企业文化的大舞台，通过一切可用的传播手段来全方位地吸引和引导顾客，使顾客在潜移默化中了解宜家、钟情宜家。

1. 样板间

传统家具零售企业的产品是分类摆放的，购买时要在众多的同类产品中挑选，单独购买后回家自己搭配组合。而宜家开创了中国家居样板间的先例，根据住房的不同面积要求，将成套的或单独的样板间完全按照居住的形式布置妥当，让消费者直接体验未来家的感觉，温馨而舒适。把各种配套产品进行家居组合，设立了不同风格的样板间，充分展现每种产品的现场效果，甚至连灯光都展示出来，基本上可以让消费者体验到这些家居组合的感觉，并且体现出格调。宜家样板间的设计充分结合消费者对于生活的要求和消费模式，考虑不同产品的颜色、灯光、材料等在一起的搭配效果，并鼓励消费者买回家之后自己进行搭配。宜家还负责教消费者怎样去搭配。

2. 销售现场的设置刺激消费者感官

在国内，很多家居企业并不让消费者体验，担心消费者将其弄坏或者弄脏等，宜家却鼓励消费者在卖场进行全面的亲身体验，比如拉开抽屉、在地毯上走走、试一试沙发是否舒适等。此外，宜家的店员不会像其他家具店的店员那样消费者一进门就对着消费者喋喋不休，消费者走到哪里他们就跟到哪里，而是非常安静地站在一边，除非消费者主动要求店员帮助，否则店员不会轻易打扰，以便让消费者静心浏览，在一种轻松、自由的气氛中做出购物的决定。同时，这样也就不需要过多的店员，减少了成本。

宜家所实施的现场体验方式，通过对人们的感官刺激，改变了人们购物的方式。因为在人们日常的购物行为中，很多消费者都会被现场的感性信息所吸引，现场的体验会影响到人们的购物决策。因此，对于体验营销来说，如何创造一种不同寻常的体验场景，是影响人们购物决策的核心要点。

3. 刺激消费者冲动消费也是宜家的营销法宝

在宜家购物，相信很多人只想买张小桌子，可最后发现买了一车的东西，这就是宜家坚持做线下的另一个原因。宜家迟迟不愿意在在线商城上投入过多，因为在宜家的营销策略里，线下体验才是宜家的重中之重。熟谙消费者心理的宜家，通过体验销售一次又一次地刺激消费者的感官，促进消费者冲动消费，据不完全调查，消费者在宜家冲动消费的营收占宜家销售收入超过10%。

宜家的工作不仅仅花在现场的体验氛围之上，在产品的设计方面也做了很多努力，宜家的产品设计充分考虑了消费者日常使用的习惯。宜家非常重视消费者的需求，其产品做得非常人性化和精致，充分考虑使用的方便性和舒适性。

在这个以消费者为导向的时代，宜家的经验显示，按照消费者的使用需要和习惯来设计人性化的产品，是体验营销的前奏和有力的保障。

（图文来源：散文吧、赢商网）

思考：宜家的体验营销在中国是否已经取得成功？为什么？

二、体验营销的操作流程

目前有非常多的企业在实施体验营销，不管是大企业（如宝洁公司），还是小企业（如广州番禺的各个小农场）。通常在各大手机卖场，我们也可以看到有些真机摆在展示台上供顾客体验。企业体验营销的设计大概要经历六个步骤（如图 10－2 所示）。

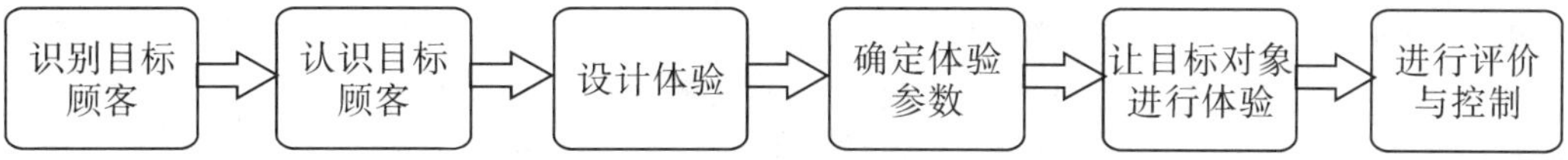

图 10－2　体验营销的六个步骤

1. 识别目标顾客

识别目标顾客就是要针对目标顾客提供购前体验，明确顾客范围，降低成本。同时还要对目标顾客进行细分，对不同类型的顾客提供不同方式、不同水平的体验。在运作方法上，要注意信息由内向外传递的拓展性。

2. 认识目标顾客

认识目标顾客就要深入了解目标顾客的特点、需求，知道他们担心什么、顾虑什么。企业必须通过市场调查来获取有关信息，并对信息进行筛选、分析，真正了解顾客的需求与顾虑，以便有针对性地提供相应的体验手段，来满足他们的需求，打消他们的顾虑。

3. 设计体验

设计体验是体验营销核心步骤，需要营销者站在顾客角度，要清楚顾客的利益点和顾虑点在什么地方，根据其利益点和顾虑点决定在体验式销售过程中重点展示产品的哪些部分。

4. 确定体验参数

要确定产品的卖点在哪里，顾客从中体验并进行评价。譬如理发，可以把后面的头发修剪得是否整齐、发型与脸型是否相符等作为体验的参数，这样在顾客体验后，就容易从这几个方面对产品（或服务）的好坏做出判断。

5. 让目标对象进行体验

在这个阶段，企业应该预先准备好让顾客体验的产品或设计好让顾客体验的服务，并确定好便于达到目标对象的渠道，以便目标对象进行体验活动。

6. 进行评价与控制

企业在实行体验式营销后，还要对前期的运作进行评估。评估总结要从以下几方面入手：效果如何；顾客是否满意；是否让顾客的风险得到了提前释放；风险释放后是否转移到了企业自身，转移了多少；企业能否承受。通过这些方面的审查和判断，企业可以了解前期的执行情况，并可重新修正运作的方式与流程，以便进入下一轮的运作。

实例 10－2　Reebok 的虚拟互动体验营销

Reebok 的本义是指非洲的一种羚羊，它体态轻盈，擅长奔跑。Reebok 公司希望消费者在穿上 Reebok 运动鞋后，能像羚羊一样，在广阔的天地间，纵横驰骋，充分享受运动的乐趣。近年来，Reebok 在互动营销领域进行大胆尝试，将羚羊纵横驰骋的天地也搬进了虚拟世界 second life 中。

在 second life 的 Reebok 虚拟店里，游客不仅可以和漂亮性感的前台小姐随意合影，还可以在新款运动鞋的展示台前随意改变鞋子的颜色和款式，挑选出自己最满意的产品。这种基于互联网 3D 技术的新的体验营销模式，正在改变着消费者固有的消费行为观念，使消费者对新产品的体验变得更快捷、更方便。

（图文来源：数英网）

思考：在网络营销中如何使用互动体验营销的方法？

学以致用

请为线上鲜花品牌设计体验营销方案，注意侧重于消费者的知觉体验和情感体验。

第二节　水平营销

一、水平营销的内涵

水平营销就是在营销活动中，利用横向思维模式对营销进行创新或再造，并通过对原有产品做适当的创新或改变来产生新的用途、新的应用情景、新的目标市场以开创新的类别，从而重组市场，达到出奇制胜的目的。因此，水平营销的主要特征就是创新营销思维方式，对营销模型进行透彻的分析，寻求改变这些模型的方法和技巧。

水平营销要求对产品做一个重要的转换。水平营销是通过添加需求、用途、情景或现有条件下难以实现的目标来重组产品。简单地说，水平营销是打开新的方向，制造新的刺激和创造跨越的过程。

水平营销引入了著名思维学家爱德华·德·波诺水平思维的概念：“一组通过对储存在大脑中的概念，进行敏锐的重新组合来利用信息的过程。”水平营销涉及如何把一个产品进行有效的转换，使其合适并满足新的需求、新的人群和情景，而且是以前没有考虑过的。其最大的优势不是抓住某一部分的市场，而是创造了一个全新的市场。

纵向营销和水平营销不是相互矛盾的，而是相互对应的两个方面，两者都是必要的，而且是相互补充的。水平营销和纵向营销并无优劣之分，它们一个横向，一个纵向，共同形成一个企业的营销战略框架。事实上，水平营销的成功不能没有纵向营销的后续支持。纵向营销过程要求先行定义市场，然后根据对市场的定义去创造竞争优势。纵向营销的创新是在定义的市场内完成的。水平营销是基于寻求扩展市场，通过侵入一个或多个需求、用途、目标或情景，而这些都是在我们原先定义市场时被忽视的。

二、水平营销的实施流程和技巧

1．水平营销三部曲

菲利普·科特勒认为水平营销是一个工作过程，也就是当水平营销应用于现有产品或服务的时候，会产生创新性的研究成果，包括之前没有覆盖的新产品和新服务、新需求、新用途、新情景或新目标。

水平营销是一个创造性的过程。创意思维遵循三个简单的步骤：

（1）选择焦点。选择焦点就是选择产品或服务的焦点。这是水平营销的起点，也是水平营销与纵向营销的一个重大区别，因为纵向营销是从考察消费者的需求开始而不是从选择产品开始。选择水平营销的产品或服务通常有两种方法：一是选择企业要经营的产品或服务；二是选择企业难以竞争的产品或服务。一旦选定了产品或服务，就可以通过市场定义层面、产品层面或营销组合层面选择一个焦点。

（2）制造营销空白。成功进行水平营销的关键是制造营销的空白。没有空白，就没有水平营销。制造空白的唯一途径就是中断逻辑思维序列，运用替代、反转、组合、夸张、消除、重新排序六种横向思维方法，由此产生营销空白。通过这六种思维方法可以针对（1）中的同一个焦点制造不同的空白点，从而为进一步的水平营销提供机会。

（3）建立连接。制造空白的目的是找到一种填补的方法，而这个替代就会产生新的刺激，针对已经产生的不合逻辑的刺激进行具体分析，提取有价值的信息。分析刺激所引起的整个购买过程包括信息收集、购买决定、产品使用等，直到购买后的评价环节，这就是建立连接。

比如，以“花”作为我们的产品焦点。关于花的逻辑思维序列是“花会死”的事实。水平思维中的跳跃性思维是“花永远不会死”。这就是空白。然后我们思考新概念与原创之间的联系焦点。在这种情况下，我们可以问自己，在什么情况下一朵花永远不会死？如果一朵花是由布、丝绸或塑料制成，那么它会永生不死。我们发现了一个新的概念——“人工花”，因此创造出了新材料的、永不凋谢的人工花，这就是成功地建立了连接。

2．水平营销的实施技巧

水平营销的结果是使新的类别或市场产生。水平营销的创新来自建立新类别或子类别。创立新类别或子类别可以通过四种方式来获得：

（1）水平营销中的产品可以通过创建新类别或子类别来重组市场。例如，索尼发布的随身听从根本上重组了电子商品市场，因为它的出现让数百万年轻的潜在客户变成了个人音频产品消费者。

（2）水平营销可以减少同一个市场内的其他产品的市场容量。例如，一个水平营销的产品芭比娃娃已经占了很大比例的布娃娃市场。芭比起初是瞄准儿童布娃娃市场，但水平思维发现了与儿童一起玩耍的成人布娃娃的潜在市场。其结果是一个全新的类别——时尚布娃娃的产生。如今芭比仍然是这一新类别的领军者。

（3）水平营销的产品有时可以产生市场容量而不伤害其他市场容量。例如，谷物棒没有减缓谷物的消费而是扩大了谷物消费。

（4）水平营销的产品可以从多个类别中获得市场容量。例如谷物棒通过新的途径影响了巧克力、咸味零食和其他零食的市场容量。

如何挖掘或者制造一个新的类别，科特勒认为水平营销是一个过程，理解整个过程的每一个步骤是至关重要的。例如，如果你在思考焦点，你必须挖掘空白，准备好替代，即填补空白的方法，制造一个刺激。在准备通过这一刺激开展一个活动来建立连接时，你必须思考让刺激逻辑化。

水平营销的基础是创造一个空白。如果没有空白，就没有水平营销。只有需要跳跃的时候才会有空白存在。科特勒指出了六种横向置换的创新技巧，就是针对产品或服务进行替代、反转、组合、夸张、消除或重新排序。

例如，在情人节送玫瑰给你心爱的人，这里就存在一些可能的水平营销理念：

①替换：送柠檬。

②反转：不是在情人节送玫瑰，而是每天送，除了情人节。

③组合：在情人节送玫瑰并加上其他东西。

④夸张：在情人节送几十朵玫瑰或一朵玫瑰（向上和向下夸张）。

⑤消除：不在情人节送玫瑰。

⑥重新排序：在情人节让心爱的人送你玫瑰。

3. 水平营销的应用

科特勒提出的六种技巧可以分别应用到市场层面、产品层面以及营销组合层面。

（1）市场层面的水平营销。

在市场层面应用水平营销最简单和最有效的技巧就是替代。实现替代的一个简单的技术就是改变一个维度。一个产品或服务在市场竞争中包含了需求、目标、时间、地点、情景、体验等维度，因此将其中一个维度替换为另一个维度相对比较容易。例如：红牛饮料在解渴的需求之外，引入了补充能量的需求，形成了一个新的市场刺激，这个改变和增加需求的做法也为红牛饮料打开了更为广大的市场；阿司匹林是一种普通的止痛药，当一些科学证据表明阿司匹林还有可能阻止心脏病的发作时，营销活动增加了这一需求，使得阿司匹林在众多的止痛药中脱颖而出。

还可以更改当前产品的非潜在目标，指向那些不需要本产品的人。例如：吉列（Gillette）向女性推销剃须刀；将游乐园和学院在使用淡季出让给商务会议使用，这就让空闲设施发挥作用；婴幼儿古典音乐教育为古典音乐带来了新的市场，婴儿莫扎特和婴儿贝多芬视频把音乐和彩色图像有机地结合在一起以便婴幼儿视听，因此取得了极大的成功。

其他技巧还包括改变使用产品的时间或更改产品的设置。通常，场合和事件与特定产品相关。例如：香槟用于圣诞节、年底派对和庆祝活动，而白葡萄酒则用于特别晚宴；糖果用于万圣夜，蛋糕用于生日。水平营销产品可以替代那些已被强力定位的产品。

在大多数情况下，你必须改进一些产品的特性。通常是去除产品自然维度里的元素来更改原来的使用场景。例如，法国一家生产奶酪的公司为了想让孩子吃更多的奶酪，着眼于孩子们喜欢甜味和有趣，生产出了棒棒糖式的甜奶酪。

（2）产品层面的水平营销。

在产品层面上应用水平营销，必须使用六种技术中的一种来制造水平空白。以下是每种技巧的应用方式：

①替换。替换包括通过删除产品的一个或几个元素来改变它。例如，你可以用“学生教学生”替换“教授教学生”。学生们轮流充当教师的角色，给班上其他同学讲课，而教授

则充当主持人的角色。

②反转。反转包括对产品或服务的元素进行颠倒和否定。例如，把烤熟的比萨饼中的“烤熟”元素进行否定，继而形成了现在遍布世界各地的冷冻食品。

③组合。组合包括添加产品或服务的一个或几个元素，维护其余的部分。例如，Pedelecs是英国一家电动助力自行车公司，他们把电池为自行车供电和骑车时为电池充电相结合。其结果是在中国销售了几百万辆的电动助力自行车。另外一个例子就是在正式使用的领带上添加一个“有趣”这一属性，并结合迪士尼和乐一通（Looney Tunes）人物，这样一来诞生了“有趣的领带”的新的子类别。

④夸张。夸张是对产品或服务的一个或多个元素进行向上或向下的推进，或想象一个完美的产品或服务。例如，在拥挤地区把双人自行车想象成一辆微型汽车；一次性隐形眼镜可能来自可以每天丢弃隐形眼镜的想法。

⑤消除。消除包括删除产品或服务的某个元素。例如，没有电线的电话产生了无线电话，没有瓶子装的香水带来了家居香水的蜡烛。在一些地方，没有地方停放自行车促使折叠自行车的诞生。不想等待胶片冲洗的烦琐工序促使了宝丽来印刷品和现在的数码相机的诞生。

⑥重新排序。重新排序包括更改一个或多个产品或服务元素的顺序。例如，把生爆米花进行包装，在吃之前再用微波做熟就是改变了先加工成可食用再行包装的次序。

（3）营销组合层面的水平营销。

营销组合层面的水平营销是聚焦于其余的市场营销组合元素（如价格、渠道和促销计划），放弃目前的营销方式向客户展示产品或服务。在这里不是去修改产品的本质或服务，也不改变产品的需要、目标、场景。在大多数情况下，水平营销的产品或服务将产生一个子类别或创新的商业模式，而不是一个全新的业务或类别。例如，利用微信支付或信用卡进行咖啡自动售货机卖咖啡，高速公路利用ETC电子设备来收过路费。请注意，以上情景中，付款系统不是新的，也不是新产品。创新的是把现有的支付系统（微信支付或信用卡）应用到现有的营销系统之中。

综上所述，水平营销是21世纪企业营销环境变化的产物。随着时间的推移，人们对水平营销的认识和研究将会更加深入，水平营销和纵向营销的依存关系也将更加密切，两者相互作用，形成企业强大的营销合力。

实例10-3 Hero谷物类食品的创新

Hero集团是一家专注于品牌营养食品的国际食品公司。该公司成立于1886年，现在的总部设在瑞士的伦茨堡。之前Hero是欧洲食品行业中以销售早餐麦片等食品为主的公司，占“早餐谷物”类食品市场如早餐麦片、炒米糕等的份额较低，需要获得更多的市场份额。虽然谷物类食品有很多优点，且营养丰富而健康，但是由于谷物类市场是一个高度分散和饱和的市场，传统的营销方案一直没有取得太大进展。Hero采用了水平营销的思维方法，重新定义了谷物类食品的效用，赋予早餐麦片类食品更广的食用场景。他们决定将其作为健康小吃来销售。作为健康的零食，人们可以在一天中的任何时候来品尝。

Hero 采用了另一种产品的形式——糖果，通过将谷物与巧克力和焦糖结合，他们创造出可随时携带和食用的“压缩干粮”。它的创新不在“早餐谷物”市场之内，而是使用了谷物的积极属性，将其嵌入另一个概念，例如糖果，并创造了一个新的便利和新的食品类别。这种水平营销过程就是将谷物市场扩大到新的场合。今天的 Hero 集团以其主要核心产品类别，遍布全球，并组合了许多知名的国际和本地品牌。2016 年，集团营业收入为 12.7 亿瑞士法郎。今天，Hero 稳固了在欧洲谷物类别的领军地位。

（图文来源：根据 Concentrated Knowledge 资料整理、Hero 官网，有修改）

思考：Hero 取得成功的创新点在哪里？对原有的市场有什么影响？为什么？

学以致用

某化妆品厂在推广新面膜产品时，在面膜的主要功能——补水之上，融入美颜、美白、消除浮肿、防霾功能。试从水平营销的概念分析六种创新技巧的运用。

第三节　新媒体营销

一、新媒体营销的内涵

媒体是指传播信息的媒介。凡是能够传播信息，将信息扩散的所有形式都可以称为媒体。广义上的新媒体是相对于传统媒体而言的，是指传统媒体（报纸、杂志、广播、电视等）之外的媒体形式。在 Web2.0 带来巨大革新的年代，营销思维也发生巨大的改变，体验性（Experience）、沟通性（Communicate）、差异性（Variation）、创造性（Creativity）、关联性（Relation），互联网已经进入新媒体传播 2.0 时代，并且出现了网络杂志、博客、微博、微信、TAG、SNS、RSS、WIKI 等新兴的媒体。

新媒体营销是指利用新媒体平台进行营销的模式。具体来说，就是利用网络杂志、博客、TAG、SNS、RSS、WIKI、视频、微博、电子邮件、短信等有别于传统报纸杂志、广播和电视所进行的营销方式。由此可见，新媒体营销与现代的科技手段密切相关，特别是数字技术。所以新媒体营销也被简单地定义为通过数字技术的运用来实现营销的目的。因此，新媒体营销与传统媒体营销的显著不同在于数字媒体的运用，它实现了信息交流的新形式和新模式。麦克唐纳德和威尔森（Mc. Donald & Wilson）对新媒体和传统媒体之间的差别做了详细的总结。他们把新媒体营销的特点归纳为“6I”：

1. 互动性（Interactive）

在新媒体时代，特别是社交媒体时代，价值的传播是双向的。在目标人群和企业之间是双向的：一个方向是企业创造价值，传递给目标人群；另一个方向是目标人群反馈需求或评价（价值），使企业重塑价值并再次传递。不仅如此，在目标人群之间，传递价值也是相互的、双向的。

2. 情报化（Intelligence）

新媒体营销过程本身就是一个丰富的市场信息的收集过程。因为新媒体基于数字技术，使得营销人员可以根据顾客在线消费的网站类型和内容，建立对顾客的偏好和行为的认知。掌握顾客的这些情报资料对做好营销至关重要。

3. 个性化（Individualization）

新媒体营销的个性化是在情报化基础上建立起来的。个性化以收集顾客访问时的各种信息为基础，以此建立数据库，用来定位和实施个性化沟通，并实现所有媒介的相关应用。最著名的例子就是亚马逊（Amazon）在网站上鼓励每一个顾客注册，以便在先前购买的基础上通过网站和电子邮件为顾客推荐产品。这种回应沟通也是新媒体的另一个关键特征。

4. 整合性（Integration）

由于以上特点，新媒体营销为整合营销沟通提供了更广的范围和更多的工具。O2O 的实现就是依赖于新媒体的这一特征。

5. 行业重组（Industry Restructuring）

行业重组主要是指在新媒体营销过程中，行业的去中介化或再中介化。支付宝在淘宝购物平台的出现，使普通的支付系统成为顾客购物过程中的一个中介，把顾客收货的状态和反馈与支付联系，形成了更加可信的购物平台，提升了顾客购物的体验。

6. 独立场所（Independence of Location）

新媒体营销为增加企业与全球市场的沟通提供了可能，也为向国际市场销售产品提供了机会，而这在以前是根本不可能发生的。

二、新媒体营销的主要模式

1. 新媒体的平台分类

新媒体营销的渠道或操作模式主要依赖于数字技术，随着新数字技术和新媒体的发展，其方式肯定会日趋丰富。新媒体模式（平台）可以分为以下几类：

（1）搜索平台：此类平台以 Google、百度等为代表。

（2）知识平台：知识平台又可分为问答平台和百科平台。问答平台包括知乎、分答、百度知道、360 问答等；百科平台包括百度百科、360 百科、互动百科等。

（3）视听平台：视听平台按其特点可分为直播平台、音频平台及视频平台。直播平台有映客、花椒、一直播等；音频平台以喜马拉雅为主体；视频平台包括秒拍、美拍、优酷等。

（4）自媒体平台：自媒体平台以微信平台和其他自媒体平台为主。微信平台包括微信公众平台、微信个人号、微信群、微信广告资源等；其他自媒体平台还包括 QQ 公众平台、UC 自媒体平台、简书、头条号、企鹅媒体平台、搜狐公众平台、一点号、百家号、网易号、凤凰媒体平台等。

（5）论坛平台：论坛平台可分为新浪微博平台和论坛平台。新浪微博平台包括微博企业自媒体、微博广告资源等；论坛平台包括百度贴吧、豆瓣、金融 & 理财论坛等。

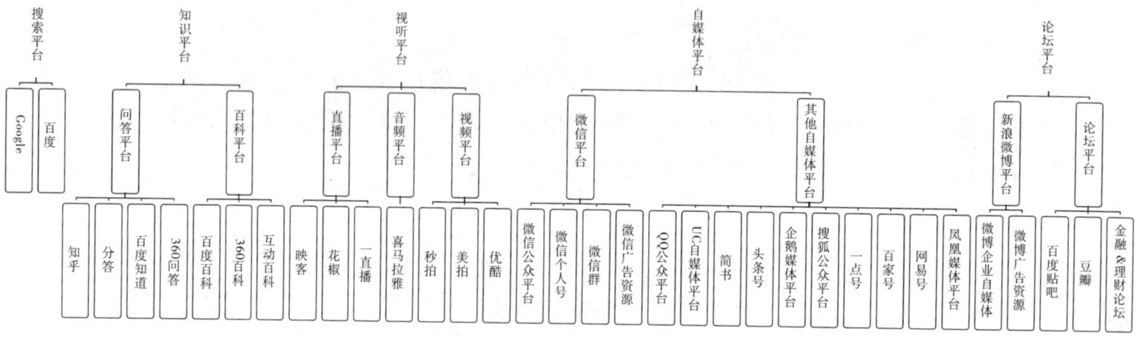

图 10－3　新媒体营销的五大平台

2. 新媒体的推广方式

按具体推广方式可以把新媒体营销细分为网络口碑营销、网络广告、媒体营销、网络事件营销、搜索引擎营销（SEM）、E-mail 营销、博客营销、论坛营销、视频营销和微信营销。

（1）网络口碑营销。

传统的口碑营销也被称为“病毒式营销”，其核心内容就是能“感染”目标受众的病毒体——事件，病毒体威力的强弱则直接影响营销传播的效果。网络口碑营销是口碑营销与网络营销的有机结合，又称为 Internet Word of Mouth Marketing，简称为 IWOM。网络口碑营销是指消费者通过网络（如论坛、博客、播客、相册和视频分享网站、微博和微信等）渠道分享的对品牌、产品或服务的相关讨论以及相关多媒体的信息内容。如果通过微博工具来进行病毒式传播，也可以称为微博营销。

自从博客流行以后，有些聪明的广告人将产品无偿提供给博客用户试用，并让他们把对产品使用的体验、感受写成博文发表，让大家共享，这应该是网络口碑营销的最初形式。随后，国内互联网上出现了三种网络口碑营销的不同平台：

一是电子商务网站自我服务式的口碑营销板块，主要发布体验过网上交易的消费者的口碑信息，给新买家以购物指导，如淘宝网的“购物指南”等。

二是专注提供日常生活类口碑信息与相应服务（本地生活搜索与分类信息等）的网站，如大众点评网、口碑网。

三是通过社区网站或网站的社区，聚合网友提供某类或几类商品的口碑信息以服务于用户，如蚂蚁社区网。专事口碑信息搜索的网站，如品商网，除了自身分类聚合消费者的口碑信息外，还提供商评垂直搜索功能，以方便用户快速准确地获取网上的各类口碑信息。

实例 10－4　“提供特殊服务”的事件营销

随着 iPhone 6 和 iPhone 6 plus 上市，尺寸太大装不进裤子口袋成为令人烦恼的问题。阿姆斯特丹电信公司 KPN 就在 iPhone 6发售之时，改装了一台移动裁缝车，在 Apple 店门前排队的人群前，免费提供加大裤子口袋的服务。没过几天，中国联通便迅速复制了一个国内版本，还叫来了帅气裁缝，一时风靡朋友圈。“改裤袋”这项服务跟电信运营商原有的业务没半毛钱关系，但这满足了消费者短期的需求，还带有一点逗比的喜感，消费者自然愿意参与也乐意分享。

（图文来源：根据 socialbeta 网站资料整理、中国经营网）

思考：你还能够想到哪些企业是通过“提供特殊服务”而成功进行事件营销的？

（2）搜索引擎营销。

搜索引擎营销，即 Search Engine Marketing，简称为 SEM。就是根据用户使用搜索引擎，利用用户检索信息的机会尽可能将营销信息传递给目标用户。简单地说，搜索引擎营销就是基于搜索引擎平台的网络营销，利用人们对搜索引擎的依赖和使用习惯，在人们检索信息的时候尽可能将营销信息传递给目标客户。

SEM 主要实现方法包括：（关键词）竞价排名、分类目录登录（免费和收费）、搜索引擎登录、付费搜索引擎广告、关键词广告、TMTW 来电付费广告、搜索引擎优化（搜索引擎自然排名）、地址栏搜索、网站链接策略、网页内容定位广告等。

实例 10－5　百度推广

Baidu推广

坐等客户　坐拥商机

百度推广是由百度公司推出的，企业在购买该项服务后，通过注册提交一定数量的关键词，其推广信息就会率先出现在网民相应的搜索结果中。简单来说就是当用户利用某一关键词进行检索，在检索结果页面会出现与该关键词相关的广告内容。关键词广告是在检索特定关键词时出现在搜索结果页面的显著位置。如企业主在百度注册提交“减肥”这个关键词，当消费者或网民寻找“减肥”的信息时，该企业就会优先被找到，百度按照实际点击量（潜在客户访问数）收费，每次有效点击收费从几毛钱到几块钱不等，这由企业产品的竞争激烈程度决定。

（图文来源：百度百科）

思考：企业定义关键词需要什么技巧？

（3）博客营销。

博客营销是利用博客这种网络应用形式开展网络营销的手段。公司、企业或者个人利用博客这种网络交互性平台，发布并更新企业、公司或个人的相关概况及信息，密切关注并及时回复平台上客户对于企业或个人的相关疑问以及咨询，并通过较强的博客平台帮助企业或公司零成本获得搜索引擎的较前排位，以达到宣传的目的。

博客营销一般通过四种手段来实现：

①博客网站的广告。在博客世界，标准的、口号式的广告，就仿佛是鸡尾酒会上的大声叫唤。

②发表专业文章。作为专业文章的主角——产品，一定要有一个知识点，用来和公众沟通，并树立权威感。

③打造博客团队。通过公关公司发布博客日记，来影响主流媒体的报道。

④监测博客网站。通过监测博客网站，及时发觉当前谈论最多的公司或时下民众最关注的话题，为潜在的公关危机做好准备。

实例 10－6　A 公司的博客营销

“今天真是倒霉透了，刚锁上房门发现钥匙没带，刚下到一楼门口就下雨了，好不容易雨停了，路上塞车又塞了一个小时……唯一值得高兴的就是居然收到了 A 公司的免费智能手机。”当你上网看到你关注的博主发这段博文时，请注意这可能就是博客营销了。其实这是 A 公司博客推广计划的一部分。A 公司是一家专业的 3C 公司，去年新推出一款智能手机。A 公司的营销部门决定用博客的方式来进行这款新产品的推广，并制订了博客推广计划。计划分为两个部分：第一部分为公司博客的推广；第二部分为消费者博客的推广。消费者博客的推广主要有三个步骤：第一步是寻找适合的博主或者意见领袖，主要通过粉丝量、活跃率、访问量、目标受众等标准来对博主进行衡量；第二步是与博主进行接触，免费送博主手机试用并要求博主发试用心得；第三步是进行跟踪测试，并及时调整推广计划。

思考：结合本案例分析博客营销成功需要什么条件。

（4）论坛营销。

论坛营销就是“企业利用论坛这种网络交流的平台，通过文字、图片、视频等方式发布企业的产品和服务的信息，从而让目标客户更加深刻地了解企业的产品和服务，最终达到企业宣传品牌、加深市场认知度的网络营销活动”。论坛营销一般适合于中小型的企业，大型的企业往往不屑于采用这种网络推广的方式。

论坛营销在很多个人网站或小网站的网站推广中比较常见，如何在最短的时间之内带来更多的流量，取决于论坛的推广效果。

①选论坛。第一，所选论坛和企业所要推广的内容上最好相关；第二，所选论坛的人气和流量要高；第三，所选论坛比较容易注册，并且发超链接的限制越少越好。

②内容选择。推广的内容一定要是比较新的、比较火的。根据消费者最近都在关注什么，或者是最近发生了什么事情，企业进行推广内容的选择。企业的论坛推广贴上的链接以及标题一定要和企业发出去的内容相关，虽然是去做推广，但也要注意口碑和用户的感受。

③精编标题。标题是网友们看见帖子的第一印象，如果企业想让更多的人看到企业发出去的帖子，那么帖子的标题一定要做得够显眼、劲爆、吸引他人的眼球。

④顶帖技巧。一定要结合上面的人的回帖内容，顺着别人的回帖往下说，如果在帖子中出现吵架的情况是最好的。当然也可以利用别人的帖子进行推广，选人气高、回复少、主题内容没有链接的帖子。

⑤查看流量统计结果。经过一段时间的推广后可以看到在哪个论坛推广的效果最好，哪个论坛推广的流量多，那么就可以重点在那几个论坛里做推广，效果不好的就直接放弃。

（5）视频营销。

视频营销指的是企业将各种视频短片以各种形式放到互联网上，以期达到一定宣传目的的营销手段。网络视频广告的形式类似于电视视频短片，而平台却在互联网上。视频与互联网的结合，让这种创新营销形式具备了两者的优点。视频营销一般有三种实现策略：

①病毒营销策略。视频营销的厉害之处在于传播精准，关注者首先会产生兴趣、关注视频，再由关注者变为传播分享者，而被传播对象势必是有着和他一样特征兴趣的人，这一系列的过程就是在目标消费者中进行精准筛选传播。网民看到一些经典的、有趣的、轻松的视频总是愿意主动去传播，通过受众主动自发地传播企业品牌信息，视频就会带着企业的信息像病毒一样在互联网上扩散。病毒营销的关键在于企业需要有好的、有价值的视频内容，然后寻找到一些易感人群或者意见领袖帮助传播。

②事件营销策略。事件营销一直是线下活动的热点，国内很多品牌都依靠事件营销取得了成功。其实，策划有影响力的事件，编制一个有意思的故事，将这个事件拍摄成视频，也是一种非常好的方式，而且，有事件内容的视频更容易被网民传播，将事件营销思路放到视频营销上将会获得新的营销价值。

③整合传播策略。由于每一个用户的媒介和互联网接触行为习惯不同，这使得单一的视频传播很难取得好的效果。因此，视频营销首先需要在公司的网站上开辟专区，吸引目标客户的关注；其次，也应该跟主流的门户、视频网站合作，提升视频的影响力；最后，对于互联网的用户来说，线下活动和线下参与也是重要的一部分，因此通过互联网上的视频营销，整合线下的活动、线下的媒体等进行品牌传播，将会更加有效。

实例 10－7　滴滴代驾“桔色行动”——“多一次代驾，少一次酒驾”

为体现企业的社会责任，让更多人意识到酒驾的危害，减少酒后驾车事件的发生率，滴滴代驾发起滴滴代驾“桔色行动”拒绝酒驾特别企划。以“多一次代驾，少一次酒驾”为大主题，通过创意海报、病毒视频、微博话题讨论、政府背书等多种形式展开传播。

预热海报表现出酒驾的巨大危害，直击酒驾后果的痛点

一侧是酒驾者未喝酒时的表情（长相），另一侧是酒驾发生后的表情（长相），把两种情形拼接成一张脸。通过两种不同表情的强烈对比凸显酒驾危害。

建立线上话题讨论

利用有车生活类、娱乐类微博、微信 KOL，从女司机、有车生活等角度传播预热海报，发起“多一次代驾，少一次酒驾”话题，增加话题热度，为后续引爆做铺垫。并建立知乎话题讨论，理性讨论酒驾场景，植入滴滴代驾品牌信息。

引爆期：

VR 视频：VR 技术应用，沉浸式体验，第一视觉感受酒驾危害性

本片通过 VR 技术，真实地模拟醉酒开车的危险之旅，伴随热烈的干杯声，车速越来越快，出现虚焦的效果，最终导致追尾事故发生，而后出现文案，以此放大醉酒开车的危害，让体验者产生后怕的心理。

与合作品牌的线下门店进行 VR 眼镜体验，用户可于用餐前后体验 VR 视频，并且搭配纸质代驾券领取的方式，宣传“桔色行动”，借此传达滴滴代驾“拒绝酒驾”的态度。

同时收集线下体验过程的照片，在社交媒体及 PR 端进行再次传播，扩大 VR 眼镜视频传播声量。

感性视频：触及网友内心对酒驾危害的感知，引发口碑效应，刷爆朋友圈

通过分析与调查，找到酒驾发生的诱导因素——“侥幸心理”。视频以人们的侥幸心理作为切入点，从各类因侥幸引起的行车陋习，让每位车主看到自己的影子，逐渐渲染观众情绪，将视频结尾落在侥幸心理引发的酒驾上，最后引发分享。

联合企业共同发声：品牌联合海报，最大化传播活动主题

多品牌联通，通过各自媒体渠道共同引爆话题，通过官方自媒体及线下展示等，最大化刷新话题传播效果，配合感性视频，让用户感知并达到口碑传播效果。其联合品牌覆盖车企、酒企、餐饮等。

交警合作：政府背书，各地交警配合，提升活动公信度

多城政府（协会）、交警、公安部门线上发声，支持拒绝酒驾行动，支持滴滴代驾“桔色行动”。地方交警微博统一于 12 点发布支持行动微博，微博图片为交警拿着“桔色行动”拒绝酒驾的照片，同时配有能够领取滴滴代驾券的微博文案。

媒体配合传播：从市场营销和公益角度，扩大传播效果

行业媒体报道，多品牌联合反酒驾，树立行业新高度；从走心视频开始，电台节目深入讨论酒驾场景，连线滴滴代驾负责人，列举代驾数据，传播“多一次代驾，少一次酒驾”的主题。知乎日报传播走心视频，并针对预热时的知乎话题进行复盘讨论。

合作品牌落地活动：配合交警普法活动

携手 VR 眼镜，在公安日常普法教育的时候提供 VR 眼镜给他们教育培训用，同时配合公关稿，让公安部宣传拒绝酒驾新手段，虚拟体验危害到底有多大。

传播期：

明星站台：利用明星效应引爆粉丝，直播互动玩 high 社交媒体

邀请包贝尔在他所经营的火锅店（辣庄）进行直播，直播过程中传递拒绝酒驾的观念，并与现场的食客进行互动，邀请他们体验第一视角的酒驾视频。本次通过明星效应引爆粉丝互动，提升活动的曝光度与关注度。

明星海报：品牌明星站台，传播活动主题吸引粉丝关注

明星站台海报，为拒绝酒驾代言，吸引粉丝及更多人群关注活动。

项目评估：

本次活动共覆盖 1.15 亿人次，其中主要来源于以下三大渠道：社交媒体（微博、微信、知乎）共覆盖 7 353.1 万人次；直播平台共覆盖 791.5 万人次；视频播放平台共覆盖 648.8 万人次。

在项目传播过程中使用过的自媒体有“济南交警”“长沙交警官方微博”“银川交警”等多个自媒体账号。

项目亮点：

· 利用明星直播

利用明星的影响力和当下热门的直播平台，将酒后代驾场景通过直播的方式展示，共获得 791.5 万次观看，峰值 63 万人观看，获取 305 910 金币，1 531 万次点赞，1.6 万次评论。

· 使用 VR 技术，直观展示酒驾危害

通过 VR 技术和第一视角视频，利用线上专业 VR 视频平台、线下交警普法活动、合作品牌线下门店等多种渠道，让消费者直观感受酒驾危害。第一视角视频获得 53.8 万次播放。

· 联合十个品牌和 10 城交警，从公益角度共同发声

联合十大知名品牌和 10 城交警共同发声，同时结合线下普法活动，为本次营销活动注入公益的力量。联合品牌微信微博总阅读量达到 138 887 次；品牌联合 H5 获得 78 126 次点击。线上交警平台产生共计 99 693 人次互动总声量。

· 渠道运用丰富、精准，产生大量曝光

本次传播覆盖微博、微信、知乎三大社交媒体，腾讯、优酷、爱奇艺三大主流视频网站，以及开眼 App、暴风魔镜 VR 平台、今日头条、一直播、雷锋网等，渠道丰富、精准，覆盖大量人群。

· 从酒驾前后对比和侥幸心理出发，产生优质海报及视频

利用酒驾前后对比的海报表现形式，用直观的视觉效果突出不同身份的人酒驾的后果。抓住酒驾用户的侥幸心理，从日常生活的细节出发，让用户产生共鸣。感性视频在视频平台一共获得595万次播放。

（图文来源：根据17PR网站资料整理）

思考：结合本案例说明新媒体营销可以利用的媒体平台有哪些，营销推广方式有哪些，如何整合利用这些推广方式。

（6）微信营销。

腾讯公司2011年推出了手机聊天软件“微信”，腾讯旗下企鹅智酷的《2017微信用户&生态研究报告》报告数据显示，截至2016年12月微信全球共计8.89亿月活跃用户，而新兴的公众号平台达1 000万个。微信这一年来直接带动了信息消费1 742.5亿元，相当于2016年中国信息消费总规模的4.54%。微信是继QQ以后腾讯推出的又一个杀手级软件，逐渐成为智能手机软件市场的霸主。随着微信生态圈的不断完善和支付的推出，越来越多的企业利用微信平台来进行营销传播。在移动电子商务飞速发展的浪潮中，微信将扮演非常重要的角色，帮助企业打造O2O的生态圈。对于企业来说，微信目前主要的功能是为企业的营销传播提供一个新的平台。目前比较常见的传播方式有：

①漂流瓶。漂流瓶从QQ移植到微信上后，仍然保留了原始简单、易上手的风格。微信官方可以对漂流瓶的参数进行更改，使得合作商家推广的活动在某一时间段内抛出的“漂流瓶”数量大增，普通用户“捞”到的频率也会增加。加上“漂流瓶”模式本身可以发送不同的文字内容甚至语音小游戏等，如果营销得当，也能产生不错的营销效果。而这种语音的模式也让用户觉得更加真实。

②二维码“扫一扫”。二维码发展至今其商业用途越来越多，所以微信也就顺应潮流结合O2O展开商业活动。商家通过二维码将线上、线下打通，顾客只要“扫一扫”二维码就可以获得商家优惠或最新的新闻资讯。

③微信公众平台。微信的开放平台和朋友圈的社交分享功能的开放，已经使微信成为一种移动互联网上不可忽视的营销渠道。而微信公众平台的上线，则使这种营销渠道更加细化和直接。在拥有一定粉丝的前提下，企业精心设计有创意的活动，再通过朋友圈的分享功能进行病毒式传播，这是典型的低成本、高回报的传播方式。

④微信商城。首先商家必须有自己的公众号，并且要申请开通微信支付权限，申请需要具备两个条件：第一，必须是服务号；第二，还需要申请微信认证，以获得微信高级接口权限。商家申请了微信支付后，才能进一步利用微信的开放资源搭建微信店铺。

实例10－8　H5应用：立邦推出家装真人秀

随着家装类真人秀《立邦梦想改造家》前两季的热播，立邦的品牌理念“立邦为你刷新生活”也深植人心。在第三季开播之际，立邦希望通过全新的广告投放，在给予用户与品牌接触的最佳体验的同时，突破节目的地域限制，增加全国性的知名度，让品牌与该节目实现真正的无缝结合。作为立邦的整合创意服务代理商，麦肯上海与麦肯集团旗下的数字营

销代理商 MRM//McCann 联手，为立邦发起了一场全平台营销战役，用立邦专属的真人秀平台代替原先分散的宣传营销模式。

其中，此次由 MRM//McCann 全新打造的数字营销专区，名为“梦想刷新馆”。在这个平台上，用户不仅能观看节目和设计师访谈视频，访问旧房与新家720°全景，还可以在了解装修专业知识的同时，直接购买刷新服务和家居饰品。此次将电视节目、线上视频与线上互动有机结合起来，既满足了年轻观众的收视习惯，又增强了节目观众与品牌的黏性。

谈及此次创意，主创团队表示：“本次创意亮点主要在于全景 H5。全景特效是通过实地拍摄制作而成的，每期节目播出后第一时间准时更新。这让更多消费者通过移动端就能深入地体会真人秀中的刷新效果，看到各种细节和巧思，也更深一步地了解立邦的品牌乃至产品。目前，全景 H5 因其形式新颖和良好表现，还收到了节目组抛来的合作橄榄枝，这也是对我们内容的肯定。”

此外，麦肯上海与 MRM//McCann 还着重于不同地域内的投放，针对全国各地目标城市，如重庆、杭州、深圳、西安等，结合地方特色绘制了不同场景式的推广平面，在微信朋友圈通过城市的精准定位投放，吸引用户关注立邦真人秀专区和官方微信。

（图文来源：根据 socialbeta 网站资料整理、立邦梦想刷新馆手机截图）

思考：企业运用 H5 应该注意哪些问题?

3. 新媒体营销的注意事项

在数字化蓬勃发展的今天，新媒体营销无疑是一种有效的营销方式。但是新媒体营销也不是万能的，只有运用恰当，才能起到事半功倍的效果。新媒体营销有很多渠道或操作模式，如何选择新媒体营销的方式也是非常重要的。实施新媒体营销应注意以下问题：

①了解客户的心理。无论是哪一种方式的新媒体营销，产生的基础都必须是用户的需求，也就是说在做新媒体营销方案的时候，第一驱动力应该是用户的心理。所以，新媒体营销的实施必须首先研究客户的心理，在针对客户某些方面的心理诉求的基础上，进行策划和执行，这样才能取得良好的效果。

②多渠道同时实施。新媒体营销方式众多，很多情况下，单单使用一种方式很难取得预期的效果。要根据产品特色，研究营销定位，选择合理的多种方式组合出击，以实现短期之内达到很高的用户认知度和曝光率。

③科学管理客户关系。与顾客建立长期的关系对于任何一项追求持久利润的商业活动来说都是至关重要的，新媒体营销也不例外。利用新媒体营销在短期内获得较多粉丝或客户通常比较容易，但是如果没有很好地维护，粉丝和客户的流失也是非常快的。另外，维护好粉丝和客户也是以后进行二次营销、大数据智能化营销的基础。

学以致用

你怎么看待杜蕾斯借用新媒体平台的借势行动？

第四节 大数据营销

一、大数据营销的内涵

传统的营销方法让企业越来越难满足顾客的需要，其作用正在随着消费者的行为和心理的改变而减弱，而其成本又变得越来越高。对企业而言，营销或许并不难，难的是营销得精准，获得忠诚的客户，从而取得预期的利润。营销学领域过去半个多世纪的发展让我们见证了从“以产品为中心”到“以客户为中心”的转变。一方面，随着近年来互联网、移动互联网、新社交媒体的发展，以及信息过载、数据爆炸、消费者个性化需求的凸显，消费者成为商业行为的主宰者；另一方面，大数据分布式存储、大数据分析及挖掘技术的发展使得对海量数据的收集、分析、整合并进行分析成为可能。在这一背景下，大数据营销应运而生。大数据营销凭借其“精准”和“可定制”的特点，有效地保证了企业营销的效率和效果。

大数据营销可以定义为基于多平台的大量数据，依托大数据技术，应用于互联网广告行业的营销方式。大数据营销衍生于互联网行业，又作用于互联网行业。依托多平台的大数据采集，以及大数据技术的分析与预测能力，能够使广告更加精准有效，给品牌企业带来更高的投资回报率。大数据营销的核心在于“精准”和“可定制”，也就是让网络广告在合适的时间，通过合适的载体，以合适的方式，投给合适的人。

互联网与未来的移动互联网主导下的数字营销时代，可以帮助企业以前所未有的速度收集海量的用户行为数据，在大数据的基础上分析、洞察和预测消费者的偏好，并据此为消费者提供最能满足他们需求的产品、信息和服务，以及传递准确的广告信息给他们。

实例 10－9　大数据，让你的每场营销更有度

2017 年 6—9 月，阿里妈妈携手日化行业的领先品牌——云南白药，开展了一系列以大数据为引擎，以阿里生态为舞台的营销行动，通过加热度、挖深度、拓广度三大模式，翻开了日化行业创新营销的新篇章。

6 月，云南白药牙膏官方旗舰店全新开业，有别于过往新店开业对品牌声量和短期成交的关注，云南白药一开始就着眼于“如何通过新店开业营销，为品牌有效沉淀长期营销优势”这一焦点，开展了系列传播行动。

经过深度挖掘品牌特色，“化明星粉丝为店铺粉丝”成为他们撬动本次新店开业的关键发力点，基于阿里大数据，通过对全淘用户搜索、浏览、购买、分享行为的深度挖掘，阿里

妈妈为云南白药量身定制了“明星粉丝”人群包，在淘内为云南白药精心筛选了黄晓明、井柏然两位代言人的“粉丝”人群，同时通过“帮爱豆上头条”的明星PK创新互动机制，激发“粉丝”们的踊跃参与，在短短数天内就为新店制造了过亿曝光量，吸引了超过75万名“粉丝”踊跃参与互动，为新店“借”来了超过30万“粉丝”，为新店的长期营销打下了良好基础。

以明星带热度和黏度，阿里妈妈与云南白药一起探索并优化了“大数据+明星”赋能新店开业的全新营销形态，为行业树立了全新的标杆。

8月，借《春风十里，不如你》在优酷热播，云南白药与《北京北京》作者冯唐合作，推出了“春风十里”旅行套装，以此为契机，云南白药和阿里妈妈开始了IP价值深度变现的探索之旅。

通过淘内数据与优酷数据深度打通，我们在优酷抓捕了《春风十里，不如你》的所有观影人群，并通过ID比对，对他们进行了淘内重触达，在大数据营销上迈出了关键一步。

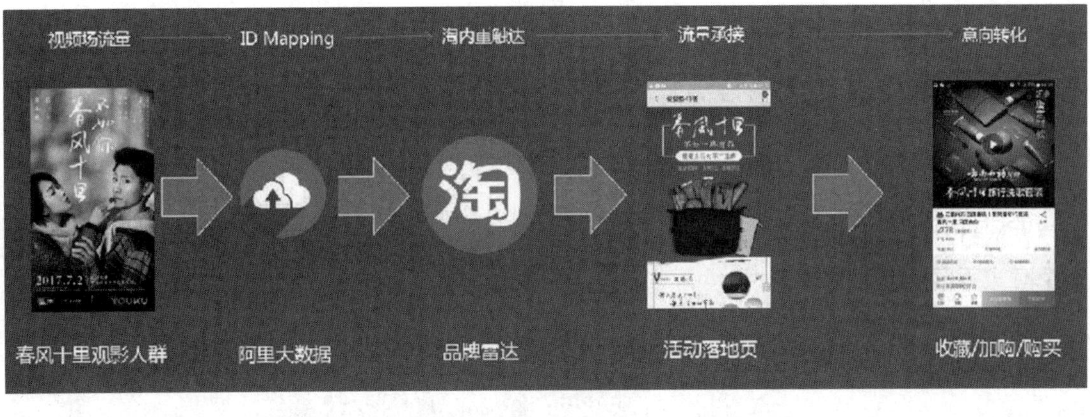

同时，通过对飞猪、优酷、捉猫猫等阿里系资源的深度整合，阿里妈妈为云南白药量身定制了IP媒体矩阵；对商旅人群、娱乐人群和行业人群进行了深度渗透。

在传播效果上，以IP合作款产品为引爆点，通过大数据对品牌兴趣人群、牙膏类目兴趣人群、冯唐粉丝人群、《春风十里，不如你》观影人群在淘内进行精准触达，品牌8月总销量同比去年增长超过50%，环比增长超过25%。

以大数据为引擎，IP影响力变现被挖掘到了全新的深度。

9月，云南白药与知名财经作家吴晓波合作，开展了以“齿久清新益起来”为主题的关爱西藏儿童公益活动。如何让公益场景与电商场景深度整合，将公益影响力在淘内最大化变现，成为云南白药和阿里妈妈认真思考的课题。

以西藏公益活动为契机，阿里妈妈助力云南白药整合了淘宝品牌欢聚日、大牌狂欢日、99品牌欢聚盛典等淘系最优质活动资源，进行了一场长达半个月，以“遇见童年，益起欢聚”为主题的大型公益主题促销活动，通过定制公益套装、买一赠一公益促销福利、咸鱼名人公益拍以及“回到童年”公益AR互动，云南白药与聚划算、天猫超市、闲鱼、优酷等淘内平台进行了深度合作，打造了一个专属于云南白药的“超级品牌月”。

在大数据层面，配合公益主题，阿里妈妈首次应用大数据智能算法，基于用户淘内搜索和购买行为，为云南白药定制了公益人群包，在活动期间助力品牌，最大化地覆盖了淘内的品牌和公益高意向人群。

在传播效果上，通过大数据，阿里妈妈让云南白药的公益主题促销活动与淘内公益人群完美对接，助力品牌9月销量猛增，再创新高，并强力带动云南白药9月在淘内的市场份额显著提升。

以大数据为催化剂，阿里助力云南白药公益行动和电商大促完美融合，并深度对接阿里生态，进行了一次“生态级”的品牌大促，把节点大促场景拓展到了全新的广度。

（图文来源：艾瑞网）

思考：阿里妈妈是如何利用大数据对云南白药进行营销的？关键点在哪里？为什么？

二、大数据营销的特点

1. 多样化多平台化数据采集

大数据的数据来源通常是多样化的，多平台化的数据采集能使对网民行为的刻画更加全面而准确。多平台采集可包含互联网、移动互联网、广电网、智能电视，未来还有户外智能屏等数据。

2. 强调时效性

在网络时代，网民的消费行为和购买方式极易在短时间内发生变化。在网民需求点最高时及时进行营销非常重要。

3. 个性化营销

在网络时代，广告人的营销理念已从“媒体导向”向“受众导向”转变。广告人完全以受众为导向进行广告营销，因为大数据技术可让他们知晓目标受众身处何方，关注着什么位置的什么屏幕。大数据技术可以做到当不同用户关注同一媒体的相同界面时，广告内容有所不同，大数据营销实现了对网民的个性化营销。

4. 性价比高

和传统广告“一半的广告费被浪费掉”相比，大数据营销在最大限度上让广告人的投放做到有的放矢，并可根据实时的效果反馈，及时对投放策略进行调整。

大数据营销的一个重要特点在于网民关注的广告与广告之间的关联性，由于在大数据采集过程中可快速得知目标受众关注的内容，以及可知晓网民身在何处，这些有价信息可让广告的投放过程产生前所未有的关联性，即网民所看到的上一条广告可与下一条广告进行深度互动。

三、大数据营销的运营方式

未来的企业市场营销费用的分配，除了部分品牌投放外，多数投放都是在大数据指引下进行的，企业的消费群分布在哪里，企业的潜在用户在哪里，通过大数据找到他们分布的地方，然后用有创意的投放形式让他们成为企业的粉丝并形成销售。大数据营销中的数据大部分来源于新媒体营销，由于新媒体营销的模式层出不穷，收集数据的多样化和多平台化，形成了不同的大数据营销运营方式。

1. 基础运营方式

基础运营方式指企业建设自己的大数据平台，对企业自身已有数据进行集中管理，通过自身网站获取潜在目标客户，通过一系列的大数据营销策略开展大数据营销，与目标客户建立起通向信任与忠诚的互动关系，为企业创造出长期的商业价值。

2. 数据租赁运营方式

这种运营方式是利用专业的数据营销公司提供的潜在目标客户数据，向潜在目标客户投递品牌信息或者产品信息广告，实现精准营销的广告投放效果。这种运营方式也是企业重要的、需要长期执行的数据营销策略。通过数据租赁这种运营方式，企业可以获取精准的目标客户对企业品牌与产品的关注，为建立客户关系、销售线索挖掘、品牌推广等市场行为提供较好的 ROI（投资回报率）。

3. 数据购买运营方式

这种运营方式是通过一系列符合法律程序的形式，获取潜在目标客户数据，企业通过自己的大数据营销部门开展大数据营销，这种运营方式一般要和基础运营方式匹配使用。这种方式取得的效果很大程度上依赖于两个因素：一是基础运营方式中是否搭建适合企业的大数据营销平台；二是企业是否已经建立了大数据营销运营机制以及是否已经具备了大数据营销所要求的人力资源条件。

根据企业所处行业不同、企业产品生命周期不同、企业经营战略与经营策略的不同阶段，可以为企业量身定制合适的综合运营方式。总之，三种大数据营销方式的配合使用，是通向成功的最为重要的大数据营销策略。

实例 10－10　易赞支付宝 9.9 新版发布大数据精准营销

从 9.0 版本开始，支付宝就明确了从支付工具向生活平台进化的方向，支付宝 9.9 新版在品牌方面持续聚焦一站式生活服务平台的打造。9.9 新版基于“数据驱动”“智能推荐”技术在产品功能上做了重大改变，实现从原来的人找服务转变为服务主动找人的升级体验，通过贯穿消费、生活、金融理财、沟通等多个领域的生活场景，完成以每个人为中心的一站式生活服务平台，真正实现支付宝“让生活更简单”！如何将支付宝 9.9 新版的理念与产品新功能快速、准确地传递给消费者，让更多用户了解、体验支付宝迭代，提升 APP 的打开率及用户黏度是这次媒体营销要解决的问题。

面临的挑战：

（1）如何让用户快速准确了解、体验支付宝 9.9 新版的新功能，引发全民参与？

（2）二、三、四线城市的 90 后支付宝用户活跃度较低，如何触达这部分目标用户？

（3）如何找到影响目标群体的代言人或媒体意见领袖，影响并激活目标用户？

（4）海量自媒体渠道过于分散，数据不公开，转化效果无法保证。

营销目标：

借助易赞的大数据平台及投放系统：

（1）准确找到领袖意见中的意见领袖代言人；

（2）实现准确的 90 后人群洞察；

（3）精准定向投放广告，精准匹配度达 95%；

（4）提升支付宝 9.9 新版认可度。

传播策略解析：

易赞大数据中心基于海量自媒体的深度数据挖掘，对大数据营销场景和行为的精准捕捉进行标签化分类，帮助支付宝进行目标人群洞察，并在投放中进行互动用户实时数据跟踪，实现越投放越精准的效果。

易赞公众号画像技术实现 360 度公众号数据画像，帮助支付宝精准找到行业意见领袖代言人，引发行业 KOL 热议，迅速影响行业引导传统媒体持续发酵。

传播内容：

行业意见领袖集体热议：9.9 新版基于“数据驱动”“智能推荐”技术在产品功能上做了重大改变，实现从原来的人找服务转变为服务主动找人的升级体验；持续聚焦一站式生活服务平台的打造；提升支付宝语音机器人能力以及可能的拓展空间；9.9 新版里的社交的元素等各方面评论，引导行业关注、热议，事件发酵，进而影响广大消费者关注、了解、体验，全民热议 9.9 新版。

效果评估：

易赞新媒体大数据技术帮助支付宝 9.9 新版上线实现了超乎预期的品牌力提升。实现目标人群精准高效曝光达 9 400.8 万（第三方数据统计为 11 194 万左右），阅读量 816.3 万次，转发评论 50.4 万次，新媒体大数据的应用，精准触达目标人群，产生高频互动体验，使此次推广成本节省了 51.37%。第三方调研数据显示，经过 2016 年 8—9 月共一个月的投放后，支付宝月活用户提升 3.4%，9.9 新版认可度提升 162.3%。

（资料来源：根据 17PR 网站资料整理）

思考：大数据营销可以解决传统营销中的哪些难题？

四、大数据营销的操作过程

大数据营销一般经历理解业务需求、数据采集和存储、数据准备和预处理、数据分析、形成数据报告、应用和反馈六个基本过程（如图 10－4 所示）。

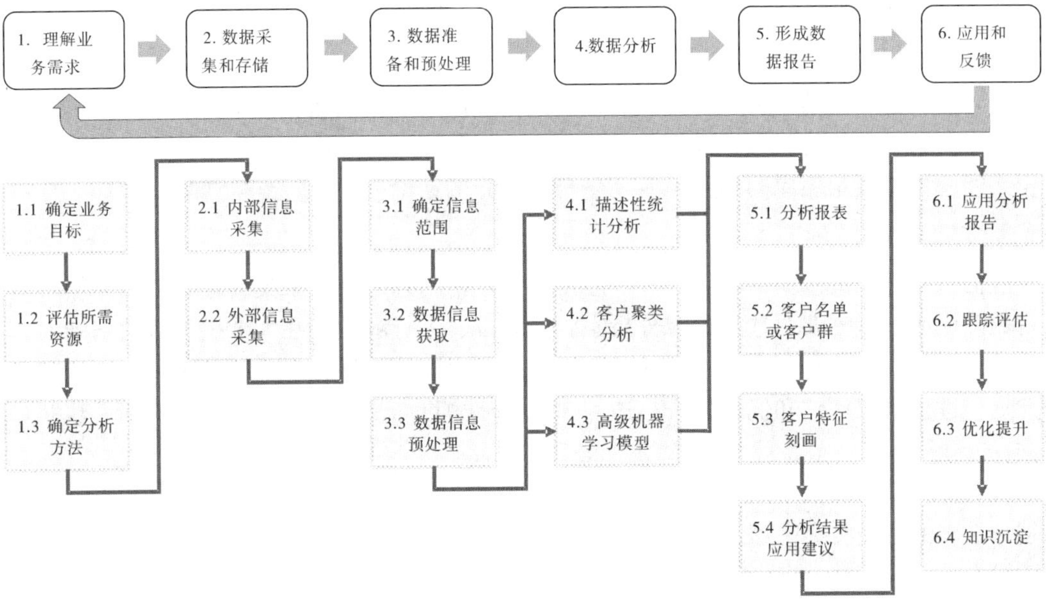

图 10－4　大数据营销操作过程

1. 理解业务需求

充分理解业务的需求，提炼出大数据营销的目标，找到传统营销的瓶颈，确定数据分析的方法是大数据营销成功的第一步。业务的需求也是来自客户的需求。深入把握客户的需求，才能设计出具有针对性的解决方案，提供个性化、主动的服务营销。同时只有深入把握行业需求，对客户进行全面分析和监控，直接反馈业务市场的竞争态势，对市场的动态变化进行实时掌控，才能在竞争中占据主动。

2. 数据采集和存储

前文已指出，数据采集主要分为三种方式：基础运营方式、数据租赁运营方式及数据购买运营方式。它们又可归纳为两个方面，即内部信息采集和外部信息采集。所有数据都是可以结合新媒体营销渠道获得的。因此企业一定要制定数据积累和管理框架。一方面通过市场调查消费者消费记录以及任何促销活动（特别是新媒体营销）的记录；另一方面利用公共记录的数据，如人口统计数据、医院婴儿出生记录、患者记录卡、银行担保卡、信用卡记录等都可以选择性地纳入数据采集范围。根据企业数据管理的框架和自身的条件，选择适当的方式将收集的数据进行存储，建立起大数据平台。

3. 数据准备和预处理

这个阶段是根据大数据营销的目标，确定大数据分析的数据范围，运用先进大数据技术，对数据进行清洗或预处理。

4. 数据分析

数据分析主要从描述性统计分析、客户群的精准分类及数据模型的建立三方面来入手。例如利用基本统计学方法进行统计分析；利用数据挖掘的分类、聚类、关联等方法进行客户群的精准分类；利用数据模型和机器学习等算法进行各种预测。

5. 形成数据报告

在数据分析的基础上形成数据报告是非常重要的步骤。数据报告包括：分析报表、客户信息或客户群信息及其特征、根据分析结果提出应用建议。大数据分析提供了一种可能，既可以根据营销问题，封闭性地去挖掘对应数据进行验证，也可以开放性地探索，得出一些凭常识或经验可能很难想象的结论或者完全与之相异的结论。

6. 应用和反馈

数据指导营销最重要的是解读。一般是定义营销问题之后，采集对应的数据，然后根据确定的建模或分析框架对数据进行分析、验证假设、进行解读。在大数据分析的基础上，可解读的点变得非常丰富。解读的目的是应用，根据解读的结果，把分析的建议加入大数据营销计划，进行跟踪评估和优化提升，达到知识沉淀的目标，最终应用于新一轮的大数据营销中去。

大数据营销在我国刚刚开始，但是随着信息技术、通信的发展及计算机的普及应用，相信越来越多的企业将会采用大数据营销这一现代化的营销方式，因为在未来激烈的市场竞争中，没有什么比了解消费者的习惯和爱好更为重要的了。

实例 10－11　LinkedIn 的大数据驱动

LinkedIn（领英）社交网络创建于 2002 年，致力于向全球职场人士提供沟通平台，并协助他们发挥所长，事半功倍。作为全球最大的职业社交网站，LinkedIn 会员人数在世界范围内已超过 4.5 亿，每个《财富》世界 500 强公司均有高管加入。

LinkedIn 成立之初，公司基本上是以产品为导向，基本依靠集成在产品端的各种特性，甚至包括通过大数据算法得到的“你可能知道的人（People you may know）”等特性，但是发展相对缓慢。2012 年开始，LinkedIn 整合了

各种资源，并且大幅度开放给普通用户。例如网红（Influencer）改变了原来邀请（Invite Only）的模式，放开人数限制，允许更多的人撰写文章，分享想法，以及 PPT 分享（Slide Share）允许大家制作并分享等。同时开展了大数据驱动市场营销领域的各种运营，比如内容运营（Content Engagement）。大数据驱动市场营销主要体现在优化项目上，首先设计和明确要解决的商业问题；然后选择正确的优化目标以及分解优化目标；之后再对目标用户进行优化分析；在 A/B 测试之后，最后对内容推荐策略、推送周期策略进行优化。具体来说，内容推荐策略优化就是根据用户的状态，个性化推送内容，才能起到引导内容消费的作用。首先，新用户不知道有哪些内容频道，有哪些热门话题，有了初步接触之后，又想要了解更多，需要逐步引导。沉寂用户不了解最新动态，需要适当提醒。所以需要考虑用户不同的活跃周期，对内容进行优化，适时地推送个性化的服务和内容。其次，推送周期策略优化就是有节奏地推送内容，这才是用户容易接受的形式，不然很容易引起反感。需要对推送的频率进行优化，避免推送重复内容，避免一周推送多次。配合用户生命周期的进化速度和阶段，安排合理的节奏，比如每周一篇个性化精选，逐步推进，推送以一个周期为准，循环进行。因此，优化是一个完整的方案，而且是循环迭代的过程。每个步骤都是依据大数据的分析和预测，例如机器学习等，不是一个模型或者一个分析那么简单，需要综合用到很多的技术，比如优化方程、预测算法、聚类分析、机器学习、客户画像、A/B 测试、个性化推荐、效果测量、结果可视化和工程化等。直至 2016 年，LinkedIn 用户以每秒 2 人的速度增长，而且基本没有通过花钱带来流量。同年 6 月 14 日，微软宣布将以 262 亿美元的现金价格收购职业社交网站 LinkedIn。

由此可见，大数据技术可以优化和支持市场营销，一旦优化成功，效果会是巨大的，数十倍甚至几十倍的增长，都是可以期待的。

（图文来源：LinkedIn 官网）

思考： LinkedIn 的成功主要基于大数据技术在哪些方面的运用？

学以致用

假设你在一家销售下述产品的公司任营销部总监，现公司分别有一个微商平台和传统的电子商务平台，其中微商平台积累了公司 40% 的客户，电商平台积累了 60% 的客户。请你设想一套大数据营销的实施方案。

测试你掌握的知识

1. 请举例说明替换、反转、组合、夸张、消除或重新排序六大技巧在水平营销中的应用。
2. 新媒体营销与传统营销有什么联系和区别？
3. 利用互联网查询并举例说明新媒体营销的几种操作模式。

4. 请举例说明大数据营销的应用场景。
5. 以三只松鼠为例来分析网络品牌是如何进行体验营销的。

实训模块 10　微信公众号运营

以小组为单位，模拟公众号运营并讨论：
1. 你是如何做公众号定位的？
2. 在写内容标题时，你认为哪些点是最重要的？
3. 在内容原创方面你有什么感想？
4. 做内容原创时需要注意什么？
5. 你转载过其他公众号的文章吗？如果有，什么样的文章更容易吸引你？

扩展资源 10

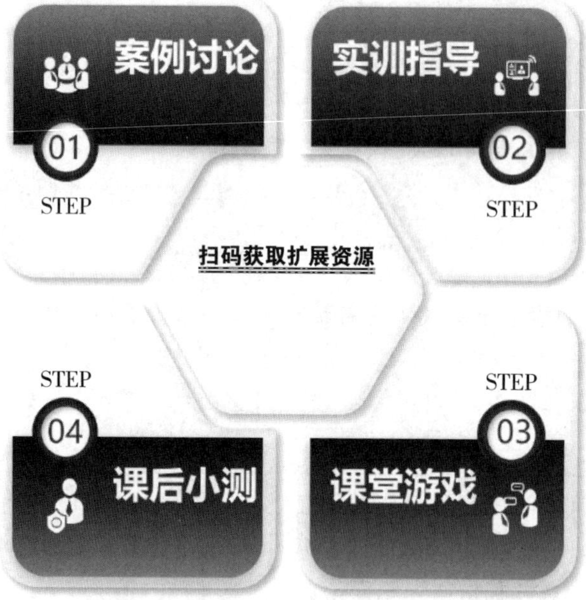

参考文献

［1］崔译文，邹剑峰，马琦，陈孟君．市场营销学：第 3 版．广州：暨南大学出版社，2017.

［2］崔译文，邹剑峰．市场营销学：第 2 版．广州：暨南大学出版社，2015.

［3］崔译文，邹剑峰．市场营销学．广州：暨南大学出版社，2013.

［4］菲利普·科特勒等．市场营销：原理与实践：第 16 版．北京：中国人民大学出版社，2015.

［5］王赛，曹虎，乔林等．数字时代的营销战略．北京：机械工业出版社，2017.

［6］迈克尔·所罗门等．市场营销学．北京：电子工业出版社，2013.

［7］菲利普·科特勒等．水平营销．北京：机械工业出版社，2015.

［8］菲利普·科特勒等．营销革命 3.0. 北京：机械工业出版社，2011.

［9］菲利普·科特勒等．营销革命 4.0. 北京：机械工业出版社，2018.

［10］加里·阿姆斯特朗．市场营销学：第 12 版．北京：机械工业出版社，2016.

［11］杨洪涛．市场营销：第 2 版．北京：机械工业出版社，2015.

［12］赵大伟．互联网思维：独孤九剑．北京：机械工业出版社，2016.

［13］艾·里斯，杰克·特劳特．定位：争夺用户心智的战争．北京：机械工业出版社，2017.

［14］艾·里斯，杰克·特劳特．营销革命．北京：机械工业出版社，2017.

［15］加里·阿姆斯特朗，菲利普·科特勒．市场营销学：第 12 版．北京：中国人民大学出版社，2017.

［16］艾·里斯，劳拉·里斯．定位经典丛书：品牌 22 律．北京：机械工业出版社，2013.

［17］吴健安，钟育赣，胡其辉．市场营销学：第 6 版．北京：清华大学出版社，2018.

［18］郭国庆．市场营销学通论：第 7 版．北京：中国人民大学出版社，2017.

［19］帕科·昂德希尔．顾客为什么会购买：第 3 版．北京：中信出版集团，2013.

［20］龚振．消费者行为学．广州：广东高等教育出版社，2014.

［21］孟韬，毕克贵．营销策划：方法技巧与文案：第 3 版．北京：机械工业出版社，2016.

［22］张云，王刚．品类战略：十周年实践版．北京：机械工业出版社，2017.

［23］菲利普·科特勒等．正营销：获取竞争优势的新方法．北京：机械工业出版社，2013.

［24］迈克尔·所罗门等．消费者行为学：第 10 版．北京：中国人民大学出版社 2014.

［25］赵公民．现代营销学．北京：人民邮电出版社，2015.

［26］艾·里斯，劳拉·里斯．品牌的起源．北京：机械工业出版社，2013.

［27］郑锐洪，王振馨，陈凯．营销渠道管理：第 2 版．北京：机械工业出版社，2016.

[28] 秋叶，刘勇 . 新媒体营销概论 . 北京：人民邮电出版社，2016.

[29] 陈志轩，马琦 . 大数据营销 . 北京：电子工业出版社，2019.

[30] 陈志轩等 . 新媒体营销：营销方式 + 推广技巧 + 案例解析，北京：人民邮电出版社，2017.

MPR 出版物链码使用说明

本书中凡文字下方带有链码图标“═══”的地方，均可通过“泛媒关联”App 的扫码功能或“泛媒阅读”App 的“扫一扫”功能，获得对应的多媒体内容。

您可以通过扫描下方的二维码下载“泛媒关联”App、“泛媒阅读”App。

“泛媒关联”App 链码扫描操作步骤：

1. 打开“泛媒关联”App；
2. 将扫码框对准书中的链码扫描，即可播放多媒体内容。

“泛媒阅读”App 链码扫描操作步骤：

1. 打开“泛媒阅读”App；
2. 打开“扫一扫”功能；
3. 扫描书中的链码，即可播放多媒体内容。

扫码体验：

扫码获取扩展资源